2026

TERMINE MIT GOTT

365 Tage mit der Bibel

BRUNNEN
NEUKIRCHENER VERLAG

Herausgeber: Hansjörg Kopp, Generalsekretär CVJM Deutschland e. V.

Redaktion: Jörg Kailus, Uwe Bertelmann

Erstellung des Bibelleseplans:
Ökumenische Arbeitsgemeinschaft für Bibellesen
Caroline-Michaelis-Str. 1, 10115 Berlin

MIX
Papier | Fördert gute Waldnutzung
FSC® C083411
FSC www.fsc.org

Brunnen Verlag GmbH, Gottlieb-Daimler-Str. 22, 35398 Gießen
www.brunnen-verlag.de, info@brunnen-verlag.de
Neukirchener Verlagsgesellschaft mbH, Andreas-Bräm-Straße 18/20,
47506 Neukirchen-Vluyn, info@neukirchener-verlage.de

Umschlagfotos:
Tb: © Annika Mengel
HC: Mari Dein/Adobe Stock
Innenfotos: Jorge Vasconez/unsplash.com, Kateryna Hliznitsova/unsplash.com, Getty Images/unsplash.com, villorejo/stock.adobe.com, Dennis Ottink/unsplash.com, Francois Genon/unsplash.com, M Shiva/unsplash.com, Valdemaras D/unsplash.com, Getty Images/unsplash.com, Stefan Lehner/unsplash.com, Rowan Heuvel/unsplash.com, Andrii Yalanskyi/stock.adobe.com, Zdenek Machacek/unsplash.com
Umschlaggestaltung: Jonathan Maul
Gestaltung der Monatssprüche: Jonathan Maul
Satz: Brunnen Verlag GmbH
Herstellung: CPI books GmbH, Leck

Kartonierte Ausgabe
ISBN 978-3-7655- 4426-2 (Brunnen)
ISBN 978-3-7615-7047-0 (Neukirchener)
Gebundene Ausgabe
ISBN 978-3-7655-2756-2 (Brunnen)
ISBN 978-3-7615-7046-3 (Neukirchener)
Elektronische Ausgaben:
ISBN 978-3-7655-7752-9 (E-Book)

Jahreslosung 2026
Gott spricht: Siehe, ich mache alles neu!
Offenbarung 21,5

Inhalt

Vorwort

Liebe Leserin, lieber Leser,

„Neues Jahr, neues Glück", sagt man sich. Und das ist auch gut so. Neu ist nicht immer besser, das ist absolut richtig, und dennoch ist neu manchmal einfach schön: ein neues Kleidungsstück, ein neues Buch oder ein neues Smartphone. Wenn wir mit unseren Kindern Klamotten kaufen, dann ist klar, was spätestens am nächsten Tag angezogen wird. Nichts Neues unter der Sonne, denken Sie vielleicht bei dem, was ich schreibe? Das mag sein und doch ist es schon ein kleiner Hinweis darauf, dass das Neue eine besondere Kraft hat.

In Neuanfängen zum Beispiel. Sie sind oft herbeigesehnt, wenn sich Beziehungen in eine Sackgasse entwickelt haben oder es beruflich herausfordernd ist. Manches Mal ist es nur der ersehnte neue Beginn eines Gesprächs, in das ich so gerne anders eingestiegen wäre, der Wunsch, die Uhr nur nochmals wenige Minuten zurückdrehen zu können, um einen anderen Einstieg in eine Begegnung, Sitzung, Beratung zu wählen. Das kleine Neue, das wir so oft herbeisehnen und uns gegenseitig leider so selten ermöglichen. Das neue Jahr gibt viele Möglichkeiten, es besser zu machen als bisher.

Die Jahreslosung hingegen denkt größer. Gott spricht: „Siehe, ich mache alles neu!" (Offb 21,5). Es ist die dritte Jahreslosung in Serie, die uns ein großes Alles vor Augen führt: alles in Liebe, alles prüfen und nun alles neu! Alles! Das war bei der Liebe und dem Prüfen eine große Herausforderung und durchaus anstrengend. Alles im Sinne von ausnahmslos spornt an, aber macht auch Mühe.

Was der Seher Johannes zum Ende der Offenbarung beschreibt, übersteigt meine Vorstellungskraft: Gott will alles neu machen. Substanziell, grundlegend, vollumfänglich. Alles neu. Das ist die Hoffnungsperspektive für diese geschundene Welt, in der die Menschen so stark an fehlendem Miteinander und mangelnder Solidarität leiden. Alles neu, das ist der große Hoffnungsbogen, den Gott in den Himmel schreibt.

Wenn mein Fahrrad aus der Inspektion kommt, dann heißt es, es fahre sich wieder wie neu. Einzelne Komponenten sind möglicherweise ausgetauscht worden, die Kette ist geschmiert usw. Aber es ist eben kein neues Fahrrad. Die Kratzer, die ich in den Lack gemacht habe, finde ich wieder, so wie andere Gebrauchsspuren auch.
Die Hoffnungsperspektive für Christinnen und Christen und letztlich für alle Menschen ist, dass Gott ein Neues für uns vorbereitet, das keine Gebrauchsspuren hat. Eben weil alles neu sein wird. Für mich ist das in der Tat eine große Hoffnungsperspektive, die leider nicht alle Menschen teilen. Wir leben in einer Welt, die den „Himmel weggewischt" hat. Der Verlust der Erfahrung bzw. des Wissens, dass es einen Schöpfer gibt, der jeden einzelnen Menschen ins Leben ruft, hat vielen auch die Perspektive Ewigkeit genommen. Wenn Gott sagt: „Ich mache alles neu!", dann ist dies nur für wenige eine wirkliche Hoffnungsperspektive. Sie entfaltet für viele keine Kraft. Lasst uns diesen Schmerz nicht nur hinnehmen, sondern in diesem Jahr immer wieder neu mutig Zeugnis geben von der Hoffnung, die uns in Jesus Christus geschenkt ist, und nicht schweigen.
Jeder Morgen ist ein kleiner Vorgeschmack auf dieses große Neue. Die Dunkelheit ist durchbrochen, das Licht überwindet die Finsternis. Wie gut, in diesen neuen Morgen, in den neuen Tag damit zu starten, in Gottes Wort zu lesen. Das bleibt kraftvoll, unverzichtbar und kann uns Gottes große Hoffnungsperspektive vor Augen malen.
Vermutlich geht es Ihnen wie mir. Ich entdecke in der Bibel immer wieder Neues und das, obwohl ich die Bibel sicherlich schon mehrere Male gelesen habe. Und das ist so großartig: Immer wieder werde ich überrascht, ermutigt, inspiriert, hin und wieder auch irritiert. Das alles zeigt mir: Gottes Wort ist und bleibt lebendig. Es lohnt sich, darin zu lesen. Das ist dann öfter wie in neuen Schuhen laufen, ein neues Gericht kochen oder an einem Haus in der Nachbarschaft etwas Neues entdecken. Und zugleich werde ich an die große Hoffnungsperspektive erinnert. An das große Neue, das Gott schenken wird. Der „Ich-mache-alles-neu".

Mein herzlicher Dank gilt allen, die Termine mit Gott 2026 möglich gemacht haben. Viele Autorinnen und Autoren bringen unterschiedliche Perspektiven ein, teilen ihre Erfahrungen und Erkenntnisse mit den einzelnen Bibelabschnitten und schreiben darüber in ihrer Sprache. Herrlich! Ein echtes Gottesgeschenk. Und nun – viel Freude, Segen und hoffentlich viele Neuentdeckungen.

Herzlich, Ihr
Hansjörg Kopp,
Generalsekretär des CVJM Deutschland

Monatsspruch Januar

Du sollst den HERRN,
deinen Gott, lieben mit
ganzem Herzen,
mit ganzer Seele und
mit ganzer Kraft.

5. Mose 6,5 (E)

Gott am Horizont

Psalm 121 **Neujahr. 1.**

Am Neujahrsmorgen die Augen zu erheben, ist gar nicht so leicht. Für viele Menschen wird es ja meist etwas später in der Silvesternacht. Doch der Beginn des neuen Jahres ist für viele auch Zeit für einen Ausblick: Was wird das neue Jahr bringen? Wo werde ich Hilfe brauchen? Auf wen kann ich mich verlassen? Der Psalm nimmt für seine Antwort einen ganz geheimnisvollen Zwischenraum in den Blick: den Horizont zwischen Erde und Himmel. Da, wo die Berge die Wolken berühren. Hier lässt sich buchstäblich eine neue Perspektive gewinnen, denn von diesem Geheimnisort her erwartet der Psalm die göttliche Hilfe. Und Gott ist für uns da, „der Hüter Israels schläft noch schlummert nicht" (V. 4). Diese veränderte Sichtweise soll mich durch das Jahr begleiten: Vor welchen „Bergen" wird mir Gott begegnen und wer wird mir über meine „Hügel" helfen?

„Ich hebe meine Augen auf zu den Bergen. Woher kommt mir Hilfe?"
Psalm 121,1

Das Evangelium nach Johannes

„Noch viele andere Zeichen tat Jesus vor seinen Jüngern, die nicht geschrieben sind in diesem Buch. Diese aber sind geschrieben, damit ihr glaubt, dass Jesus der Christus ist, der Sohn Gottes, und damit ihr durch den Glauben das Leben habt in seinem Namen" (20,31f). Das 4. Evangelium will zeigen, dass Jesus der Christus ist: „Ich und der Vater sind eins" (10,30), im Sohn ist das „Leben" (1,4; 14,6; 6,63.68) und im „Glauben" haben wir Anteil an seiner „Herrlichkeit (...) voller Gnade und Wahrheit" (1,14).
Johannes erwähnt sieben „Ich-bin-Worte" von Jesus: „Ich bin das Brot des Lebens", „das Licht der Welt", „der gute Hirte", „die Tür", „die Auferstehung und das Leben", „Weg, Wahrheit und Leben", „der Weinstock". Er berichtet von sieben Zeichen, also

Wundern, die Jesus tat. Die Zahl sieben symbolisiert hier die Fülle, die Auswahl steht für das Ganze.
Anders als in den ersten drei Evangelien kommt im Johannesevangelium Jesus nicht erst am Ende seines Lebens nach Jerusalem, sondern er zieht mindestens viermal in die Heilige Stadt, und zwar immer zu den zentralen jüdischen Festen (2,13; 5,1; 7,10; 12,12, vgl. Hintergrund S. 14, „Die Feste im Johannesevangelium"). Es wird jeweils deutlich, dass der jüdische Kult in Jesus zu seinem Ziel und damit auch zu seinem Ende kommt. Jesus wirft nicht nur die Händler aus dem Tempel, sondern er treibt auch die Opfertiere hinaus (2,15), denn er allein ist jetzt das „Lamm Gottes, das der Welt Sünde trägt" (1,29). Dieser mehrfache Aufenthalt Jesu in Jerusalem führt auch zu einem anderen Aufbau, als wir ihn in den anderen Evangelien finden:
Kap. 1 eröffnet das Evangelium mit einem großartigen Christushymnus (Prolog: 1,1-18), dem Zeugnis Johannes' des Täufers und der Berufung der ersten Jünger.
Kap. 2–12 zeigen das Wirken Jesu in der Öffentlichkeit, wobei die Begegnungen Jesu mit unterschiedlichsten Menschen häufig Anlass zu ausführlichen Reden sind.
Kap. 13–17 enthalten die nicht öffentliche Unterweisung der Jünger im Blick auf die Zeit nach Jesu Tod. Die sog. „Abschiedsreden" und das „hohepriesterliche Gebet" sind gleichsam das Testament Jesu.
Kap. 18+19 berichten von der Passion Jesu, zeigen ihn allerdings nicht als das Opfer der Machthaber, sondern als den souverän selbst Handelnden, der bewusst den Weg ans Kreuz geht.
Kap. 20+21 erzählen von den Begegnungen der Jüngerinnen und Jünger mit dem Auferstandenen.
Gegenüber den synoptischen Evangelien vermisst man bei Johannes z. B. die Streitgespräche mit den Pharisäern über das Gesetz, die Gleichnisse (dafür finden sich viele Bildworte) und das zentrale Wort „Reich Gottes" (dafür „ewiges Leben", wobei dieses ewige Leben nicht erst in der Zukunft beginnt, sondern für den Glaubenden schon in der Gegenwart angebrochen ist).
Das Johannesevangelium will uns in die Tiefe führen. Wir sol-

len nicht bei den vordergründigen Geschehnissen stehen bleiben, sondern die Leben schenkende Wahrheit sehen lernen, die in der Geschichte Jesu Christi offengelegt wird.

Ein Fingerzeig

Johannes 1,19-28 **Freitag, 2.**

Fast wirkt es, als spiele der Täufer mit seinen Gesprächspartnern: „Dies bin ich nicht und das bin ich nicht." Und doch scheint er seinen Platz und seine Rolle zu kennen: Er ist es nicht, um den es geht. Wie im berühmten Gemälde von Matthias Grünewald („Isenheimer Altar") zeigt er von sich weg, lenkt die Aufmerksamkeit auf den, der wichtig ist. Solche Menschen, die in einem guten Sinne die Aufmerksamkeit auf andere lenken, braucht die Welt. Menschen, die andere Menschen vom Rand in die Mitte rücken. Damit wir Gemeinde und Gesellschaft nicht nur für die gestalten, die ohnehin im Rampenlicht stehen, weil sie begabt und begütert sind. Der Fingerzeig des Johannes erinnert an die, die (noch) nicht im Fokus stehen, weil sie heimat- oder schutzlos sind, weil sie nicht die Wertschätzung bekommen, die ihnen zusteht. Auf wen könnte ich heute in diesem guten Sinne aufmerksam machen?

„Und er bekannte und leugnete nicht, und er bekannte: Ich bin nicht der Christus." *Johannes 1,20*

Eine Taube

Johannes 1,29-34 **Samstag, 3.**

Der Text spart nicht mit den großen Bezeichnungen, die wir mit Jesus Christus verbinden: Lamm Gottes. Sohn Gottes. Der Täufer greift ins oberste Bilderregal, um die Bedeutung Jesu zu unterstreichen: Hier ist einer, wie wir uns schon lange einen Gottesmenschen vorgestellt und gewünscht haben (vgl. Jes 53,7). Mehr noch, Johannes der Täufer, der letzte Prophet des Alten Bundes, bezeichnet Jesus als den, der er ist, auch wenn er später in der Gefangenschaft ins Zweifeln kommen wird. Jesus bestätigt: „Wer mich sieht, sieht den Vater“ (14,9). „Ich und der Vater sind eins“ (10,30). Jesus erinnert nicht nur an den Vater. Aber erinnern wir wohl in unserem Verhalten an unseren Herrn? „Selig sind, die Frieden stiften; denn sie werden Gottes Kinder heißen“ (Mt 5,9).

„Und ich habe es gesehen und bezeugt: Dieser ist Gottes Sohn.“
Johannes 1,34

Wochenspruch
Und wir sahen seine Herrlichkeit, eine Herrlichkeit als des eingeborenen Sohnes vom Vater, voller Gnade und Wahrheit.
Johannes 1,14b

Faszinierend und erschütternd

Psalm 93 **Sonntag, 4.**

Vor gut 100 Jahren schrieb der Marburger Theologe Rudolf Otto ein Buch über „Das Heilige“. Er beschrieb die Begegnung mit dem geheimnisvollen Gott als etwas, das uns zugleich fasziniert und erschüttert. Beide Erfahrungen gehören seit Urzeiten dazu, wo Menschen Gott begegnet sind, weil uns Gottes Geheimnis zugleich anzieht und ehrfürchtig macht. Petrus erlebt es mit Jesus (Lk 5,8.11). Beides beschreibt auch der Psalm: Gott, ansehnlich gekleidet (V. 1) und gewaltig wie Wassermassen (V. 3f). In beiden Erfahrungen lässt sich „das Heilige“, die Heiligkeit Gottes erleben, sei es in der anziehenden Nähe oder der irritierenden Distanz. Ich will in der kommenden Woche Ausschau halten nach dem Heiligen, wo es mich fasziniert, aber auch, wo es mich erschüttert.

„Deine Zeugnisse sind wahrhaftig und gewiss; Heiligkeit ist die Zierde deines Hauses, HERR, für alle Zeit.“ *Psalm 93,5*

Die eigene Geschichte

Johannes 1,35-51 **Montag, 5.**

Wie unterschiedlich sind die Geschichten selbst bei den ersten, die Jesus nachfolgen. Jede Erzählung hat ihre Eigenheiten, jede Begegnung ist auf ihre Weise individuell wie die Menschen. Weil Glaube ganz viel mit unserem eigenen Erleben zu tun hat, mit den Eigenheiten unseres ganz persönlichen Lebens. Da gibt es kein Schema F und keine bloße Kopie Vorangegangener. Diese Vielfalt zu lesen, macht demütig vor den Geschichten der anderen. Und es macht neugierig darauf, welche Geschichten uns und unsere Gegenüber prägen: Warum glauben wir eigentlich (nicht)? Welche Erlebnisse geben uns himmlische Hoffnung? Und welche Geschichte begegnet mir heute? Vielleicht auch in der Bibel: „Diese aber sind geschrieben, damit ihr glaubt, dass Jesus der Christus ist, der Sohn Gottes, und damit ihr, weil ihr glaubt, das Leben habt in seinem Namen (20,31).

„Jesus aber wandte sich um und sah sie nachfolgen und sprach zu ihnen: Was sucht ihr?“ *Johannes 1,38*

Die Zeit ist da!

Johannes 2,1-12 **Epiphanias, 6.**

Voller Spannung, Erleichterung, Erwartungen oder Vorfreude auf etwas Großes erleben wir Momente, die wir herbeisehnen. Endlich ist es so weit. So mag es auch dem jüdischen Volk ergangen sein. Lange warten sie schon auf den Messias. Bei Maria beziehen sich die Erwartungen auf ihren Sohn. Und dann zu der Hochzeit tritt Jesus, anders als erwartet, in die Öffentlichkeit. Ihm ist nun nicht das große Wunder, großes Aufsehen wichtig, sondern die, die ihm nahe sind, und dass sie erkennen, wer er ist, und an ihn glauben. So zeigt sich auch heute Gottes Sehnsucht nach uns. Durch seine Zeichen in unserem Leben will er Hoffnung bringen, unseren Glauben an ihn, unseren Retter, stärken. Ich möchte aufmerksam dafür bleiben, wie Gott sich mir heute an diesem Epiphaniastag zeigt.

„Und sie sprachen untereinander: Brannte nicht unser Herz in uns, da er mit uns redete auf dem Wege und uns die Schrift öffnete?"

Lukas 24,32

Abriss für den Neubau

Johannes 2,13-25 **Mittwoch, 7.**

Wo Altes überholt ist, hilft alles nichts: Es werden alte Zöpfe abgeschnitten, entrümpelt oder sogar abgerissen. Jesus wendet sich nicht direkt gegen den Tempel, sondern die Geschäftemacherei. Und doch: Die Zeit des Tempels geht bald zu Ende. Jesus weiß genau, was er tut. Er räumt beiseite, wo Menschen sich vergeblich um Rettung und Gefallen bei Gott bemühen. Die Rinder, Schafe und Tauben sind nur Platzhalter. Er selbst wird das einzige gültige Opfer sein. Jesus gibt sich als Erlöser zu erkennen und ist selbst der Ort, an dem wir Gott ganz nah sind. Wo würde Jesus bei mir eine solche Aufräumaktion durchführen? Ich darf mir sicher sein: Jesus baut mich wieder auf, räumt das weg, was zwischen Gott und mir steht, und hilft mir, dass ich in Ordnung leben kann.

„Denn aus Gnade seid ihr gerettet durch Glauben, und das nicht aus euch: Gottes Gabe ist es, nicht aus Werken, damit sich nicht jemand rühme."

Epheser 2,8-9

Hintergrund: Die Feste im Johannesevangelium

Feste geben unserem Jahresablauf Struktur: Neujahr, Ostern, Pfingsten, Advent, Weihnachten ... So war es auch in der Zeit des Neuen Testaments. Der jüdische Festkalender markierte wichtige Ereignisse im Jahreslablauf. Das wichtigste Fest war ohne Zweifel das Passafest – das Fest des Auszugs aus Ägypten. Durch die Erwähnung der Passafeste teilt Johannes uns nicht nur ein wichtiges historisches Detail über Jesus mit. Er gibt auch seinem

Evangelium eine Struktur: In den ersten drei Evangelien zieht Jesus einmal zum Passafest – besonders bei Lukas steht dieser „Reisebericht" im Zentrum (9,51–19,27). Man könnte also denken, Jesus hätte vielleicht einige Zeit in Galiläa gewirkt und wäre dann einmal nach Jerusalem gezogen.
Johannes erwähnt aber drei Passafeste, also muss Jesus mindestens drei Jahre öffentlich gewirkt haben.
Jedes dieser Passafeste markiert einen wichtigen Einschnitt:
- Das erste (2,13) Passafest markiert den Beginn des öffentlichen Auftretens Jesu. Und das auch gleich mit einem großen Knall: Jesus reinigt den Tempel. Er ist gekommen, um den Tempel abzulösen, ist selbst der wahre Tempel. Damit ist der Konflikt zwischen Jesus und den religiösen Führern der Juden eröffnet.
- Beim 2. Passafest (Joh 6,4) ist Jesus gar nicht in Jerusalem, sondern in Galiläa. Es wird im Zusammenhang mit der Speisung der 5000 erwähnt. Während beim Passafest die ungesäuerten Brote gegessen werden, offenbart Jesus sein Programm: Er ist das wahre Brot des Lebens. Er macht die Menschen wirklich satt. Jesus ist der Retter, um den es beim Passa geht.

Das dritte Fest ist das Passa, an dem Jesus gekreuzigt wird. Es ist der Höhepunkt des Evangeliums, Kap. 13–19 finden während dieses Passas statt. Jesus ist das wahre Opferlamm.
Aber Jesus war noch häufiger in Jerusalem: In 5,1 wird ein Fest der Juden erwähnt, zu dem Jesus hinauf nach Jerusalem zog. Bei diesem Fest heilt er den Kranken am Teich Bethesda. In Johannes 7 ist er zunächst inkognito auf dem Laubhüttenfest, enttarnt sich dann aber selbst. In 10,10 ist Jesus zum Fest der Tempelweihe (Chanukka) in Jerusalem, einem fröhlichen Lichterfest. Jesus nutzt diese Feste, um seine Identität als Gott und als Messias zu zeigen und den Konflikt mit den Vertretern des Tempelkults zuzuspitzen.
Jesu Auftritte bei den jüdischen Festen geben uns nicht nur wichtige chronologische Hinweise über das Leben von Jesus. Johannes baut sie gezielt ein, um zu zeigen: Jesus und der Gott Israels sind eins – und er ist gekommen, um den alten Tempelkult abzulösen. (UB)

Ich weiß, dass ich nichts weiß?

Johannes 3,1-13 **Donnerstag, 8.**

Es war ein Mensch: Könnte das nicht jeder von uns sein? Nikodemus, ein Mensch, der so viel weiß, und doch bleiben für ihn große Fragen offen: Könnten das auch wir sein? Eigentlich geht es mir manchmal wie Nikodemus. Da denke ich: Ich hab' doch schon manche Erfahrung gemacht, im Leben und Glauben gelernt, Antworten gefunden. Und doch bleiben Fragen offen. Aus dem Bekannten zu neuen Antworten aufzubrechen und sich neuen Fragen zu stellen, braucht manchmal Mut. Nikodemus macht sich dazu im Schutz der Dunkelheit zu Jesus auf. Ich wünsche mir die Neugier und die Offenheit von Nikodemus. Jesus nimmt ihn an, nimmt uns mit allen Fragen und Sehnsüchten an, hilft uns über das hinweg, was den Blick auf ihn, Jesus, als unseren Retter versperrt, der uns schon jetzt den Weg zum ewigen Leben weist.

„Darum hoffen auf dich, die deinen Namen kennen; denn du verlässest nicht, die dich, HERR, suchen.“ *Psalm 9,11*

Seinem Licht Raum geben

Johannes 3,14-21 **Freitag, 9.**

Wir kommen aus der Advents- und Weihnachtszeit, die dunklen und kurzen Wintertage sind dem Glanz von Kerze, Lichterkette und Wärme gewichen. Und jetzt? Wie schnell hat uns der Alltag wieder, mit all dem Schönen, aber auch mit allem, wo wir uns abmühen, uns verrennen, wo es um uns oder in uns trüb wird. Wie Jesus mit Nikodemus spricht, der bei allen eigenen Bemühungen auf der Suche nach dem ist, was Orientierung gibt, spricht er auch zu uns. Jesus ist der, der als Licht in die Welt kommt, um es um uns hell zu machen, der Orientierung ist, die bis ins ewige Leben reicht. Lasst uns auch im Alltag dieses neuen Jahres diesem Licht Raum geben und uns an ihm orientieren. Gott möchte, dass wir nicht verloren gehen, nicht jetzt und nicht in Ewigkeit.

„Das Volk, das im Finstern wandelt, sieht ein großes Licht, und über denen, die da wohnen im finstern Lande, scheint es hell.“ Jesaja 9,1

Eine fließende Übergabe

Johannes 3,22-36 **Samstag, 10.**

Da hat man sich auf jemanden eingestellt, ihm Vertrauen geschenkt und dann kommt jemand Neues, der übernehmen soll. Was geht da in uns vor? Was geht in den Anhängern des Johannes vor? Johannes weiß um seine Rolle und was nun an der Zeit ist. Und so nimmt er seine Jünger und die Juden mit ihren Fragen mit, nimmt sich selbst zurück und bringt ihnen nahe, welche Bedeutung Jesus hat, für sie und für uns: Jesus ist Gottes Sohn, in dem wir auf ewig mit Gott verbunden sind. Mich steckt die Freude an, mit der Johannes von Jesus erzählt, seinen Jüngern ans Herz legt, sich an Jesus zu halten, der es gut mit ihnen meint. So stehe auch ich vor der Aufgabe loszulassen, worauf ich mich zunächst verlassen habe, und mich Jesus anzuvertrauen. Aber ich tue das mit einem guten Gefühl. Da ist jemand, der es gut mit mir meint!

„Es ist gut, auf den HERRN vertrauen und nicht sich verlassen auf Menschen.“ Psalm 118,8

Wochenspruch

Welche der Geist Gottes treibt, die sind Gottes Kinder.
Römer 8,14

Er ist alles, was wir brauchen

Psalm 96 **Sonntag, 11.**

Unsere heutigen Götter sind keine Statuen, vor denen Menschen niederknien und Opfer darbringen. Sie sind die Dinge, an die sich unser Herz klammert, auch wenn wir sie nicht Götter nennen. Es sind Ansehen, Kontrolle, Wohlstand, Erfolg und alles andere, von dem wir uns Zufriedenheit, Glück oder Sicherheit erhoffen.

Wir schaffen uns Dinge, entwerfen uns Wunschträume, vor denen wir niederfallen, und gehen an Gott, dem Schöpfer, vorbei. Dabei ist der Gott, den uns dieser Psalm vorstellt, der Einzige, der uns diese Dinge geben kann. Unverlierbare Identität, ewiges Leben und Hoffnung im Leid finden wir nirgendwo anders als bei ihm. Deshalb wollen wir immer wieder unsere Herzen prüfen und Gott darum bitten, dass er uns an diese Wahrheit erinnert: Er allein ist alles, was wir brauchen.

„Du tust mir kund den Weg zum Leben: Vor dir ist Freude die Fülle und Wonne zu deiner Rechten ewiglich.“ *Psalm 16,11*

Das fünfte Buch Mose

Die griechische Übersetzung gibt den Ausdruck „Abschrift dieses Gesetzes“ in 17,18 irrtümlich mit „Deuteronomium“ (2. Gesetz) wieder. Besser wäre: Wiederholung und Aktualisierung des Gesetzes. Im Hebräischen heißt dieses Buch „Worte“ (vgl. 1,1).
Es enthält die Abschiedsrede des Mose vor dem Einzug ins verheißene Land und vor seinem Tod. Es ist sein Testament, das für alle kommenden Generationen gilt, die in Gottes Bund mit Israel am Horeb mit eingeschlossen sind: Gott „hat nicht mit unsern Vätern diesen Bund geschlossen, sondern mit uns, die wir heute hier sind und alle leben“ (5,3). Darum wird aufgefordert, den Nachkommen Gottes Wohltaten und seine Weisungen einzuprägen und vorzuleben. Israel soll nicht vergessen, dass es alles Gott allein und seinem Segen (ein Leitwort in diesem Buch) verdankt. Des Bundes mit Gott gedenken und Gott gehorchen, daran hängt Israels Überleben: „Siehe, ich habe dir heute vorgelegt das Leben und das Gute, den Tod und das Böse (...) damit du das Leben erwählst und am Leben bleibst, du und deine Nachkommen, indem ihr den HERRN (...) liebt (...) ihm gehorcht und anhanget“ (30,15.19f) und so im Land wohnen bleibt.
Im Zentrum des fünften Buchs Mose steht das erste Gebot, die

Einzigkeit des Gottes Israels (4,35.39; 6,4), der als Herr der Welt dieses „kleinste Volk erwählt" und zu seinem „Eigentum" bestimmt (7,6f). Dem einzigen Gott entsprechen ein einziges Heiligtum und eine einzigartige Rechtsordnung. Auffallend ist sein sozialer Akzent: gerechte Landverteilung, Einstehen für Fremde, Arme, Witwen, Waisen u. a. Die Gebote werden nicht nur aufgelistet, sondern jeweils von Gottes Erbarmen und Fürsorge her begründet. Aus Dankbarkeit für das, was Gott Israel gegeben hat, soll Israel leben, wie es dem Wesen Gottes entspricht.

Am Berg des Herrn

5. Mose 1,1-18 **Montag, 12.**

Das Volk Israel steht an der Schwelle zum verheißenen Land, als Mose ihm im Deuteronomium das Bundesgesetz ins Gedächtnis ruft, das Gott nach dem Auszug aus Ägypten am Berg Sinai erlassen hatte. Die Israeliten werden das Land einnehmen, das Gott ihnen verheißen hatte. Aber eine ewige Heimat ist auch dieses verheißene Land noch nicht. Im Bundesgesetz am Sinai und im Deuteronomium wirft der Neue Bund seine Schatten voraus, den Gott an einem anderen Berg mit uns geschlossen hat: Golgatha. An jedem Tag dieses Jahres dürfen wir uns vor Augen halten, was dieser Bund für uns bedeutet: Durch das Kreuz und das leere Grab Jesu sind wir mit Gott versöhnt. Mit all unseren Sünden und Fehltritten sind wir Gottes geliebte Kinder. Er wird uns durch alle Höhen und Tiefen der kommenden Monate tragen.

„Denn ich will gnädig sein ihren Missetaten, und ihrer Sünden will ich nicht mehr gedenken." *Hebräer 8,12*

Meint Gott es wirklich gut mit mir?

5. Mose 1,19-33 **Dienstag, 13.**

„Der HERR ist uns feind" (V. 27), klagen die Israeliten und brechen die Brücken zu Gott ab. Murren und Zweifeln gewinnen bei ihnen die Überhand. Mal wieder. Angesichts der Herausforderungen des

Lebens fühlt es sich manchmal so an, als würde Gott uns mehr Schlechtes als Gutes tun. Wie sollen wir darauf reagieren? Indem wir unsere Klage und auch Anklage vor Gott bringen. Haben wir den Eindruck, der HERR sei uns feind, oder plagen uns Zweifel und Misstrauen, dürfen wir es vor ihm aussprechen. Wer mit Gott streitet, der hält – anders als die Israeliten – an der Beziehung zu Gott fest. Doch selbst wenn wir uns vor Kummer nicht mehr an ihm festhalten können, gilt uns die Zusage, dass wir von ihm gehalten werden. Im Bibeltext wendet sich Israel von Gott ab, aber nicht Gott von Israel.

„Und ich gebe ihnen das ewige Leben, und sie werden nimmermehr umkommen, und niemand wird sie aus meiner Hand reißen."

Johannes 10,28

(Un-)Glaube

5. Mose 1,34-46 **Mittwoch, 14.**

Das Volk, das der Verheißung Gottes nicht glaubt, kommt in der Wüste um. Erst ihre Nachkommen werden das Gelobte Land einnehmen. Am Kreuz Jesu bietet Gott auch uns eine Verheißung an: Wir dürfen ins Gelobte Land – ins ewige Leben – einziehen. Daran hindert uns nicht unsere Schuld, denn sie wird von Jesus vergeben. Nur die Ablehnung der Zusage – der Unglaube gegen Gott – kann uns daran hindern. Wenn wir an Jesus glauben, ist der Zorn Gottes gegen uns abgewendet; wenn wir nicht glauben, bleibt er über uns. Ich will beten: Herr, schenke den Menschen in meinem Umfeld, die dich noch nicht kennen, den Glauben an deine Verheißung vom Kreuz. Gebrauche mich dafür, dass sie von dieser Verheißung erfahren und sie annehmen.

„Wer an den Sohn glaubt, der hat das ewige Leben. Wer aber dem Sohn nicht gehorsam ist, der wird das Leben nicht sehen, sondern der Zorn Gottes bleibt über ihm." *Johannes 3,36*

Der Gott der Wüstenwanderer

5. Mose 2,1-15 **Donnerstag, 15.**

Ein einziger Moment, der jahrzehntelang nachhallt. Für den Ungehorsam gegen Gott muss Israel vierzig Jahre lang durch die Wüste wandern. Vielleicht können wir das ein Stück weit nachempfinden: Auch in unserem Leben gibt es Entscheidungen, die wir lange Zeit bereuen. Gott mag die Konsequenzen dieser Entschlüsse nicht ungeschehen machen, doch uns wie den Israeliten gilt der Zuspruch: „Vierzig Jahre ist der HERR, dein Gott, bei dir gewesen. An nichts hast du Mangel gehabt." (V. 7). Eine Wüstenwanderung von vierzig Jahren war Israels Strafe, aber Gott hat sie mit ihnen getragen. Er war an ihrer Seite und versorgte sie. Wenn Reue und Zweifel uns überfallen, dürfen wir ihnen die Wahrheit entgegenhalten, dass Gott uns trotz unserer Fehltritte nicht verlassen hat, sondern uns auch auf unseren Umwegen leitet.

„Sind wir untreu, so bleibt er treu; denn er kann sich selbst nicht verleugnen." *2. Timotheus 2,13*

Radikaler Neuanfang

5. Mose 2,16-25 **Freitag, 16.**

Israel braucht eine Heimat. Erst achtunddreißig Jahre nach den erfolglosen Eroberungsversuchen gebietet Mose, das neue Land einzunehmen. Sie vollstrecken den Bann (V. 34) und töten alle Männer, Frauen und Kinder. Diese grausame Eroberungsweise gab es öfters. Man wollte damit alle Besitzansprüche, Geschichten und Götter, die mit den Orten verbunden waren, radikal auslöschen. Die Einzigartigkeit Gottes sollte durch die Götter der Überlebenden nicht geschmälert werden. Die ganze Geschichte Israels zeigt, dass trotz großer Abschottung der Glaube immer wieder in Berührung mit anderen Göttern kommt.

Mit Jesus gibt es da einen radikalen Neuanfang. Der Glaube braucht kein erobertes Land, sondern ein erobertes Herz. Die Gottesbegegnung findet nicht an einem gereinigten Ort, sondern im Geist und in der Wahrheit statt.

„Gott ist Geist, und die ihn anbeten, die müssen ihn im Geist und in der Wahrheit anbeten." *Johannes 4,24*

Hoffen und sehen – aber nicht gehen

5. Mose 3,18-29 **Samstag, 17.**

Der Auftrag des Mose steht kurz vor der Vollendung. Das Volk soll in das Gelobte Land gehen. Nur er selbst darf nicht mit. In einem kurzen Dialog erinnert Gott Mose daran, dass er damals in der Wüste nicht auf ihn gehört hatte. Er ließ mit seinem Stab eigenwillig Wasser aus dem Felsen herausfließen (4Mo 20,12). Wegen dieses Ungehorsams durfte er das Land nur sehen. Er musste dann seinem Nachfolger Josua die Führung überlassen. Trotz aller Ähnlichkeiten unterscheidet sich das Gelobte Land stark vom Himmel. Jeder irdische Besitz muss immer wieder erobert, gestaltet, gepflegt und beschützt werden. Für Mose würde die Arbeit niemals aufhören, auch nicht, wenn er ins Gelobte Land käme. Nur im Ankommen bei Gott ist die Ruhe, die nur Gott geben kann, weil er selbst sein Land, den Himmel, schützt und belebt.

„Denn wer in seine Ruhe eingegangen ist, der ruht auch von seinen Werken so wie Gott von den seinen." *Hebräer 4,10*

Wochenspruch

Von seiner Fülle haben wir alle genommen Gnade um Gnade.
Johannes 1,16

Falsche Freunde und ein echter Freund

Psalm 55 **Sonntag, 18.**

Es ist schlimm, Gegner, Feinde, Neider und Widersacher zu haben. Viel schlimmer aber sind die Feinde, die einmal Freunde waren (V. 14). Ihnen war man vertraut. Sie kennen unsere Geheimnisse und unsere Achillesferse. Solche Gegner sind geschmeidig wie Öl, doch ihre Worte sind tödlich (V. 22). Die Gefahr der bösen und enttäuschten Freunde besteht insbesondere, wenn gute Beziehungen, Verwandtschaften, Familien und Ehen auseinandergehen. Sehr heikel ist es, wenn gemeinsame Projekte oder das Erbe geregelt werden müssen. Bei gemeinsamen Nachkommen ist die Feindschaft für alle, besonders für die Kinder, schrecklich. Der Psalm Davids bietet neben Klage und Klärung noch eine Dimension an. Er gibt diese verworrenen Sachen in die Hände Gottes. Er wirft sein persönliches Anliegen Gott hin. Gott ist ein Freund, der nicht enttäuscht und nicht zum Gegner wird.

„In deine Hände befehle ich meinen Geist.“ *Psalm 31,6*

Wegweiser erwünscht

5. Mose 4,1-11 **Montag, 19.**

Keine Stadt ohne Verkehrsschilder. Ohne Schilder und Straßenverkehrsordnung gäbe es viel mehr Chaos. Die rot umrandeten Schilder zeigen Gefahren auf, die blauen zeigen den Weg und die gelben Ortsschilder zeigen, wo man zu Hause ist. Gebote Gottes sind wie Verkehrsschilder. Menschen finden den Weg durch das unbekannte Leben. Sie finden zueinander, zu Gott und nach Hause, zum Ziel jeder Reise. Weil die Gebote zum guten Miteinander führen, beglückwünscht Mose jeden, der sie befolgt. Wohl dem, der so etwas wie ein inneres Navigationsgerät im Herzen trägt. Mose sagt, dass gläubige Menschen beneidenswert sind. Sie haben durch Gottes Gebote, durch sein „Du sollst ...“ oder „Du sollst nicht ...“ einen inneren Kompass, der weise, verständnisvoll, glücklich und sozial macht. Zu bedauern sind sozial und religiös orientierungslose Menschen, die nur sich selbst gehorchen.

„Du tust mir kund den Weg zum Leben.“ *Psalm 16,11*

Kein Fake!

5. Mose 4,15-24 **Dienstag, 20.**

Wir dürfen kein Götzenbild machen, kein Bildnis zum Zweck der Anbetung. Aber Gott passt ohnehin in kein Bild. Kein Bildnis, das ein Mensch erschaffen kann – ganz egal, was es darstellen mag –, kann Gott je gerecht werden.

Vorstellungen werden wir uns immer irgendwie machen, auch von Gott. Als Kinder lernen wir unsere Welt kennen, indem wir sie mit unseren Sinnen erfahren, wir greifen mit den Händen, wir fühlen mit dem Mund und der Haut, wir hören und entwickeln kognitive Fähigkeiten, wie unsere Sprache. Bilder entstehen auf Papier, in unserer Vorstellung und in unseren Worten.

Gott selbst zeigt sich im Wort, der Bibel, doch gilt, was Augustinus sagt: „Wenn du es verstanden hast, ist es nicht Gott." Gott ist immer noch größer. Den meisten (mir auch) fällt es schon schwer, den dreieinigen Gott einem Nichtchristen zu erklären. Wie sollte Gott da jemals in ein Bild passen?

„Siehe, Gott ist groß und unbegreiflich." *Hiob 36,26*

Gefunden

5. Mose 4,25-40 **Mittwoch, 21.**

Gottes Volk hat es nicht leicht, wenn es sich von Gott abwendet: die Folgen sind Vertilgung, Zerstreuung und ein Leben unter anderen Völkern und deren Göttern.

Auch in schwierigen Zeiten gilt: Gott möchte gesucht werden! Und zwar mit ganzem Herzen und von ganzer Seele, also mit allem, was ich habe und bin, mit all meinen Wünschen, Träumen und Plänen. Gott ist barmherzig und hält seine Zusagen. Auf ihn kann ich mich verlassen.

Doch fühlt sich das in meinem Leben manchmal ganz anders an, da fühle ich mich allein und verlassen, meine Worte und mein Rufen scheinen ungehört zu bleiben. Ist Gott weit weg? Mit anderen Dingen beschäftigt? Damit bin ich nicht allein, das zeigt sich in den Psalmen und sogar in einem Gebet Jesu. – Und das, obwohl

Gott sich als fürsorgender Gott erwiesen hat, der mich nicht verlässt. (V. 32ff.)

„HERR, höre meine Stimme, wenn ich rufe; sei mir gnädig und antworte mir!“ *Psalm 27,7*

Schon wieder?

5. Mose 5,1-22 **Donnerstag, 22.**

„Schon wieder!“, seufzt Tim, während der Lehrer die Überschrift „Das große 1x1“ an die Tafel schreibt. „Das hatten wir doch erst letzte Woche. Das kann ich doch längst und wozu brauche ich das überhaupt?“, denkt sich Tim. Da er keine große Wahl hat, macht er sich an die Aufgaben. Bei den größeren Zahlen muss er sich eingestehen, dass er das Thema doch noch nicht so ganz verinnerlicht hatte. Die Zehn Gebote – ein alter Hut? Lebensferne Theorie? Gelten die überhaupt für uns? Wurde das nicht zu einer anderen Generation gesagt? Mose macht hier deutlich, dass die Zehn Gebote sehr wohl gültig sind, auch für die neue Generation. Die Menschen sollen sie lernen, sie bewahren und auch umsetzen, anwenden im alltäglichen Leben. Vielleicht ist es für mich mal wieder Zeit, mich mit Gottes Geboten zu beschäftigen und zu hinterfragen, ob ich sie bewahre und in meinem Alltag anwende.

„Bleibt in mir und ich in euch.“ *Johannes 15,4*

Feuer!

5. Mose 5,23-33 **Freitag, 23.**

„Feuer!“ Wenn wir diesen Ruf hören, bedeutet er Gefahr. Jetzt ist handeln angesagt: Hilfe rufen, sich in Sicherheit bringen und schauen, ob man helfen kann. Manchmal, etwa bei einem großen Waldbrand, ist man trotz vereinter Kräfte nicht in der Lage, ein Feuer zu kontrollieren. Es kann den Tod bringen.
„Es brennt!“, ruft begeistert die 9-jährige Carla, die im Pfadfinderlager ihr erstes Lagerfeuer ohne Streichholz und Feuerzeug ent-

zündet hat. Sie freut sich schon auf die Marshmallows, die so viel besser schmecken, wenn man sie kurz über die Glut hält. Wunderschön und doch beängstigend, so empfinden es auch die Israeliten, wenn sie Gottes Stimme hören. – Und es ist gut (V. 28). Wenn sie doch immer so viel Ehrfurcht zeigen würden (V. 29)! Und wir? Hat bei uns beides Platz? Der Respekt vor Gott und die Liebe zu ihm?

„Es segne uns Gott, und alle Welt fürchte ihn!" *Psalm 67,8*

Herzensangelegenheit

5. Mose 6,1-9 **Samstag, 24.**

Vor einiger Zeit habe ich an einem Abnehmkurs teilgenommen. Etwa in der vierten Woche erhielt ich die Aufgabe, eine Liste meiner aktuellen Lebensziele zu erstellen. Im nächsten Schritt sollte ich benennen, an welcher Stelle meiner Liste das Abnehmen steht. Na ja, meine Liste war voll, aber das Abnehmen war darauf nicht zu finden. Meine Prioritäten waren ganz eindeutig andere. Obwohl ich gern abnehmen wollte, gab es da so viele andere Dinge, die im Moment wichtiger waren.

Gott sagt, wir sollen uns seine Worte zu Herzen nehmen und unseren Kindern einschärfen, davon reden, sowohl zu Hause als auch unterwegs. Wir sollen uns an seine Worte erinnern. Die Israeliten sollten sich Zeichen machen, auf der Hand, zwischen den Augen und am Türpfosten. Könnte es vielleicht für uns ein Klebezettel mit einem Bibelvers am Spiegel sein?

„Du sollst den Herrn, deinen Gott, lieben von ganzem Herzen, von ganzer Seele und von ganzem Gemüt." *Matthäus 22,37*

Wochenspruch

Und es werden kommen von Osten und von Westen, von Norden und von Süden, die zu Tisch sitzen werden im Reich Gottes.
Lukas 13,29

Wie Heilung funktioniert

Psalm 41 **Sonntag, 25.**

Vielleicht haben Sie es schon so oder so ähnlich erlebt wie David in diesem Psalm: Hilflos und zu erschöpft, um sich gegen falsche Behauptungen, herzlose Gegner oder Spott zur Wehr zu setzen. Selbst auf Personen, denen wir vertraut haben, ist kein Verlass mehr. Die Enttäuschung über die Boshaftigkeit der anderen ist groß. David sehnt sich nach Heilung und klagt Gott seine Not. Dabei mag es weniger um körperliche Probleme gehen, sondern vor allem um die seelischen Wunden, die das Verhalten der anderen bei ihm hinterlassen haben. Allein bei Gott findet David Zuspruch, Rückhalt, Schutz und Hilfe – und der Spott der Gegner verstummt. Mit Gott auf seiner Seite verwandelt sich so die Enttäuschung, Not und Trauer zunächst in Trost und dann in Lob und Dank. So beginnt auch heute das Wunder der Heilung.

„Vor Kummer weiß ich nicht mehr aus noch ein. Richte mich wieder auf durch dein Wort!“ *Psalm 119,28 (BB)*

Bitte nicht vergessen!

5. Mose 6,10-25 **Montag, 26.**

Mose zeigt im heutigen Text auf, worin zukünftig die größte Gefahr für das Volk Israel liegt: im Vergessen! Gott hat sie aus Ägypten befreit und wird sie ins Gelobte Land bringen. Das sollen auch ihre Nachkommen vor Augen behalten. Seine Mahnungen, sich zu erinnern, sind auch für uns heute noch aktuell:

Erinnert euch, dass Gott euch befreit hat – bei ihm findet ihr Frieden.

Erinnert euch, dass Gott euch beschenkt – er gibt euch alles, was ihr braucht.

Erinnert euch, dass Gott euer einziger Gott sein will – er führt euch zum Guten.

Erinnert euch, dass Gott eure Richtschnur im Leben sein möchte – ihm könnt ihr vertrauen, auf ihn ist Verlass.

Lassen Sie uns das alles nicht vergessen. Und lassen Sie uns davon erzählen. Was wollen Sie nicht vergessen?

„Es wurde dir gesagt, Mensch, was gut ist und was der HERR von dir erwartet: das Rechte tun, Nachsicht mit anderen haben und bewusst den Weg mit deinem Gott gehen.“ *Micha 6,8 (BB)*

Aus dem Weg!

5. Mose 7,1-11 **Dienstag, 27.**

Gott kämpft den Weg für die Israeliten frei. Gemeinsam mit ihnen besiegt er sieben mächtige Völker. Es wäre kontraproduktiv, wenn sich jemand aus dem Volk Israel nun erneut an eines der gerade erst vertriebenen Völker binden würde. Gott warnt davor, denn solch eine Verbindung stünde dann erneut zwischen Gott und seinem geliebten Volk.

Gott hat auch für uns als Christen den Weg frei gemacht, damit seiner Verbindung mit uns nichts mehr im Weg steht. Wo gehen wir Verbindungen ein, die uns dazu verleiten, uns von Gott zu entfernen? Wie viel Zeit nehmen z. B. unsere Onlineaktivitäten in Anspruch? Was sind Ihre ganz persönlichen Zeitfresser, Hindernisse oder alltäglichen Herausforderungen, die Gott mit Ihnen aus dem Weg schaffen soll? Erzählen Sie ihm doch heute davon.

„Die Sorgen der Welt und der trügerische Reichtum und die Begierden nach allem andern dringen ein und ersticken das Wort, und es bleibt ohne Frucht.“ *Markus 4,19*

Jahreslosung 2026

„Gott spricht: Siehe, ich mache alles neu

(Offenbarung 21,5)

Keine billige „Jenseitsvertröstung“

Ich hatte sie schon kennengelernt, als ich noch Teenager war. Sie heiratete, bekam drei Kinder. Dann verlor sie ganz plötzlich ihren Mann. Sie sagte, dass dieser Tag der schlimmste ihres Lebens war. Sie war als junge Frau mit ihren Kindern allein. Auf den Grabstein ihres Mannes setzte sie das Wort: „Siehe, ich mach alles neu." Sie sagte einmal: „Ich finde Trost in der Nähe zu Gott und weiß nicht, was Menschen machen, die diese nicht kennen." In der Art, wie sie das Leben meisterte, konnte ich spüren, wie wichtig ihr der Glaube war. Sie lebte in der Hoffnung auf das Wiedersehen in der Ewigkeit. Dort wird Gott alle Tränen abwischen. Im Himmel wird es keine Ursache mehr zum Weinen geben. Jesus wird die offenen Fragen beantworten. Inzwischen ist sie auch verstorben. Sie hat ihren Mann fast 40 Jahre überlebt. Nun steht auch ihr Name auf dem Grabstein: „Siehe, ich mache alles neu."

Das ist keine Jenseitsvertröstung, sondern Trost und Kraft aus der Hoffnung auf das Jenseits, die bereits im Hier und Heute ihre Wirksamkeit entfalten kann – wenn wir Menschen es zulassen. All das, was unser Leben zur Hölle machen kann, wird es in der ewigen Heimat bei Gott nicht mehr geben. Keine Betonwand der Sünde. Kein bitteres Abschiednehmen. Keine Vereinsamung. Keine Tränen. Keinen Tod. Keine Vergänglichkeit. Keine Vergeblichkeit. Kein Leid. Keine Schmerzen. Kein Krieg, keine Krankheit, kein Konzentrationslager. Das Alte ist vergangen wie ein dunkler Albtraum.

Diese Hoffnung drückten auch Eltern unserer Gemeinde aus, als ihr Sohn tödlich verunglückte. Eine ungewöhnliche Traueranzeige erschien in der Zeitung:

„Gott der Vater hat unseren (hier folgte der Name) zu sich berufen. 16 Jahre hat er uns unvorstellbar viel Freude bereitet. Vor einigen Tagen befestigte er ein Poster über seinem Bett mit dem Spruch:

‚Noch eine kurze Zeit, dann ist's gewonnen,
dann ist der ganze Streit zerronnen
dann kann ich laben mich an Lebensbächen
und ewig, ewiglich mit Jesus sprechen!' (S. Kierkegaard)

Dieser Gedanke widerspiegelt das Fundament unserer Zuversicht."

Menschen, die an Jesus glauben, haben Hoffnung auch angesichts des Todes. Jesus ist durch den Tod hindurchgegangen und lebt. Bei ihm in der Ewigkeit wird alles neu. Mit dieser Hoffnung können wir leben und sterben. (Bärbel Wilde)

Aus: Christoph Morgner, Steffen Kern (Hrsg); Siehe ich mache alles neu. Das Lesebuch zur Jahreslosung 2026 (Brunnen, 2025)

Keine Angst!

5. Mose 7,12-26 **Mittwoch, 28.**

Furcht kann ein sehr mächtiges Gefühl sein. Diese Emotion lässt sich schwer zur Seite schieben oder ausblenden. Sie fährt uns in die Knochen und lähmt uns, auch in der nächsten Krisensituation, wenn wir, wie die Israeliten während ihrer Knechtschaft in Ägypten, schlechte Erfahrungen gemacht haben. Die dort durchlebten Ängste sind mit dem Auszug aus Ägypten nicht verschwunden. Sie sind tief verankert und drohen, wieder aufzubrechen, sobald ein anderes fremdes Volk Israels Weg kreuzt.
Gott möchte die Israeliten nicht nur aus Ägypten, sondern auch aus ihren Ängsten herausführen. Er sagt ihnen und auch uns heute: Fürchtet euch nicht (auch wenn ihr schlechte Erfahrungen gemacht habt)! Ich bin bei euch und habe für euch eine positive Zukunft im Sinn (V. 2-16). Bleibt mir treu und vertraut mir, denn ich will euch segnen.
Ich wünsche Ihnen, dass diese Zusage Sie heute stärkt.

„Ist Gott für uns, wer kann wider uns sein?“ *Römer 8,31*

Erinnere dich

5. Mose 8,1-20 **Donnerstag, 29.**

Bald hat das lange Warten ein Ende. Das Volk Israel darf ins verheißene Land. Sie können es schon sehen. Was wird sie dort erwarten? Sie glauben fest daran: Ein gutes Leben. So wurde es ihnen versprochen. Mose gibt ihnen dafür noch ein paar letzte

Hinweise. Sie sollen sich an die Gebote halten und was noch wichtiger ist: Sie sollen nicht vergessen, woher sie kommen und was Gott schon für sie getan hat. Ein guter Hinweis. Gerade dann, wenn das Leben normal vor sich hinläuft, passiert es mir öfter, dass ich vergesse, Gott miteinzubeziehen. Da werden Auszeiten mit Gott kürzer oder fallen weg, da baue ich mehr auf mich und mein Können, als Gott meinen Alltag anzuvertrauen. Deshalb ist dieser Text auch eine Erinnerung an mich: Bezieh Gott in dein ganzes Leben ein – in die schweren und in die guten Phasen!

„Sondern gedenke an den HERRN, deinen Gott; denn er ist's, der dir Kräfte gibt." *5. Mose 8,18*

Gott hält seine Versprechen

5. Mose 9,1-6 **Freitag, 30.**

Was kommt wohl auf uns zu? Ich würde mich das fragen und hätte wahrscheinlich Angst. Große und starke Völker warten dort im verheißenen Land. Mose erinnert noch einmal daran: Gott hält seine Versprechen. Er wird sich darum kümmern. Und das nicht, weil das Volk Israel so vorbildlich und fromm wäre – viel zu oft waren sie störrisch und haben nicht auf Gott vertraut. Aber trotzdem sagt Gott: Ich habe es versprochen, ich kümmere mich um euch. So irritierend die Sprache vielleicht ist, so erleichternd finde ich die Tatsache, dass Gottes Liebe und seine Versprechen nicht von meiner Leistung abhängen, sondern von seinem Ja zu uns. Auch wenn ich manchmal glaube, alles allein zu schaffen. Am Ende darf ich wissen: Gott ist da, auch wenn ich ihm manchmal den Rücken zukehre. Und das ist nicht mein Verdienst. Gottes Liebe ist es, die das möglich macht.

„So hat er es deinen Vätern versprochen." *5. Mose 9,5 (BB)*

Rückblick

5. Mose 9,7-21 Samstag, **31.**

Mose erzählt von der schweren Zeit in der Wüste und davon, dass das Volk immer wieder vom Weg abkam. Doch sie hatten einen Fürsprecher. Mose hat sich vor Gott immer wieder für das Volk eingesetzt und die Verbindung zu ihm gehalten, sodass sie jetzt endlich angekommen sind. Mose erinnert sie an alles, was sie erlebt haben, damit sie zu Herzen nehmen: Bleibt verbunden mit Gott. Hört auf ihn und haltet seine Gebote. Allein schafft ihr es nicht.

Wie gut ist es, Fürsprecher zu haben. In Jesus haben wir den besten Fürsprecher, den es gibt. Er ist an unserer Seite und ermöglicht die Verbindung zu Gott. Er gibt alles für uns, damit wir nicht allein durch unser Leben gehen müssen und am Ende in das verheißene Land der Ewigkeit einziehen können.

„Sie sind aber doch dein Volk und dein Eigentum! Du hast sie herausgeführt mit deiner großen Kraft und deinem machtvoll ausgestreckten Arm." *5. Mose 9,29 (BB)*

Monatsspruch Februar

Du sollst fröhlich sein
und dich freuen über alles
Gute, das der HERR,
dein Gott, dir und deiner
Familie gegeben hat.

5. Mose 26,11 (E)

Wochenspruch
Über dir geht auf der HERR, und seine Herrlichkeit erscheint über dir. *Jesaja 60,2*

Gott ist König

Psalm 97 **Sonntag, 1.**

Der Psalmbeter freut sich über die Königsherrschaft Gottes. In zahlreichen Bildern malt er uns vor Augen, wie groß, stark und herrlich Gott ist. Der Psalm klingt wie eine Erinnerung, das nicht aus den Augen zu verlieren. Denn im Alltag jagen wir oft anderen Dingen nach, die unseren Blick verstellen. Schnell ist man dabei, sich nur noch um Geld, Macht, Aussehen, Sport, Gesundheit, Idole zu drehen. Dinge, die schön und gut sind. Nicht in sich negativ. Doch sie sollen uns nicht bestimmen. Denn immer wieder merke ich, dass ich nichts davon selbst in der Hand habe und darauf angewiesen bin, dass einer mich und mein Leben in seiner Hand hat. Der Gott, der alle Macht hat im Himmel und auf Erden. Ihm können wir unser Leben anvertrauen mit allem, was uns freut und was unser Leben schwer macht. Wie herrlich!

„Denn du, HERR, bist der Höchste über allen Landen, du bist hoch erhöht über alle Götter." *Psalm 97,9*

Mitten unter uns

5. Mose 10,1-9 **Montag, 2.**

Gott lebt mitten unter uns. Damals und heute. Damals ganz sichtbar, zum Beispiel in der Wolken- und Feuersäule (2Mo 13,21f) oder in der Bundeslade mit den Geboten (2Mo 25,10ff). Diese Lade war das Zeichen der Gegenwart Gottes. Manchmal wünschte ich, dass Gott immer noch so sichtbar da wäre. Tag und Nacht, bei jedem Schritt, den wir gehen. Aber auch heute noch ist Gott unsichtbar mitten unter uns. Ein sichtbares Zeichen dafür ist der Regenbogen. Aber auch ganz kleine oder kaum sichtbare Dinge zeigen uns, dass er da ist. Ein Bibelwort, das in meine Situation spricht.

Ein Mensch, der für mich da ist. Ein Lied, das mich anspricht. Ein guter Gedanke zur rechten Zeit.
Wo hast du in letzter Zeit erlebt: „Gott ist da!"? Schreib es dir auf, denn solche Erinnerungen helfen, die Aufmerksamkeit darauf zu schärfen, was Jesus selbst uns versprochen hat:

„Und siehe, ich bin bei euch alle Tage bis an der Welt Ende."
Matthäus 28,20

Gott allein die Ehre

5. Mose 10,10-22 **Dienstag, 3.**

Gott hat sich entschieden, das Volk Israel weiter zu begleiten und an sein Ziel zu bringen. Weil er es liebt. Was Gott sich von ihnen wünscht, hört sich vielleicht leicht an, aber ist es manchmal gar nicht. Er wünscht sich, dass sie ihm folgen und ihre Herzen für ihn öffnen, ihn fürchten und ehren. Das ist leichter gesagt als getan. Spannend ist, dass das nicht nur heißt: Gottesdienst feiern, beten und auf Gottes Wort hören. Es bedeutet auch, sich um andere zu kümmern und Fremdlinge zu lieben. So wie Gott mit uns umgeht, sollen wir auch mit anderen umgehen. Wir geben Gott die Ehre, wenn wir auf sein Wort hören, seine Liebe in Wort und Tat weitergeben und Menschen so begegnen, wie er es tun würde: mit offenem Herzen, liebevoll und auf Augenhöhe.

„Nun, Israel, was fordert der HERR, dein Gott, noch von dir, als dass du den HERRN, deinen Gott, fürchtest, dass du in allen seinen Wegen wandelst und ihn liebst." *5. Mose 10,12*

Wichtig für den Neustart!

5. Mose 11,1-17 **Mittwoch, 4.**

Nun ist es fast so weit: Auf ins Gelobte Land! Vorfreude und Sehnsucht sind riesig. Neue Möglichkeiten, endlich ankommen, endlich „Milch und Honig" genießen. Das erwarteten die Israeliten kurz vor dem Einzug in Kanaan.

Aber man hatte 40 Jahre im Wüstenmodus funktioniert. Wachsamkeit war die Norm. Man wusste: Ohne Gottvertrauen geht's nicht! Trotz manchem Ungehorsam.
Doch jetzt lacht der Überfluss. Daran hängt das Herz sich schnell. Deshalb braucht es Moses Einschärfung: Liebt den Herrn! Dient ihm! Nicht dem neuen Wohlstand.
Auch uns winken andere Götter: Wohlstand, die „Tu-was-dir-gut-tut"-Maxime, Hauptsache gesund, Hauptsache Naturschutz. Woran hängt dein Herz? Mal an diesem, mal an dem?
Oder am lebendigen Gott? Erst durch ihn kannst du den Rest wirklich genießen.

„Alle gute Gabe und alle vollkommene Gabe kommt von oben herab, von dem Vater des Lichts, bei dem keine Veränderung ist."

Jakobus 1,17

Immer und überall ...

5. Mose 11,18-32 **Donnerstag, 5.**

... von Gottes Wort begleitet und umgeben. Gesunde „Propaganda". Weil Gott liefert: Er spricht. Und es geschieht (1Mo 1; Joh 1,1). Deshalb ist es wichtig, sich an sein Wort zu halten. „Auf dass ihr stark werdet, hineinzukommen" (V. 8). So wird es uns gut gehen (V. 13-15). Die Geschichte Israels zeigt: Wer sich gegen Gottes Volk stellt, verliert. Wer zu Gottes Volk gehört, steht auf der Seite des Siegers (V. 24f.). Seit Jesu Tod und Auferstehung bekommt dieser Fakt eine mehr geistliche Dimension: „Es ist vollbracht." (Joh 19,30). Unser Herr weiß, in welchem unserer Lebensbereiche es noch Land einzunehmen gilt. Egal was wir beginnen, erfolgreich oder nicht, mit Jesus „wird ein Schuh draus". Wenn wir „seinem Wort der Ewigkeit in Tod und Leben trauen" (W.-M. Dietrich).

„Es sei Welt oder Leben oder Tod, es sei Gegenwärtiges oder Zukünftiges, alles ist euer, ihr aber seid Christi, Christus aber ist Gottes."

1. Korinther 3,22.23

„Tue recht ...

5. Mose 12,1-12 **Freitag, 6.**

... und scheue niemand" – so sagt es der Volksmund. Das ist sehr subjektiv. Und funktioniert auch nicht. Es reicht nicht, dass wir tun, „ein jeder, was ihm recht dünkt" (V. 8). Es geht, um das, was Gott tut: Es geht um das Erbteil, „das dir der HERR, dein Gott, geben wird" (V. 9). Das ist die Basis für unseren Dienst. Andernfalls basteln wir uns unsere Religion zu unserem eigenen Schaden (V. 28-31). Wer sein Herz auf Gott ausrichtet, wird gerne tun, was er sagt. In aller Schwachheit. Gemeinschaft ist dabei ein Schlüsselelement (V. 7.12). Solo-Christsein geht nicht gut auf die Dauer. Wie wichtig ist dir deine eigene Vorstellung vom richtigen Glauben? Darf Gott bei dir noch justieren? Vielleicht sogar durch andere Christen? Tatsächlich heißt das Sprichwort ursprünglich: „Fürchte Gott, tue Recht und scheue niemand." (M. Kyferus, 1592).

„Fürchte Gott und halte seine Gebote; denn das gilt für alle Menschen." *Prediger 12,13*

„Ich mach' mir meine Welt ...

5. Mose 12,13-18 **Samstag, 7.**

... wie sie mir gefällt." So wie bei der Kinderbuchfigur Pippi Langstrumpf halten es viele mit dem Glauben. Gott(esdienst) muss ihren Vorstellungen entsprechen. Sonst taugt er nicht. Jahwe macht deutlich: Ich bin Gott. Und opfern ist nicht „Just for fun". Ort sowie Art und Weise sind festgelegt. Wir opfern die Früchte unserer Arbeit, denn wir verdanken sie Gottes Segen. Wir essen sie vor Gott, in Gemeinschaft. Und unser Opfer ist ein Anlass zur Freude (V. 18).

Und wir heute? Wollen wir Gemeinschaft mit Gott? Das kostet Opfer. Keine Rinder oder Schafe, sondern z.B. Zeit. Aber Gott selbst kostete es seinen Sohn. Der starb, damit unser Leben nicht vergeblich ist. Damit wir echte Gemeinschaft haben. Mit ihm. Und mit anderen.

„Wenn wir aber im Licht wandeln, wie er im Licht ist, so haben wir Gemeinschaft untereinander, und das Blut Jesu, seines Sohnes, macht uns rein von aller Sünde.“ *1. Johannes 1,7*

Wochenspruch
Heute, wenn ihr seine Stimme hört, so verstockt eure Herzen nicht. *Hebräer 3,15*

Wer hat recht?

Psalm 99 **Sonntag. 8.**

Die Frage eines jeden Streits. Was wird nicht alles gestritten! Und wie oft geht es dabei ungerecht zu. Wir sehen uns im Recht. Der andere auch. Niemand will unfair behandelt werden. Aber unserem Gegenüber gestehen wir dies oft nicht zu. Weil wir vergessen: Der Herr ist König. Er hat keinen Vorgesetzten (V. 1). Doch Willkür fällt ihm nicht ein: Er ist heilig, also vollkommen (V. 3.5.9). Er sieht uns und unsere Angelegenheiten aus einer höheren Perspektive. Seine Gegenwart entzieht der Rechthaberei jeden Grund. Auch Volksanführer wie Mose, Aaron und Samuel wussten das. Deshalb riefen sie zum Herrn, und er erhörte sie (V. 6). Wie können wir uns beim nächsten Streit helfen? Zum Herrn rufen, beten. Ihn als Schiedsrichter fragen. Als persönlicher Herzensschrei. Am besten mit dem Gegenüber zusammen.

„Rächt euch nicht selbst, meine Lieben, sondern gebt Raum dem Zorn Gottes.“ *Römer 12,19*

Geben als Ausdruck von Nächstenliebe

5. Mose 14,22-29 **Montag. 9.**

Der Umgang mit Witwen, Waisen und Migranten ist eine beständige Herausforderung. Alle drei Jahre den Zehnten des Jahreseinkommens für Bedürftige zu spenden, ist eine interessante Überlegung für uns heute. Wenn man das durchrechnen würde, wäre die Summe vermutlich geringer als gedacht, aber etwas mehr, als viele spenden. Auf zwölf Monate umgelegt, relativiert sich der Betrag. Zwei Aspekte sind wichtig: Erstens, es ist „nur" alle drei Jahre dran, zweitens gilt die Verheißung: „(...) auf dass dich der HERR, dein Gott, segne in allen Werken deiner Hand". Diese Zusage liegt auf großzügigem Geben oder dem aktiven Einsatz für Menschen in Not. Das kann vor Ort geschehen, ohne großen Aufwand. Darüber hinaus könnte es zu weiterer Unterstützung führen, etwa bei nachhaltiger Landwirtschaft in Zusammenarbeit mit internationalen Organisationen.

„Ich aber und mein Haus wollen dem HERRN dienen." *Josua 24,15*

Bemerkenswerte Schuldnerberatung

5. Mose 15,1-11 **Dienstag. 10.**

Ein zentrales Thema in der Schuldnerberatung ist, wie Schuldner den durchs Schuldenmachen entstandenen psychischen Druck bewältigen können. Wie die belastende Situation angenommen werden kann – Schamgefühle oft inklusive. Neben Ratenzahlungsvereinbarungen und Insolvenzberatung wird auch Präventionsberatung angeboten. Wo möglich, erfolgt ein schrittweiser Schuldenabbau. Ein vollständiger Schuldenerlass hingegen bleibt eine seltene Ausnahme – obwohl gerade das den Betroffenen wirklich helfen und sie aus ihrer Notlage befreien könnte. Es bleiben Schuldzuweisungen und Vorurteile, die Schuldner häufig erleben. Ganz anders hier. Es ist beeindruckend, wie aktuell Gottes Wort zu diesen Themen ist: Wenn man im Überfluss hat, kann man ohne Widerwillen Schulden erlassen. So wird Mangel gelindert, und – man staunt immer wieder – Gott belohnt dies mit seinem Segen!

„Es werden allezeit Arme sein im Lande." *5. Mose 15,11*

Freiheit schenken

5. Mose 15,12-18 **Mittwoch, 11.**

Erinnerung tut gut: Als das Volk Israel in Ägypten geknechtet wurde, musste es viel Leid ertragen. Die Bibel beschreibt dies in drastischen Worten im 2. Buch Mose, Kapitel 1 und 5. Diese Erfahrung soll das Handeln gegenüber Sklaven in Israel prägen: „gerade so eben nicht!“ Sklaverei war oft eine wirtschaftliche Stütze. Menschen wurden als Eigentum betrachtet – im antiken Israel und mehr noch zur Zeit des Apostels Paulus. Doch biblische Texte fordern auch Freilassungen, sei es alle sieben Jahre oder durch die Aufforderung an Philemon im Neuen Testament. Erstaunlich, dass diese Bibelstellen lange nicht als Leitlinien für christliches Leben verstanden wurden! Heute gibt es Formen von Sklaverei wie Zwangsarbeit oder Kinderarbeit – und eigentlich müsste man das dann doch keinesfalls so hinnehmen, oder?

„Und wenn du ihn freigibst, sollst du ihn nicht mit leeren Händen von dir gehen lassen.“ *5. Mose 15,13*

Wo man singt, da lass dich nieder

5. Mose 16,1-17 **Donnerstag, 12.**

Regelmäßig feierte das Volk Israel drei große Feste: das Passa, das Wochenfest (eine Art Erntedankfest) und das Laubhüttenfest (vergleichbar mit Thanksgiving). Dazu waren sorgfältige Absprachen und Planungen nötig. Die Feste wurden als inklusive Ereignisse begangen – gemeinsam mit Männern, Frauen, Kindern, Dienern und Dienerinnen, Migranten, Witwen und Waisen. Heute denken wir bei Festen eher an Ostern, Weihnachten oder runde Geburtstage im hohen Alter. Auch Matthias Claudius schuf für seine Familie ganz eigene Feste. Er wollte damit sowohl Gott ehren als auch den Familienzusammenhalt stärken. Berichte aus den sogenannten „Blue Zones“, Regionen der Welt, in denen die Menschen besonders alt werden, belegen: Ein starkes Familiengefühl und das gemeinsame Feiern tragen erheblich zur Lebensqualität bei.

„Siehe, wie fein und lieblich ist's, wenn Brüder einträchtig beieinanderwohnen!" Psalm 133,1

Vor Gericht

5. Mose 16,18-20 **Freitag, 13.**

Im Wahlkampf um das Präsidentenamt in den USA werden auffällig oft Richter bemüht, die das Wahlergebnis nachträglich und – so hofft man – im Sinne des Klägers beurteilen sollen. Es sei dahingestellt, was dies über das Vertrauen in das Wahlsystem und dessen Ergebnisse aussagt. Die Justiz soll entscheiden. Dazu wird von einem als gerecht und fair angesehenen Richter viel erwartet. Die Bibel betont, dass in jedem Gerichtsverfahren das Recht weder gebeugt werden noch Geschenke (als Bestechung) angenommen werden dürfen. Ein Urteil soll ohne Ansehen der Person gefällt werden. Es ist eine anspruchsvolle Aufgabe, nicht nur für Richterinnen und Richter in fernen Ländern, sondern auch hierzulande. Vielleicht ist dies heute ein Anlass für eine besondere Fürbitte für Menschen an Gerichten oder generell im Justizsystem.

„Schaffet Recht dem Armen und der Waise und helft dem Elenden und Bedürftigen zum Recht." Psalm 82,3

Bescheidenheit ist eine Zier

5. Mose 17,14-20 **Samstag, 14.**

Ein Idealbild, ein echtes Vorbild für ein Staatsoberhaupt, gleich ob als König, Königin, Präsident oder Kanzlerin, wird uns vor Augen gemalt. Er oder sie sollte über Weisheit verfügen und dabei bescheiden bleiben. Das tägliche Lesen in der Thora sollte Israels König zur Gottesfurcht führen und bot viel Stoff für geschicktes Regieren im Segen Gottes. Für uns ist die Thora nicht mehr unser Bürgerliches Gesetzbuch, aber was wir mitnehmen können – vielleicht nicht nur für Könige, sondern für alle, die ein Leitungsamt innehaben –, ist das Ideal einer Autorität unter Gott, mit einer großen Portion Demut und Bescheidenheit. Ein Ansporn zur gezielten Fürbitte für unsere „Eltern und Herren", wie Luther die Leitungsämter beschreibt. Das könnte ein besonderer „Dienst" sein, sie so „lieb und wert" zu halten. Und wenn wir selbst zu leiten haben? Die Bitte um Weisheit ist immer gut!

„So seid nun verständig, ihr Könige." *Psalm 2,10*

Wochenspruch
Seht, wir gehen hinauf nach Jerusalem, und es wird alles vollendet werden, was geschrieben ist durch die Propheten von dem Menschensohn. *Lukas 18,31*

Hintergrund: Die Psalmen – das Gebetbuch Israels

Wer Gebete und Lieder einfach liest oder sie wie einen Gesetzestext analysiert, hat vielleicht ihr Wesen noch nicht ganz begriffen. Man muss sie mitbeten oder mitsingen. Wenn wir die Psalmen beten, übertragen wir sie intuitiv auf unsere Situation: Wir gehen vielleicht durch unser ganz eigenes „finsteres Tal" (Ps 23,4). Dann können wir beim Beten eben an unser „finsteres Tal" denken: Gott wird mit uns sein, so wie er mit David & Co gewesen ist.
Viele Psalmen bieten sich an, sie meditierend, langsam, Zeile für Zeile, zu beten, und die Worte des Psalms mit dem eigenen „finsteren Tal", aber auch dem eigenen Jubel und Lobpreis zu füllen. Manchmal geben sie uns auch Worte, wenn wir selbst keine eigenen Worte zum Beten mehr finden. Natürlich soll dies nicht gedankenlos geschehen – darum gibt es auch bei den Psalmen an den Sonntagen eine Auslegung.
Daneben können wir von den Psalmen aber auch einiges lernen: Die Klage- und Bittpsalmen zeigen uns: So darfst du dich mit

allen Problemen an Gott wenden und vor ihm ausschütten, was du auf dem Herzen hast (Ps 62,9). Und so darfst auch du es wagen, mit all deinem Versagen vor Gott hinzutreten und ihm deine Schuld unbeschönigt zu bekennen.
Von den sog. Lob- und Dankpsalmen können wir lernen: So sollst auch du der Freude und dem Jubel deines Herzens Raum geben und deinen Gott in der Stille, aber vor allem auch in aller Öffentlichkeit loben und anbeten. Dabei wird deutlich, dass weniger das eigene Glück als vielmehr die Herrlichkeit Gottes in seinen großen Taten und in seiner gnädigen Vergebung der Anlass zum Jubel ist.
Aber kann man alle Psalmen mitbeten? Tatsächlich gibt es auch Psalmen, die gar keine Gebete sind, sondern „Weisheit", also Belehrung oder „Predigt" (z. B. gleich Ps 1 und 2). Andere Psalmen erzählen von der großen Heilsgeschichte Gottes mit seinem Volk (z. B. Ps 105 und 106). Die sollte man dann auch so verstehen und auslegen. Aber auch bei den eigentlichen Gebeten ist man als christlicher Leser und Beter manchmal erschrocken, wenn man sieht, wie der Hass auch aus einem frommen Herzen herauskommen kann (bei den sog. Rachegebeten z. B. 56,6ff; 69,23ff). Auch wenn wir sie nicht mitbeten – in jedem Fall können wir von ihnen lernen, dass man bei Gott sein Herz ganz ehrlich ausschütten darf und im Gebet nichts beschönigen muss.
Es ist also kein Wunder, dass z. B. Martin Luther die Psalmen so hoch schätzte: „Da siehest du allen Heiligen ins Herz." „Der Psalter ist eine rechte Schule, darin man Glauben und gut Gewissen zu Gott lernt, übet und stärket." (UB)

Festungsmauern

Psalm 31 **Sonntag, 15.**

Wahrscheinlich gibt es nichts, das wir so sehr mit dem Mittelalter verbinden, wie Ritterburgen. Mauern mit Zinnen, Torhäuser, Türme wie der mächtige Bergfried, Fallgatter, Zugbrücken. Und am mittelalterlichsten sehen gerade die Burgen aus, die erst in der romantischen Mittelalterbegeisterung des 19. Jahrhunderts

entstanden sind. So wie das Neuschwanstein Ludwigs II. Dicke Mauern und feste Tore, das steht idealerweise für vergebliche Belagerungen ohne Hungersnöte, bei denen keine Katze oder Ratte innerhalb der Burgmauern mehr ihres Lebens sicher war ...
König David hatte keinen Mangel an Festungsanlagen. Aber seine eigentliche Burg war Gott selbst. Ein Luftschloss für die Spötter, aber für den König das mächtigste Bollwerk, das keine nur menschliche Macht durchbrechen konnte. In dem er sicher war. Um das er aber auch im Glauben und Gebet ringen musste.

„Sei mir ein starker Fels und eine Burg, dass du mir helfest!"

Psalm 31,3

Keine Wahrsager

5. Mose 18,9-22 **Montag, 16.**

Die Israeliten sollen sich von den okkulten Praktiken ihrer Nachbarvölker fernhalten. Hellseherei, Wahrsagerei, Zeichendeuterei, nichts davon findet Gottes Zustimmung. Bis heute gilt: Okkulte Angebote sind entweder Humbug oder gefährlich – aber sie führen immer aufs Glatteis.
Gott hingegen redet durch seine Propheten, und die sind alles andere als Wahrsager. Tatsächlich bezieht sich nur ein kleiner Teil der Prophetenworte im AT auf die Zukunft. Ein Prophet ist, wörtlich übersetzt, jemand, der für jemanden spricht. Der Prophet hat ein Wort von Gott bekommen, das er weitergibt. Mose war der erste, Johannes der Täufer der letzte Prophet des Alten Bundes. Jesus ist Gottes letztes, unüberbietbares Wort, der Logos selbst.

„Nachdem Gott vorzeiten vielfach und auf vielerlei Weise geredet hat zu den Vätern durch die Propheten, hat er zuletzt in diesen Tagen zu uns geredet durch den Sohn." *Hebräer 1,1f.*

Asyl

5. Mose 19,1-13 **Dienstag, 17.**

Mahmud kauert sich in seiner kleinen Ecke des Schlauchbootes zusammen und klammert sich verbissen an dem umlaufenden Tau fest. In der Nacht ist einer der Männer weiter vorn über Bord gegangen. Muss wohl eingeschlafen sein. Nun fällt ein fahles Morgenlicht auf das überfüllte Flüchtlingsboot. Die See ist bewegt und Gischt und kleine Wellen durchnässen Mahmud und die anderen, die am Rand sitzen. Er fröstelt, unterkühlt und übermüdet. Dort, ruft einer, ein Schiff! Die Küstenwache? Bedeutet es die Rettung und Asyl? Oder würden sie alle zurückgeschickt?

Nein, die Regelung der Freistädte in Israel bezog sich nicht auf ausländische Asylanten. Und doch: In Israel hatten auch die Totschläger noch einen Ort, an den sie gehen konnten. Wir leben von der Gnade. Unverdient. Und finden oft kluge Argumente dafür, angesichts der Not wegzuschauen.

„Und wie ihr wollt, dass euch die Leute tun sollen, so tut ihnen auch!“

Lukas 6,31

Unschuldig vergossenes Blut

5. Mose 21,1-9 **Mittwoch, 18.**

Der Gedanke, dass sich eine Gemeinschaft entsühnen müsse, wenn in ihrer Mitte ein Mord geschehen ist, ist uns fremd geworden. Es begann mit Abels Blut, das von der Erde zu Gott schrie (Gen 4,10f.). Wir haben uns daran gewöhnt. Kein spannender Krimi ohne Mordopfer. Der gewaltsame Tod wird zur Unterhaltung oder, noch schlimmer, zur Statistik. Ein Opfer mit einem Namen und einer Geschichte kann unser Herz rühren. Tausende von Opfern, etwa im Krieg, sind nur eine Zahlenkolonne.

Aber Gott sieht nicht weg. Er sieht die Opfer auch der „unwichtigen“ Konflikte, die es nicht in die Nachrichten schaffen, weil sie keine europäischen Interessen berühren. Jedes einzelne. Er nimmt sie ernst, und hätte Christus nicht sein eigenes Blut vergossen, wie sollten wir Menschen auch nur eine Bluttat sühnen?

„Die Stimme des Blutes deines Bruders schreit zu mir von der Erde."
1. Mose 4,10

Schutz ohne Verdienst

5. Mose 24,6-22 **Donnerstag, 19.**

Gott zeigt immer wieder seine besondere Fürsorge für die Schwachen. Er gibt klare Anweisungen, wie das Leben und die Würde von Menschen – Fremde, Witwen, Waisen, Schuldner etc. – geschützt werden sollen. Dabei ist es egal, ob sie ihre Situation selbst zu verschulden haben oder nicht. Ihr Leben sollte von uns Menschen geschützt werden, weil Gott es als schützenswert und wertvoll erachtet.
Auch in unserer Gesellschaft gibt es Menschen, die besonders verletzlich sind: Obdachlose, Geflüchtete, alte und kranke Menschen, (ungeborene) Kinder und sozial Benachteiligte. Gottes Herz schlägt für sie, und er ruft uns auf, uns um sie zu kümmern. Es geht nicht darum, ob sie „schuld" an ihrer Situation sind oder nicht – sondern einfach darum, dass ihr Leben wertvoll ist, weil sie nach Gottes Ebenbild geschaffen sind.

„Schaffet Recht dem Armen und der Waise und helft dem Elenden und Bedürftigen zum Recht." *Psalm 82,3*

Un-menschlich Handeln

5. Mose 25,1-16 **Freitag, 20.**

Zwei Euro mehr oder weniger, das wird dem anderen doch nicht schaden, oder? Situationen wie diese, die wir unfair zu unserem Vorteil ausnutzen können, spricht der Text an. Gerechtes Handeln ist gefordert. Doch unser Egoismus siegt immer wieder, sodass wir nur unser eigenes Bestes im Blick haben. Der andere wird schon keinen so großen Schaden davon spüren ... Vielleicht kann ich mich gerade nicht daran erinnern, wann ich so gehandelt habe, aber mir fällt sofort ein, wo ich von anderen ausgenutzt wurde und Schaden erlitten habe.

Gottes Maßstab in diesem Text ist eigentlich un-menschlich. Eben nicht dem menschlichen Egoismus nachzugeben, sondern bei allem, was wir tun, den anderen mit Gottes Augen zu sehen und gerecht und ehrlich mit ihm umzugehen. Auch dann, wenn wir das in unserer Gesellschaft oft anders erleben.

„Du sollst nicht zweierlei Gewicht, groß und klein, in deinem Beutel haben.“ *5. Mose 25,13*

Abhängig und verantwortlich

5. Mose 26,1-15 **Samstag, 21.**

Die Erziehung zur Unabhängigkeit wird in unserer Gesellschaft als ein wichtiges Ziel der Kindererziehung angesehen. Gott ist da ganz anders. Er versorgt seine Kinder mit allem, was sie brauchen, schafft aber zugleich eine Erinnerung an ihre Abhängigkeit von ihm. Gleichzeitig erinnert er sie daran, dass mit dieser Versorgung eine Verantwortung füreinander einhergeht. Wer mehr hat, soll denen geben, die weniger haben, denn alles ist ein Geschenk Gottes.
Mache ich mir bewusst, wie sehr ich eigentlich von Gott abhängig bin? Nichts, was ich habe oder kann, geht ohne Gott. Ich will ihm heute umso mehr dafür danken, wie er mich beschenkt, und das nutzen, was ich bekommen habe, um denen zu helfen, die weniger haben, z. B. dem Obdachlosen auf der Straße oder der alleinerziehenden Mutter in der Gemeinde, bei der das Geld knapp wird.

„Einer trage des andern Last, so werdet ihr das Gesetz Christi erfüllen.“ *Galater 6,2*

Wochenspruch

Dazu ist erschienen der Sohn Gottes, dass er die Werke des Teufels zerstöre. *1. Johannes 3,8b*

Gott unser Schutz zu jeder Zeit

Psalm 91 **Sonntag, 22.**

Wo finden wir in dieser verrückten Welt nur Sicherheit? Diese Frage beantwortet der Psalm, indem er ein kraftvolles Zeugnis von Gottes Schutz und Geborgenheit gibt. Gott verspricht, dass diejenigen, die sich ihm anvertrauen, unter seinem Schirm bewahrt bleiben. Egal, welche Gefahren oder Ängste mich bedrohen – Gott ist mein Zufluchtsort. Diese Zusage bedeutet nicht, dass ich nie Schwierigkeiten erlebe, aber sie erinnert mich daran, dass ich in jeder Situation, egal wo ich bin, egal wie viel Uhr es ist, auf Gott vertrauen kann.

Wenn ich das verstanden habe, ist innerer Frieden, trotz tobender Stürme im Leben, nur ein Gebet entfernt, weil Gott uns hört und uns Schutz schenken will. Wenn ich heute Angst erlebe, will ich daran denken, dass der Schöpfer des Universums mir zur Seite steht.

„So können wir getrost sagen: ‚Der Herr ist mein Helfer, ich werde mich nicht fürchten; was kann mir ein Mensch tun?'" Hebräer 13,6

Verheißung, Erinnerung und Nachfolge

5. Mose 27,1-10 **Montag, 23.**

Als die Israeliten das verheißene Land betreten, sollen sie Steine aufstellen, um sich an ihren Teil des Bundes mit Gott zu erinnern. Diese Erinnerungspunkte helfen ihnen, sich auf Gottes Wege zu besinnen, und erinnern sie an das erfüllte Versprechen Gottes. Heute hat Jesus das Gesetz für uns erfüllt. Wir brauchen keine äußeren Zeichen für unsere Erlösung, Gott hat sein Versprechen schon längst erfüllt. Doch er wünscht sich weiterhin unseren Gehorsam und unser bewusstes Leben in seiner Nachfolge. Er hat uns für das Gute befreit und ruft uns dazu auf, ihm aktiv zu folgen. Mit Freude, ohne Angst und Druck.

Vielleicht erinnern uns keine Steine, sondern ein Bibelvers am Spiegel, ein Klebezettel mit einer Ermutigung oder eine bewusste Notiz im Tagebuch. Dabei dürfen wir immer wissen: Gottes Verheißung in Jesus ist längst erfüllt.

„HERR, dein Name währet ewiglich, dein Ruhm, HERR, währet für und für.“ *Psalm 135,13*

Inmitten unseres Scheiterns

5. Mose 27,11-26 **Dienstag, 24.**

Gottes Volk wird für seine Ankunft im verheißenen Land an den richtigen Weg mit Gott erinnert. Die Gebote Gottes und die möglichen Konsequenzen, Segen oder Fluch, werden jedem Einzelnen bewusst vor Augen geführt. Ja, die unantastbare Heiligkeit Gottes wird uns bis heute in diesen Versen deutlich. Doch was ist, wenn wir scheitern? Auf dem Berg Ebal, auf dem diese Fluchworte gesprochen werden, steht ebenso ein Altar Gottes. Auf diesem sollen Brand- und Friedensopfer für Gott dargebracht werden (vgl. 5Mo 27,4-7). Ein Hinweis auf das ultimative Opfer Christi am Kreuz. Inmitten der ausgesprochenen Flüche aufgrund menschlicher Sünde ist Gott. Jesus Christus hat uns vom schrecklichen Fluch des Gesetzes befreit. Ein Grund für uns alle, heute dankbar zu sein.

„Und wandelt in der Liebe, wie auch Christus uns geliebt hat und hat sich selbst für uns gegeben als Gabe und Opfer, Gott zu einem lieblichen Geruch.“ *Epheser 5,2*

Segen erleben

5. Mose 30,11-20 **Mittwoch, 25.**

Die Israeliten kennen die Gebote Gottes. Auf ihrem Weg aus der Gefangenschaft in Ägypten hinein in das Gelobte Land werden sie von den Weisungen Gottes begleitet. Die Gebote Gottes betreffen stets das alltägliche Leben. Mose verweist darauf, dass das Gesetz Gottes dem Volk nicht fern sei. Und zwar dann, wenn es sich mit ganzem Herzen für Gott entscheidet. Gott möchte unser Bestes. Gott möchte uns den Segen schenken, der aus einer lebendigen Verbindung zu ihm heraus entsteht. Ein ehrlicher Blick in mein eigenes Herz: Wo hadere ich mit Gottes Geboten? Desto näher ich

Christus bin in meiner Beziehung zu ihm, desto mehr wird Gottes Willen in meinem Herzen Gestalt annehmen. Durch seinen Heiligen Geist in mir.

„Wer meine Gebote hat und hält sie, der ist's, der mich liebt. Wer mich aber liebt, der wird von meinem Vater geliebt werden, und ich werde ihn lieben und mich ihm offenbaren." *Johannes 14,21*

Mutig vorangehen

5. Mose 31,1-8 **Donnerstag, 26.**

Mose hat die Gnade Gottes in seinem langen Leben immer wieder erfahren. Er hat von Gott selbst einen unglaublichen Auftrag erhalten, das gesamte Volk Israel aus der Sklaverei in Ägypten zu befreien und es in ein neues Land zu leiten. In seinem Versagen hat Gott ihm immer wieder vergeben. Und nun steht Mose hier, an der Grenze zum verheißenen Land. Voller Liebe zu Israel ermutigt er das Volk und gibt die Leitung an Josua weiter. Es soll und es wird weitergehen. Wovon musste ich mich in meinem Leben verabschieden? Wie sieht meine Zukunft aus? In allem dürfen wir uns von Gott selbst getragen und gesehen wissen. Wir dürfen Gott jederzeit um die nötige Weisheit bitten und dann mutig vorangehen, weil Gott selbst vor uns hergeht.

„Habe ich dir nicht geboten: Sei getrost und unverzagt? Lass dir nicht grauen und entsetze dich nicht; denn der HERR, dein Gott, ist mit dir in allem, was du tun wirst." *Josua 1,9*

Unser herrlicher Gott

5. Mose 33,1-5.26-29 **Freitag, 27.**

Kurz vor seinem Tod segnet Mose das Volk Israel. In seinen Worten erinnert er es an die bewegte Reise, die Israel mit Gott erlebt hat: Am Sinai hat sie mit der Offenbarung Gottes begonnen und Seïr markiert nun das Ende des Weges (vgl. 5Mo 1,2). Die Bezeichnung Jeschurun ist ein poetischer Name für Israel, der eine besondere Zuneigung zu diesem Volk ausdrückt. Dieser Gott Jeschuruns, Israels, ist bis heute unser Gott. Aus dem Volk Israel hervorgegangen ist Jesus Christus selbst, der Retter dieser Welt, unser Retter. Die Segenslinie kommt aus dem erwählten Volk Israel, ist aber allen Völkern in Christus zuteilgeworden. Somit gelten diese wunderbaren Beschreibungen Gottes ebenso für uns in unserer Beziehung zu Gott. Wir haben einen unendlich herrlichen Gott. Und dieser ermutigenden Tatsache dürfen wir uns auch am heutigen Tag bewusst sein.

„Lobet den HERRN, alle Heiden! Preiset ihn, alle Völker!" Psalm 117,1

Ein Teil der Geschichte

5. Mose 34,1-12 **Samstag, 28.**

Mose, dieser große Mann Gottes, darf heimgehen. Gott selbst erinnert ihn an die Segensverheißung, welche nun unter der Führung von Josua weitergeht. Gott hat Mose bereits zuvor mitgeteilt, dass er selbst das Land nicht betreten dürfe, weil er Gott nicht vollends gehorcht hatte (vgl. 4Mo 20,1-13). Mose wird nach seinem Tod durch das Volk geehrt. Aber nun ist Josuas Zeit gekommen, damit Gottes Geschichte weitergeht. Vertrauen wir Gott, dass er die uns anvertrauten Bereiche gut weiterführt, auch wenn wir nicht mehr da sein sollten? Erinnern wir uns an Jona aus der Bibel: Gott ist nicht auf uns angewiesen, sondern wir auf ihn. Wenn wir auch mal scheitern mögen oder unsere Kräfte versagen, hat Gott dennoch einen Plan. Wir dürfen ein kleiner, wertvoller Teil in dieser riesigen Geschichte Gottes mit dieser Welt sein. Jeden Tag erneut.

„Befiehl dem HERRN deine Werke, so wird dein Vorhaben gelingen."
Sprüche 16,3

Monatsspruch März
Da weinte Jesus.
Johannes 11,35 (E)

Wochenspruch
Gott aber erweist seine Liebe zu uns darin, dass Christus für uns gestorben ist, als wir noch Sünder waren. *Römer 5,8*

Abwarten!

Psalm 38 **Sonntag. 1.**

Heute bestellt, morgen geliefert. Egal ob Bestseller, Staubsauger oder das Ersatzteil fürs Fahrrad: Am nächsten Tag liegt's vor der Haustür. Was für eine Zumutung, wenn der Termin beim Zahnarzt, Friseur oder in der Autowerkstatt erst in ein paar Wochen möglich ist. Warten ist out, Geduld eine Tugend, die aus der Mode gekommen ist. Dabei wäre es doch manchmal so gut und wertvoll: tief durchatmen, zur Ruhe kommen und einfach mal abwarten. Denn: Die wirklich wichtigen Dinge gibt es nicht auf Knopfdruck oder im 24-Stunden-Service. Ruhe, Frieden, Gelassenheit zum Beispiel. Wer nach dem sucht, was das Leben wirklich lebenswert macht, der muss sich an ein anderes Tempo gewöhnen und an einen anderen Rhythmus. Der muss lernen, auszuharren, Geduld zu haben und Hoffnung auf den, der zugesagt hat, uns nie im Stich zu lassen.

„Aber ich harre, HERR, auf dich; du, Herr, mein Gott, wirst antworten."
Psalm 38,16

Einführung in das Johannesevangelium s. S. 9

Mit Gott unterwegs

Johannes 11,1-16 **Montag. 2.**

Die Jünger zögern. Verständlicherweise? Bei vielen Entscheidungen hilft der eigene Verstand, die Erfahrung oder schlicht ein gründliches Nachdenken über die Alternativen. Aber dann gibt es immer wieder Situationen, in denen man vergeblich nach Richtig und Falsch fragt. Manche scheuen das Risiko, bewegen sich lieber gar nicht, anstatt sich für die falsche Option zu entscheiden. Was ihnen entgeht? Spannende Herausforderungen, inspirierende Begegnungen, überraschende Einsichten. Nur wer unterwegs ist, kommt an. Mit Gott unterwegs zu sein, kann herausfordernd sein, und ist auf jeden Fall spannend. Aber nie langweilig. Ich kann mich entscheiden, im sicheren Lebensboot sitzen zu bleiben. Aber wenn ich in seiner Nachfolge das Leben entfalten will, das er mir anbietet, dann ist sitzen bleiben keine Option.

„Und er sprach: Komm her! Und Petrus stieg aus dem Boot und ging auf dem Wasser und kam auf Jesus zu.“ *Matthäus 14,29*

In Ewigkeit

Johannes 11,17-31 **Dienstag, 3.**

Die Entscheidung, an Jesus zu glauben, ist eine Entscheidung gegen den Tod und für das Leben. Ich habe mich für den Glauben entschieden, weil ich nach etwas suchte, das mich trägt – im Leben wie auch im Sterben. Gott sei Dank habe ich Jesus gefunden und auch in dunklen Stunden immer wieder erlebt, dass seine Hand mich hält und sein Frieden mich umgibt. Deshalb bin ich froh und getröstet. Nicht, weil ich weiß, was kommt, sondern wer kommt. Weil ich weiß, dass ich mich in seinen Armen geborgen fühlen werde, wenn es einmal so weit ist. Als glaubender Mensch muss ich vor dem Tod keine Angst haben. Ich glaube, dass meine Gegenwart und meine Zukunft in Gottes Händen gut aufgehoben sind. Auch nach meinem Tod in Ewigkeit bei ihm.

„Ich bin die Auferstehung und das Leben. Wer an mich glaubt, der wird leben, ob er gleich stürbe.“ *Johannes 11,25*

Glaubensschritte

Johannes 11,32-45 **Mittwoch, 4.**

Das musste ja schiefgehen! – Besserwisserei ist wohl des Deutschen Lieblingssport. Frei nach dem Motto: Wer den Schaden hat, braucht für den Spott nicht zu sorgen. Aber was ist die Alternative? Nie etwas Neues ausprobieren, immer nur die eingefahrenen Wege gehen, ohne Mut, Neues zu wagen. Ohne Hoffnung, dass etwas anders werden könnte. Glauben hat immer etwas mit Mut zu tun. Auf Gott zu hören, heißt oft genug, den eigenen sicheren Weg zu verlassen und sich auf das Abenteuer des Lebens einzulassen. Auf einen Glauben, der Grenzen überwindet und Mauern sprengt. Es gehört dazu, dass wir unterwegs nicht immer nur Beifall hören, sondern auch Häme und Spott. Oder Zweifel, weil Tote nach vier Tagen eher stinken, als ins Leben zurückzukehren. Aber Glaube fragt nicht nach Wahrscheinlichkeiten.

„Jesus spricht zu ihr: Habe ich dir nicht gesagt: Wenn du glaubst, wirst du die Herrlichkeit Gottes sehen?“ *Johannes 11,40*

Gotteslob 2.0

Johannes 11,46-57 **Donnerstag, 5.**

„Ich weiß, dass ich nichts weiß.“ – Je älter ich werde, desto mehr glaube ich an diese alte Weisheit, die Kaiphas und der Hohe Rat hier wohl nicht kannten.

Gerade Kinder überraschen mich hin und wieder mit einer Weisheit, die so gar nichts mit Alter und grauen Haaren zu tun hat. Eher schon mit einem Schuss Lebensfreude, Kreativität und Fantasie. So manch ein Kindersatz hat mich schon ins Nachdenken gebracht, auch, wenn er auf den ersten Blick weder logisch noch sachlich noch sonstwie gut begründet war. Steht ja auch in der Bibel, dass Gott sich aus den Mündern der Kleinen einen Lobpreis bastelt. Also: Es ist nicht alles wahr, was ein kluger Mensch sagt, und gleichzeitig ist nicht alles falsch, was ein junger oder ungebildeter Mensch sagt. Gott hat seine Wege, zu Menschen zu sprechen. Nicht nur durch weise alte Männer. Hinhören lohnt sich. Immer.

„Aus dem Munde der Unmündigen und Säuglinge hast du dir Lob bereitet.“ *Matthäus 21,16*

„Zeigt her eure Füße, zeigt her eure Schuh (...)“

Johannes 12,1-11 **Freitag, 6.**

(...) und sehet den fleißigen Waschfrauen zu.“ (Kinderlied). In einer arabischen Kultur ein Ding der Unmöglichkeit: die Füße herzeigen! Sie gelten zum einen als unrein und darüber hinaus sagt diese Geste dem Gegenüber: „Du bist wie der Staub unter meinen Füßen.“ Maria setzt sich über all das hinweg und küsst die Füße Jesu und salbt sie mit kostbarem Öl. Die Füße, zu denen sie gesessen hatte, um zu hören, und zu denen sie sich in ihrer Trauer um ihren Bruder niedergeworfen hatte. Durch das Gelernte und Erfahrene, überwältigt von ihrer Schuld, kann sie nicht anders. Es ist ein Akt der absoluten Hingabe.
Sind wir bereit uns genauso Jesus völlig hinzugeben? Ihm das Kostbarste, was wir haben, herzugeben und die niedrigste „Sklavenarbeit“ freiwillig und froh zu übernehmen? Dies kann nur jeder für sich selbst beantworten.

„Und er sprach: Hier bin ich, Herr.“ *Apostelgeschichte 9,10*

Hoch zu Ross

Johannes 12,12-19 **Samstag, 7.**

In Zeiten von Stretchlimousine, Papamobil und gepanzerter Karosse können wir die Bedeutung davon, dass Jesus auf dem Füllen einer Eselin reitet, kaum mehr erfassen. Zwar haben sich in der deutschen Sprache Redensarten vom Hochmütigen, der hoch zu Ross sitzt, aber können wir sie in dieser Situation nachvollziehen?
Ein unterdrücktes und ausgebeutetes Volk wartet auf seinen Erretter. Da erwartet man Panzer, Macht und Herrlichkeit, aber doch kein Jungtier, das noch nicht in der Lage ist, Lasten über lange Strecken zu tragen.

Wieder einmal provoziert Jesus seine Nachfolger, indem er ihre innersten Erwartungen, Wünsche und Hoffnungen karikiert und offenlegt. Sind sie trotzdem bereit bei ihm zu bleiben? Was ist mit dir?

„Ich hatte von dir nur vom Hörensagen vernommen; aber nun hat mein Auge dich gesehen." Hiob 42,5

Wochenspruch

Wer die Hand an den Pflug legt und sieht zurück, der ist nicht geschickt für das Reich Gottes. Lukas 9,62

Ein gutes Ende

Psalm 57 **Sonntag, 8.**

Paul Gerhard dichtet: „Hoff, o du arme Seele, hoff und sei unverzagt! Gott wird dich aus der Höhle, da dich der Kummer plagt, mit großen Gnaden rücken; erwarte nur die Zeit, so wirst du schon erblicken die Sonn der schönsten Freud."

In 1Sam 24 können wir die dramatische Geschichte nachlesen, die diesem Psalm zugrunde liegt. David rettet sich mit seinen Männern in eine Höhle und ausgerechnet diese benutzt König Saul, um sich zu erleichtern. Unangenehm, peinlich – und gefährlich. Was, wenn er etwas hört? Noch gefährlicher ist es für den König. David widersteht der Versuchung, seinem Problem hier und jetzt mit dem Mord an Saul ein Ende zu bereiten. Er beginnt, noch mitten in seinen Schwierigkeiten, Gott anzubeten und zu loben. Er schaut weg von sich und seinen Problemen hin zu Gott, ...

„(...) der meine Sache zum guten Ende führt." Psalm 57,3

Sehen und gesehen werden

Johannes 12,20-26 **Montag, 9.**

Auch im heutigen Abschnitt provoziert Jesus seine Anhänger. Philippus und Andreas kommen mit einer ganz konkreten Bitte. Eine

Gruppe aus Griechenland stammender Juden ist zum Passafest nach Jerusalem gekommen. Sie wollen Jesus sehen. Sie haben Philippus, der ebenfalls aus Griechenland stammt, angesprochen.
Doch Jesus geht gar nicht darauf ein. Vielleicht, weil hinter der Bitte nur der Wunsch nach einem herausragenden Erlebnis steckt. Sich einen Augenblick in Jesu Ausstrahlung sonnen und dann bis zum Ende des Lebens seinen Freunden stolz erzählen: ICH habe ihn gesehen. Dem widersetzt sich Jesus. Nur wer bereit ist, auf alle menschliche Größe zu verzichten, sich hinzugeben, wird ihm letztlich begegnen und die Anerkennung des Vaters erlangen. Und was willst du?

„Willst du vollkommen sein, so geh hin, verkaufe, was du hast, und gib's den Armen, so wirst du einen Schatz im Himmel haben; und komm und folge mir nach!" *Matthäus 19,21*

Licht und Dunkelheit

Johannes 12,27-36 **Dienstag, 10.**

Hast du schon einmal das Johannesevangelium gelesen und bewusst darauf geachtet, wie oft Johannes Anspielungen zum Thema Licht/Dunkelheit verwendet, um Jesu Leben, Dienst und Auftrag zu erzählen? Es lohnt sich.
Jesus ist sich seines Auftrages bewusst und auch, was er ihn kosten wird. Das macht ihn traurig, er möchte nicht von seinem Vater getrennt werden. Das war er noch nie. Vom Himmel ertönt eine Stimme, aber die Umstehenden verstehen nichts. Obwohl es direkt vor ihren Ohren geschieht. Mitten am Tag stehen sie im Dunkeln. In dieser Situation wiederholt Jesus sein Bild, dass er das Licht ist, in dem man Gottes Handeln verstehen kann, und dass dieses Licht in jedem leuchtet, der an ihn glaubt. Erneut stellt er seine Hörer und damit auch dich vor die Frage: Bist du schon ein Kind Gottes?

„Ich bin das Licht der Welt. Wer mir nachfolgt, der wird nicht wandeln in der Finsternis, sondern wird das Licht des Lebens haben."
Johannes 8,12

Bilanz

Johannes 12,37-50 **Mittwoch, 11.**

Jesus in Jerusalem. Die entscheidende Etappe der Passion beginnt. Die öffentliche Wirksamkeit ist beendet. Jesus zieht Bilanz, und die ist ernüchternd: Er findet Unglauben, trotz so vieler Taten der Barmherzigkeit und Wunderzeichen. Das ist ein tiefer Schmerz für Jesus (Lk 13,34). Ebenso bitter ist für ihn der Glaube von Anhängern, der „sprachlos" bleibt und keinerlei Standhaftigkeit aufweist. Auffällig: Die folgenden Verse 44-50, die diese letzte Wegstrecke der Passion eröffnen, wiederholen Worte aus der Einleitung des Johannesevangeliums: Verbundenheit von Vater und Sohn, Wort, Licht und Finsternis, Leben. Gebet: Jesus, wecke und stärke in mir neu den Glauben in der Passionszeit, gib mir Worte und Mut zum Weitersagen, auch wenn das Echo darauf mir oft – wie bei dir damals – zu schaffen macht.

„Ich bin als Licht in die Welt gekommen, auf dass, wer an mich glaubt, nicht in der Finsternis bleibe." Johannes 12,46

Behandlung

Johannes 13,1-11 **Donnerstag, 12.**

Wie ich Menschen ansehe oder wie ich sie anspreche, zeigt, wie ich sie als Gegenüber be-hand-le. Noch deutlicher wird es, wenn ich sichtbar Hand anlege. Es gibt gewaltsame Behandlung, wie Jesus sie in seiner Passion von seinen Gegnern erfuhr, aber auch solche, die aus tiefster Liebe geschieht (V. 1). Die Fußwaschung war damals in Israel ein Sklavendienst. Jesus in seiner Liebe erniedrigt sich (Er nahm Knechtsgestalt an. Phil 2,7-8) und macht sich die Hände schmutzig. Gleichzeitig ist neben dieser sichtbaren Behandlung der Jünger das Ganze auch ein Zeichen, ein Ausblick auf das, was am Ende des Passionsweges stehen wird: die Versöhnungstat am Kreuz. Sie erst ermöglicht eine durchgreifende Reinigung. Eine Reinigung von Sünde für den ganzen Menschen. Frage: Wo habe ich heute eine „reinigende Behandlung" durch Jesus nötig?

„Selig sind, die reinen Herzens sind; denn sie werden Gott schauen."
Matthäus 5,8

Beispiel

Johannes 13,12-20 Freitag, **13.**

Eben noch deutet Jesus die Fußwaschung als Zeichen, das über den sichtbaren Vorgang hinausweist. Nun ergänzt er unmissverständlich, dass sie gleichzeitig eine klare Dienstanweisung für seine Jünger ist. Wenn der Meister selbst den Dreck nicht scheut, wie viel mehr sollen sich auch seine Nachfolger die Hände schmutzig machen! Heute sind wohl andere Dienste gefragt als Fußwaschungen. Der Fantasie (und der Liebe) sind keine Grenzen gesetzt. Die Welt retten wir nicht, die allumfassende Versöhnung geschah allein am Ziel der Passion: dem Kreuz (2Kor 5,19). Aber dem Beispiel des Dienstes im täglichen Leben folgen sollen wir: „Ebenso hört in jeder Zeit jeder auf, ein Christ zu sein, und jede Kirche auf, eine Kirche zu sein, wenn sie die Beugung Jesu in die Knechtsgestalt nicht wiederholt, sondern größer als er sein will." (A. Schlatter)

„Denn ein Beispiel habe ich euch gegeben, damit ihr tut, wie ich euch getan habe."
Johannes 13,15

Bedrohung

Johannes 13,21-30 Samstag, **14.**

Jesus wird in diesem besonderen Moment seiner Passion regelrecht „erschüttert" (so wörtlich in V. 21), obwohl er um Judas' Verrat weiß. Auch ihn liebt Jesus bis zu dieser Stunde, auch ihm wäscht er die Füße, und dennoch erreicht seine Liebe Judas nicht. Ehe man sich zu sehr in Spekulationen um das Geheimnis des Jüngers Judas verliert, lohnt ein Blick auf die übrigen Jünger. Sie alle scheinen die Bedrohung zu spüren, auch die Nähe zu Jesus verlieren zu können (V. 22 wörtl: „Sie gerieten in Verlegenheit"), selbst der sonst so bekenntniseifrige Petrus (Lk 22,33).

Hören wir auf Jesu Stimme? Oder reden wir den Menschen in unserem Umfeld nach dem Munde, ungestörten Beziehungen zu ihnen zuliebe? Halten auch wir heute selbstkritischen Fragen ehrlich stand, nicht zuletzt in dem Wissen, dass Jesus selbst für uns betet, wie er es seinerzeit Petrus versprach:

„Ich aber habe für dich gebeten, dass dein Glaube nicht aufhöre."

Lukas 22,32

Wochenspruch

Wenn das Weizenkorn nicht in die Erde fällt und erstirbt, bleibt es allein; wenn es aber erstirbt, bringt es viel Frucht

Johannes 12,24

Behausung

Psalm 84 **Sonntag, 15.**

Wo bin ich zu Hause? Wo ist für mich ein geschützter Ort? Wo tanke ich auf? Für den Psalmdichter damals gab es nur eine Antwort, die eine klare Verortung: der Tempel! Auch heute berichten Menschen, dass sie durch Kirchen, sakrale Räume in besonderer Weise berührt werden. Jesus weist jedoch gleich zu Beginn seines Auftretens darauf hin, dass in seiner Passion diesbezüglich etwas Neues beginnt (Joh 2,13-22). Sein Opfer löst den Tempeldienst ab. Die Verheißungen für Gottesdienste bleiben unverändert: Wir sollen aufblühen in dürrer Zeit (V. 7), Kraftzufluss erhalten (V. 8), sowie Licht und Schutz (V. 2) auf schwerem Weg. Am Sonntag ergeht in besonderer Weise die Einladung an uns, bei dem Schöpfer dieser Welt bewusst tief ein- und aufzuatmen, an welchem Ort auch immer.

„Zu Heiligen seid ihr berufen mit allen, die den Namen unseres Herrn Jesus Christus anrufen – überall auf der Welt, hier wie anderswo."

1. Korinther 1,2 (BB)

Liebe und Husten lassen sich nicht verbergen

Johannes 13,31-38 Montag, **16.**

Verliebte fallen auf. Wer in der Liebe Jesu lebt, kann von ihm nicht schweigen. Er ist ein offener Brief. Liebe und Husten lassen sich nicht verbergen. Jesus liebte sogar Judas bis zuletzt. Bei dessen Verrat im Garten Gethsemane lässt er sich von ihm küssen und fragt: „Mein Freund, dazu bist du gekommen?" (Mt 26,50). Jesus zeigt auch Petrus trotz der feigen Verleugnung seine große Liebe. Liebe und Husten lassen sich nicht verbergen, auch nicht am Kreuz. Da betet Jesus für seine Feinde: „Vater vergib ihnen; denn sie wissen nicht, was sie tun!" (Lk 23,34). Der Kirchenvater Tertullian schreibt um 200 n. Chr. von dem guten Ruf, den die damaligen Christen bei den Heiden hatten: „Seht, wie sie einander lieben" (Apologeticum 39). An der Liebe erkennt man auch heute die wahren Christen. Jesus sagt:

„Daran wird jedermann erkennen, dass ihr meine Jünger seid, wenn ihr Liebe untereinander habt." *Johannes 13,35*

Außer Jesus gibt es keinen Weg zu Gott

Johannes 14,1-14 Dienstag, **17.**

In Malaya hilft während des Zweiten Weltkrieges ein freundlicher Eingeborener einem flüchtigen Kriegsgefangen, den Weg in die Freiheit zu finden. Nach ein paar Stunden fragt der erschöpfte Soldat zweifelnd seinen Begleiter: „Bist du dir sicher, dass dies der richtige Weg ist?" Der Eingeborene antwortet trocken: „Hier ist kein Weg. Ich bin der Weg." Dem Soldaten bleibt nichts anderes übrig, als seinem Begleiter weiter zu folgen. Der Eingeborene ist der Weg. Er führt den Flüchtigen dann schließlich in die Freiheit. Es gibt auch keinen Weg aus dem Dschungel unserer Sünden als Jesus. Er ist der einzige Weg, weil er am Kreuz dafür mit seinem Leben bezahlt hat. Alle Religionen sind Holzwege. Sie führen nicht zum Himmel. Und wir kommen auch nicht alle, alle in den Himmel, weil wir so brav sind!

„Jesus spricht zu ihm: Ich bin der Weg und die Wahrheit und das Leben; niemand kommt zum Vater denn durch mich.“ *Johannes 14,6*

Echtes Leben nur aus Jesus Christus

Johannes 14,15-26 **Mittwoch, 18.**

Ein Vater fragt seinen Sohn, was er sich zum Geburtstag wünscht. „Ein Pferd“, antwortet der Junge. Erschrocken fragt der Vater: „Aus Holz?“ Der Junge antwortet entschieden: „Nein!“ Der Vater fragt: „Aus Pappe?“ Wieder: „Nein!“ „Aus Metall?“ Nochmals: „Nein!“ Der Vater ist ganz verzweifelt und fragt: „Ja, woraus dann, mein Junge?“ „Natürlich aus Pferd, Papa!“ Der Junge will ein echtes Pferd. Alles andere ist nur billiger Ersatz. Genauso kann echtes Leben nur aus Jesus Christus sein. Viele Menschen wollen nur „etwas“ vom Leben haben. Das ist mir zu wenig. Ich wünsche mir echtes Leben. Sie fragen mich: „Aus Arbeit?“ Ich sage: „Nein!“ „Aus Urlaub?“ „Nein!“ „Aus Erfolg?“ „Nein!“ „Aus Gesundheit?“ „Nein!“ „Aus Familie?“ „Nein!“ „Aus Idealen?“ „Nein, nein und nochmals nein!“ „Ja, woraus dann?“ „Natürlich aus Jesus Christus, nach dem wir die Zeit rechnen!“ Er spricht:

„Ich lebe und ihr sollt auch leben.“ *Johannes 14,19*

Friede, Freude, Jesus (nicht Eierkuchen)

Johannes 14,27-31 **Donnerstag, 19.**

Hoch in den Bergen der Anden steht ein ehernes Christusbild, zu dem Kanonen das Erz geliefert haben. Chile und Argentinien wollten wegen Grenzstreitigkeiten Krieg führen. Aber in letzter Stunde konnten Christen den Krieg verhindern. Nun goss man die aufgefahrenen Kanonen um und formte aus ihnen das riesige Standbild. In einer Hand hält Jesus Christus das Kreuz und die andere Hand segnet die beiden Völker. Zu seinen Füßen hören Streit und Krieg auf. An den Händen der Mächtigen klebt das Blut ihrer Feinde. An Jesu Händen klebt sein eigenes Blut. In Kol 1,20 steht: „(...) und durch ihn alles zu versöhnen zu ihm hin, es sei auf Erden oder im Himmel, indem er Frieden machte durch sein Blut am Kreuz." Friede, Freude, Jesus. Nicht Eierkuchen.

„Frieden lasse ich euch, meinen Frieden gebe ich euch. Nicht gebe ich euch, wie die Welt gibt. Euer Herz erschrecke nicht und fürchte sich nicht." *Johannes 14,27*

Weniger ist mehr. Jesus ist alles

Johannes 15,1-8 **Freitag, 20.**

An einem Weinstock sind viele Reben. Sie sind verschieden, aber wachsen alle aus dem Weinstock. Sie müssen für ihr Wachstum nichts tun, nur im Weinstock bleiben. Dann wachsen sie von selbst und bringen Früchte. Ohne Anschluss an den Lebenssaft laugen sie aus. Genauso geht Glauben an Jesus Christus. Nur mit ihm haben wir fruchtige Aussichten. Wir dürfen bei ihm entkrampfen und loslassen. Weniger ist mehr, Jesus ist alles. Es geht nicht um Gesetze, Verhaltensregeln, Vorschriften und Gebote. Es geht um Jesus. Bei ihm bleiben, heißt in seiner Liebe, in seinem Wort und in seiner Gemeinde bleiben. Der Glaube an Jesus ist eine Beziehung. Die Reben des Weinstockes müssen regelmäßig beschnitten werden, damit sie gut gedeihen. Und Gott selbst ist der Weingärtner. Jesus spricht:

„Ich bin der Weinstock, ihr seid die Reben. Wer in mir bleibt und ich in ihm, der bringt viel Frucht; denn ohne mich könnt ihr nichts tun."
Johannes 15,5

Der einzige Gott, der ein Freund ist

Johannes 15,9-17 **Samstag, 21.**

Kürzlich sprach ich mit einer Muslima über den Glauben. Der muslimische Allah ist erhaben. Er steht über allem. Undenkbar, dass man ihn mit „Vater" anreden dürfte. Vertraulichkeit? – Allah gegenüber eine geradezu lästerliche Einstellung. Bei den Philosophen nicht anders. Für den großen Griechen Aristoteles ist Gott der unbewegte Beweger – reiner Geist, selbst völlig unveränderlich, ohne jegliche menschliche Züge. Was für einen komplett anderen Gott stellt Johannes uns hier vor! Ein Gott, der Mensch ist. Der Liebe ist – mit aller Verletzlichkeit, die zur Liebe dazugehört. Bis zum Tod! Ein Gott, der mich nicht nur als sein Kind will (was schon ungeheuerlich wäre), sondern sogar als seinen Freund. Und ja – diese Freundschaft hat dann auch Konsequenzen im Leben!

„Euch aber habe ich Freunde genannt; denn alles, was ich von meinem Vater gehört habe, habe ich euch kundgetan." Johannes 15,15

Wochenspruch

Der Menschensohn ist nicht gekommen, dass er sich dienen lasse, sondern dass er diene und gebe sein Leben als Lösegeld für viele. Matthäus 20,28

Gott ist weit weg

Psalm 43 — Sonntag, **22.**

Der Psalmbeter kann Gott genauso wenig sehen oder spüren oder hören, wie er den Tempel in Jerusalem sehen kann. Von beiden ist er meilenweit weg. Es ist dunkel in seinem Leben. Stockfinster sogar. Sichtbar sind bestenfalls die Gegner und Feinde, spürbar sind nur die Trauer und die Gottverlassenheit. Sein ganzes Elend, seine Sehnsucht und den Durst nach Gerechtigkeit schreit er klagend wie ein Hirsch Gott entgegen (Psalm 42 und 43 gehören zusammen). Aber indem er das tut, rechnet er damit, dass Gott sich wieder finden lässt. Sein Licht wird unterwegs Orientierung geben und auf seine Treue (Wahrheit) ist Verlass. Ich wünsche mir für die dunklen Zeiten meines Lebens den Schrei dieses Psalmbeters und seine Sehnsucht nach einer neuen Begegnung mit Gott. Schlimm wäre, wenn ich stumm im Dunkeln sitzen bleiben würde.

„Der HERR ist mein Licht und mein Heil; vor wem sollte ich mich fürchten?" *Psalm 27,1*

Die gehören nicht zu uns!

Johannes 15,18–16,4 **Montag, 23.**

Die gehören nicht zu uns! Die Menschen, die nicht – oder nur gebrochen – unsere Sprache sprechen. Die so ganz anders ticken als wir. Die etwas anderes glauben. „Wir" – das sind die, die sich kennen und verstehen. Und „wir" werden zu einer Gruppe, indem wir uns von den anderen abgrenzen. Jesus macht seinen Jüngern keine falschen Hoffnungen: Ihr werdet zum „Wir" eurer bisherigen Community nicht mehr gehören. Weil ihr jetzt „anders" seid. Weil sie mich als „anders" abgelehnt haben, werden sie es mit euch auch tun. Und je stärker eine Gruppe von der Abgrenzung zu den anderen lebt, desto eher wird die Abgrenzung zum Hass. Auch heute. Ich kann vielleicht nicht verhindern, dass die anderen mich wegen meines Glaubens ablehnen oder hassen. Aber ich kann zu denen gehören, die sich selbst nicht über die Abgrenzung zu anderen definieren. Wer sind für mich „die anderen"?

„Wäret ihr von der Welt, so hätte die Welt das Ihre lieb."

Johannes 15,19

Ich wäre so gerne dabei gewesen

Johannes 16,5-15 **Dienstag, 24.**

An Jesus als Gottes Sohn und als meinen Retter zu glauben – manchmal frage ich mich, ob es nicht viel einfacher wäre, wenn ich damals dabei gewesen wäre. Als Jesus über die Erde ging, Menschen heilte, auf dem See ging und 5000 auf einmal satt machte. Jesus selbst wusste, dass das Gegenteil der Fall ist: Seine Mission war, die Welt zu retten. Wenn diese Mission erfüllt sein würde, müsste ein anderer, der Heilige Geist, kommen, der in den Herzen der Menschen wirken würde. Er würde ihnen die Augen auftun, die Menschen in alle Wahrheit leiten, die Wahrheit über

Jesus den Menschen ins Herz schreiben. Wenn ich in den Evangelien die Berichte über die Jünger lese, merke ich: Nicht sie hatten es leichter zu glauben. Wir, die Christen, die nach Pfingsten leben, haben es leichter.

„Es ist aber der Glaube eine feste Zuversicht dessen, was man hofft, und ein Nichtzweifeln an dem, was man nicht sieht.“ *Hebräer 11,1*

Eine kleine Weile ... Traurigkeit

Johannes 16,16-24 **Mittwoch, 25.**

Mit großen Schritten geht es im Johannesevangelium nun in Richtung Passion und Kreuz. Die letzten Worte Jesu sind für die Jünger ziemlich verwirrend. Irgendwie haben sie sich die messianische Regierungszeit mit Jesus anders vorgestellt. Die oberflächliche Begeisterung beim Einzug in Jerusalem (Kap.12,13) hat sich verändert, ist zu einer feindseligen Stimmung umgeschlagen. Jesus als Messias ist anders als erwartet – der leidende Gottesknecht ist nicht der von vielen ersehnte Befreier von den Römern. Jesus selbst greift nun das Bild einer Schwangerschaft und Geburt auf, die Vorfreude auf das neugeborene Kind wird bei der Geburt von Schmerz und Angst erst einmal überdeckt. Jesus weiß, es geht zunächst ins Leiden, ans Kreuz. Die Geburt des Reiches Gottes kostet viel – sie kostet sein Leben. Aber nur eine kleine Weile wird die Traurigkeit und der Tod regieren ...

„Eure Freude soll niemand von euch nehmen.“ *Johannes 16,22*

Jetzt glaubt Ihr?!

Johannes 16,25-33 **Donnerstag, 26.**

Das Bodenpersonal, das sich Jesus zusammengestellt hat, ist schon ein „besonderer“ Haufen. Stichworte, die mir in diesem Kapitel durch den Kopf gingen: verwirrt, euphorisch, depressiv, entsetzt, ungläubig, tiefgläubig, verständig, ängstlich ...
Aber wäre ich anders gewesen? Hätte ich die Heilsgeschichte

der Passion und Osterzeit verstanden? Im Nachhinein ist man schlauer. Das gilt auch für die Jünger. Erst da verstehen sie durch den Heiligen Geist, was passiert ist. Aber hier, noch mitten in der Passion ihres Herrn, sind sie wie Grashalme im Wind, mal tief verständnisvoll und voller Glauben und im nächsten Moment ängstlich und verwirrt.
Darin sind sie mir auch ganz nah. Die Jünger waren keine besseren Menschen, keine vollkommenen Nachfolger, sondern so wie wir nur Menschen, die schreien: Hilf meinem Unglauben!

„In der Welt habt ihr Angst; aber seid getrost, ich habe die Welt überwunden."
Johannes 16,33

Erhalte sie in deinem Namen

Johannes 17,1-11a **Freitag, 27.**

Warum glaube ich? Was lief oder läuft bei mir anders? Wenn ich ehrlich bin, ist dies eine für mich bis heute ungeklärte Frage. Viele meiner Freunde aus Jungschartagen sind heute nicht christlich aktiv. Viele haben mit dem Glauben nichts mehr am Hut. Sie saßen in den gleichen Bibelarbeiten wie ich, waren ebenso begeistert im Zeltlager dabei und doch sind sie heute fern von Gott.
Warum glaube ich? Der heutige Text gibt eine kleine Ahnung davon, warum ich in der Nachfolge Jesu unterwegs bin. Die 900 Zeichen dieser Auslegung werden diese große theologische Frage nicht vollkommen beantworten können. Nur ein kleiner Aspekt, der aber immer tiefere Spuren des Vertrauens in mir hinterlässt: Weil Jesus Christus mich berufen und für mich gebetet hat (V. 9).

„Nicht ihr habt mich erwählt, sondern ich habe euch erwählt."
Johannes 15,16

Jahreslosung 2026

„Gott spricht: Siehe, ich mache alles neu

(Offenbarung 21,5)

Alles neu? Um Himmels willen – nein!

Es gibt Momente, wo uns die Ankündigung von etwas Neuem wie eine Drohung vorkommt. Da wird ein Mietshaus aufwendig saniert und anschließend erhöht man die Mieten so sehr, dass Menschen ihre Wohnung verlieren, die jahrzehntelang dort gewohnt haben. Oder eine Firma bekommt ein neues Management, mit der Ankündigung, die Produktion effizienter zu gestalten, die Belegschaft zu „verschlanken“ und viele treue Mitarbeiter „freizusetzen“ für den Arbeitsmarkt. Klartext: Das Zittern um den Arbeitsplatz beginnt. Oder ein Betrieb, eine Behörde oder eine Schule macht den Sprung ins digitale Zeitalter. Die alten Akten sind ja nur abgestürzt, wenn einer sie hat fallen lassen. Die konnte man einfach aufheben. Aber auf meinem Bildschirm tut sich gar nichts mehr! Und ein Lehrer, der dreißig Jahre lang auf eine Schiefertafel geschrieben hat, steht plötzlich vor deren elektronischer Entsprechung. Wie bedient man das? Überhaupt, wann gibt es wohl den ersten Selbsthilfelehrgang: „How to become smarter than your phone“? Wieso auf Englisch? Das macht man heute so ...

Das Neue kann uns Angst machen. Natürlich, manche dieser Probleme regeln sich mit der Zeit. Aber dann kommt bald wieder – etwas Neues. Und wir befürchten, dass die Woge der neuen Situation uns überrollt, uns auf dem Abstellgleis zurücklässt. Für Dampfloks. Aber (und es ist ein großes Aber) vergessen wir nicht, wer hier spricht. Wenn der Gott Himmels und der Erden alles neu machen will, dann macht er alles gut. Seine neue Welt ist (wie) für uns gemacht. Von einem Gott, der uns genau kennt und der uns liebt. (JK)

Auf dass sie alle eins seien ...

Johannes 17,11b-26 **Samstag. 28.**

Was verbindet uns? In der Theorie sind sich die Christen wohl einig. Aber wenn es konkret wird, ist schnell die Rede von „Gl in u S“ – Gläubig in unserem Sinne. Eigentlich wissen wir: Allein aus Gnaden, allein aus Glauben sind wir Christen. Wenn es aber konkret wird, ist doch die „richtige“ Taufe und die „richtige“ Einstellung zu biblischen Texten, ethischen Fragen das Entscheidende. Und das „Richtig“ legen wir dann fest.

Als Hauptamtlicher in Kirche, Gemeinschaften und Jugendwerken sind mir häufig diese Widersprüchlichkeiten begegnet. Da wurde meine Taufe infrage gestellt oder eine der Mitarbeiterinnen wegen „falscher“ sexueller Einstellung entlassen. All diese „Rechtgläubigkeit“ hat uns als Gemeinden aber nicht wachsen lassen. Wir nähern uns einer Minderheiten-Kirche.

Jesus betet: „dass sie alle eins seien.“ Er betet nicht: „Lass sie einer Meinung sein“, „lass sie stur nur einen Gedanken für richtig halten“. Einigkeit in der Nachfolge ist kein Einerlei, sondern ist das Wahrnehmen des anderen, trotz oder gerade wegen seiner Unterschiedlichkeit. Wir ergänzen uns ...

„(...) aber die Liebe ist die größte unter ihnen.“ *1. Korinther 13,13*

Wochenspruch

Der Menschensohn muss erhöht werden, auf dass alle, die an ihn glauben, das ewige Leben haben. *Johannes 3,14b.15*

Göttliche Tauschbörse

Philipper 2,6-11 **Palmsonntag. 29.**

In der Jugendgruppe spielten wir manchmal „Apfel und Ei“: Es ging darum, für das Startkapital „Apfel und Ei“, etwas Besseres einzutauschen. Vom Apfel über die Schokolade zum funktionierenden Fahrrad. Gewonnen hat der mit dem besten Endergebnis ...

Der Tauschhandel, den der Gottessohn Jesus eingeht und den

Paulus im heutigen Hymnus bekennt, klingt merkwürdig: Tausche göttliche Gestalt gegen leidenden Gottesknecht, Luxusvilla gegen Ochsenstall, Himmelbett gegen Krippe, ewiges Leben gegen Kreuzestod. Wer kann so dumm sein?
Liebe ist manchmal zu Dummheiten bereit. Die göttliche Liebe war bereit, in Jesus zu sterben. Er setzt alles auf eine Karte, seine Liebe ist bereit, alles zu geben. In dieser Woche denken wir an Christi Sterben und seinen Tod – für uns –, damit wir alle zu Gott gelangen können.

„Seid so unter euch gesinnt, wie es der Gemeinschaft in Christus Jesus entspricht." *Philipper 2,5*

Verrat in Gethsemane

Johannes 18,1-11 **Montag, 30.**

Das Lebensende Jesu bahnt sich an. Der Jünger Judas ist lange Jahre mit ihm unterwegs gewesen, hatte sogar eine Vertrauensstellung inne: Er war der Kassenwart der Jünger (Joh 12,6). So eng seine Beziehung zu Jesus auch war, so schäbig nun sein Verrat. Mit Jesus unterwegs zu sein garantiert noch lange nicht das gute Ende. Damals nicht und heute auch nicht. Die Soldaten, die Judas mitgebracht hat, weichen erschrocken zurück, als Jesus unverblümt zugibt, der zu sein, den sie suchen. Sie hatten eher Widerstand erwartet. Denn wer lässt sich schon gerne verhaften?! Jesus erweist sich aber auch hier als Heiland. Als Petrus ihn mit dem Schwert verteidigen will, weist er ihn zurecht. Jesus und Gewalt passen nicht zusammen. Glaube an ihn braucht keine Machtmittel. Das hat die Christenheit in ihrer Geschichte leider oft vergessen. Aber wir sollten uns daran erinnern und uns entsprechend verhalten.

„Steck das Schwert in die Scheide!" *Johannes 18,11*

Verhör und Verleugnung

Johannes 18,12-27 **Dienstag, 31.**

Jesus wird nun vor das höchste jüdische Gericht gestellt. Wenn er stirbt, so dessen Logik, ist das besser, als wenn er weiterhin das Volk verdirbt. Während des Gerichtsprozesses spielt sich draußen eine leise, aber dramatische Szene ab. Petrus ist, das spricht für ihn, in der Nähe von Jesus geblieben und wärmt sich am Feuer. Eine gefährliche Lage! Die spitzt sich zu, als er verdächtigt wird, zu den Anhängern Jesu zu gehören. Hatte Petrus Stunden zuvor Jesus noch mutig mit dem Schwert verteidigt, so knickt er jetzt ängstlich ein. Der Boden wird ihm zu heiß. Bekennen in feindseliger Umgebung braucht besonderen Mut. Der hat ihn verlassen. Jesus steht erst vor Hannas und dann vor Kaiphas. Und Petrus verleugnet seinen Heiland wiederholt (V. 25-27). Der Hahn mahnt uns noch heute auf vielen Kirchtürmen: Sich zu Jesus zu bekennen, ist immer das Gebot der Stunde.

„Da leugnete Petrus abermals, und alsbald krähte der Hahn."

Johannes 18,27

Monatsspruch April

Jesus spricht zu Thomas:
Weil du mich gesehen hast,
darum glaubst du?
Selig sind, die nicht sehen
und doch glauben!

Johannes 20,29

Jesus oder Barabbas?

Johannes 18,28-40 **Mittwoch, 1.**

Die jüdischen Ankläger wollen den Tod Jesu. Aber Todesurteile darf nur die römische Besatzungsmacht verhängen. Deshalb wird Jesus zu Pontius Pilatus gebracht. Der Machtmensch Pilatus kann mit Jesus herzlich wenig anfangen. Jesus entzieht sich seinem Denken: „Mein Reich ist nicht von dieser Welt." (V. 36). Er ist in die Welt gekommen, um das Reich Gottes zu bringen, um Menschen in die Nähe Gottes zu holen. Pilatus versteht nichts. „Wahrheit" – was ist das schon?! So das Denken bis heute. Aber nur dann, wenn wir uns auf Jesus einlassen, erschließt sich uns, wer er wirklich ist. Aus kühler Distanz geht das nicht. So bleibt Pilatus ratlos zurück. Aber er bietet den jüdischen Anklägern zum Passafest einen Deal an: Jesus freizulassen oder Barabas – einen Räuber und Terroristen. Den Anklägern fällt die Wahl leicht. Lieber einen Gewalttäter als Jesus! Wen wählen wir?

„Wer aus der Wahrheit ist, der hört meine Stimme." Johannes 18,37

Höhere Pläne

Johannes 19,1-16a **Gründonnerstag, 2.**

Jesus wird verhöhnt und verspottet, dazu auf äußerst brutale und erniedrigende Art gegeißelt. Dann lässt ihn Pilatus der Menge vorführen. Er hofft, dass sein Anblick bei den Anklägern Mitleid erwecken würde. Dann könnte er Jesus freilassen. Aber der Hass der Gegner sitzt tief: Jesus muss weg. Wo der Hass zum treibenden Motiv wird, werden Menschen blind für Mitleid oder Argumente. In einem letzten Wortwechsel weist Jesus darauf hin, dass Pilatus einen festen Platz in Gottes Heilsabsichten hat. Hier geschieht nichts Zufälliges. Der Plan Gottes mit Jesus und der blinde Hass der Gegner spielen auf eigentümliche Weise zusammen. Gott nutzt selbst das Böse, um Gutes und Heilvolles für die Welt und für jeden Einzelnen zu bewirken. Das entschuldigt keinen, der sich gegen Jesus stellt. Aber Gottes Absichten zielen auf Heil und Leben. Sie lassen sich nicht beirren, auch wenn sie Jesus das Leben kosten.

„Sehet, welch ein Mensch!" *Johannes 19,7*

Für uns vollbracht

Johannes 19,16b-30 **Karfreitag, 3.**

Das Urteil ist gefällt. Es wird auf die grausamste Art vollzogen, die sich denken lässt. Die Hohenpriester ärgern sich über die Aufschrift am Kreuz. Darunter würfeln die Soldaten – makaber genug –, um die Bekleidung der Hingerichteten, wie es damals Brauch war. Jesus gibt auch in seinen letzten Stunden seine Liebe nicht auf: Er führt seine Mutter und Johannes zusammen. Ab sofort sollen sie ihr Leben gemeinsam führen. Damit klingt das Lebenswerk Jesu aus. Er ist am Ziel: „Es ist vollbracht", im Griechischen ist es nur ein einziges Wort. Was Jesus von Gott aufgetragen war, ist nun vollendet. Damit ist alles geschehen, was uns bis heute Heil und Leben bringt: Vergebung unserer Schuld, Frieden mit Gott. Indem wir uns an Jesus halten, steht uns die Tür zum Himmel sperrangelweit offen. „Glaubstu, so hastu", konnte es Martin Luther auf den Punkt bringen. Dazu lädt der Karfreitag ein.

„Es ist vollbracht." *Johannes 19,30*

Die Hand des Todes

Johannes 19,31-42 **Karsamstag, 4.**

Wenn wir einen Menschen auf dem Totenbett sehen, den wir im Leben gekannt haben, kann es uns ganz eigentümlich ans Herz greifen. Der Körper dieses Menschen liegt vor uns, *aber er ist nicht da*. Er ist gegangen. Nur die Hülle bleibt zurück. Ein Foto zeigt uns einen Menschen lebendig, aber eingefroren in einen Augenblick. Der Leib eines Toten hingegen ist aus der Abfolge der Augenblicke herausgefallen. Der Film scheint gerissen. Unserer läuft weiter. Es erscheint uns so unendlich unwahrscheinlich, dass ein Toter ins Leben zurückkommt. Die Hand des Todes lässt nur Staub zurück. Und Erinnerungen. Aber das ist nur unsere Perspektive. Es kann auch trösten, dass unser Toter so abwesend ist. Er und auch wir sind nicht identisch mit unserem zerfallenden Körper. Unsere Toten sind gegangen, uns vorausgegangen ins Vaterhaus.

„Aber ich weiß, dass mein Erlöser lebt, und als der Letzte wird er über dem Staub sich erheben.“ *Hiob 19,25*

Wochenspruch
Christus spricht: Ich war tot, und siehe, ich bin lebendig von Ewigkeit zu Ewigkeit und habe die Schlüssel des Todes und der Hölle. *Offenbarung 1,18*

Spurensuche

Johannes 20,1-10 **Ostersonntag, 5.**

Der Inspektor tappst verschlafen durch das Büro des Opfers. Die Fußspuren des Täters verschwinden ungesehen unter den schlammverkrusteten Sohlen der ausführenden Gewalt, während der Ermittler sich mithilfe des recht auffälligen Streichholzheftchens auf dem Schreibtisch eine neue Zigarre anzündet. Dann legt er es achtlos beiseite, greift nach der Tatwaffe und beginnt im Geiste schon seinen Bericht zu schreiben: ein klarer Fall von Selbstmord.
Wie viel aufmerksamer ist Johannes, als er im Grab die Spuren von Jesu Auferstehung bemerkt. Er sieht hin – und er glaubt, dass sein Meister tatsächlich auferweckt worden ist. Die anderen Jünger würden länger brauchen. Und mancher heutige Theologe erinnert vielleicht, nur vielleicht, an den Inspektor. Aber Jesus ist auferstanden. Wahrhaftig auferstanden.

„Ist aber Christus nicht auferweckt worden, so ist unsre Predigt vergeblich, so ist auch euer Glaube vergeblich.“ *1. Korinther 15,14*

Ihre wichtigste Nachricht

Johannes 20,11-18 **Ostermontag, 6.**

Einige Hundert Jahre vor Christus. Die gewaltigen Heere des Perserreiches drohen das kleine Griechenland zu überschwemmen wie die Flut eine Sandburg am Meeresstrand. Doch die Griechen halten stand. Auf dem Feld von Marathon können sie die erste Welle aufhalten. Ein Läufer bringt die Nachricht nach Athen und bricht tot zusammen, total überanstrengt. Es ist seine wichtigste Nachricht.
Einige Hundert Jahre später. Maria Magdalena bringt den verängstigten Jüngern die Nachricht: Jesus ist auferstanden. Man hat sie dafür die Apostelin der Apostel genannt. Der Tod ist zusammengebrochen. Besiegt. Das Kreuz und das leere Grab gehören zusammen, als Wahrzeichen für Jesu Sieg. Dem Knochenmann ist die Sense stumpf geworden, wird ihm bald ganz aus der Hand geschlagen werden. Es ist Marias wichtigste Nachricht.

„Nun aber ist Christus auferweckt von den Toten als Erstling unter denen, die entschlafen sind.“ *1. Korinther 15,20*

Persönliche Begegnung

Johannes 20,19-23 **Dienstag, 7.**

Tamara blickt verzückt auf die Konzertkarten in ihrer Hand, ergriffen von aller Begeisterung, derer eine Teenagerin nur fähig ist. Wie viele Meter sind es wohl von ihrem Sitz zur Bühne? Wie gut würde sie den Leadsänger ihrer Lieblingsband wohl sehen können? Sicher nicht so nahe wie auf den Postern in ihrem Zimmer, die inzwischen jegliche Tapeten überflüssig machen. Würde es nicht alles, alles verändern, wenn sie ihm einmal selbst begegnen, ihm gar die Hand schütteln könnte?
Die einzige Person der Weltgeschichte, die solche Hoffnungen tatsächlich *erfüllen* konnte, ist den Jüngern hier begegnet. Sie sehen den Auferstandenen. Mit eigenen Augen. Und es wird wirklich alles anders. Auch für uns. Wer an Jesus glaubt, der ist ihm begegnet. Egal, ob mit spektakulären Erfahrungen oder ohne sie, einfach durch das Hören des Evangeliums.

„Ich bin die Tür; wenn jemand durch mich hineingeht, wird er selig werden.“ *Johannes 10,9*

Echter Glaube

Johannes 20,24-31 **Mittwoch, 8.**

Zum Glück fragt Thomas nach. Er gibt sich nicht mit einer Erfahrung aus zweiter Hand zufrieden. Vielleicht ist Jesus ja nur in den Wünschen der Jünger lebendig geworden? Jesus lässt sich gerne darauf ein und zeigt sich Thomas zum Anfassen und zum Glauben. Stellvertretend für uns macht Thomas den Test. Und diese Begegnung löst bei ihm mehr aus als eine intellektuelle Befriedigung: „mein Herr und mein Gott!“
Unser Glaube beruht auf Tatsachen. Wir dürfen mit Jesus eines Tages selbst „richtig“ auferstehen von den Toten, lebendig werden nicht nur in der Erinnerung unserer Liebsten. Zweifel dürfen sein, wenn wir sie an Jesus selbst richten! Er kann Zweifel ausräumen und uns zum Glauben kommen lassen. Und dabei bleibt der Glaube mehr als ein Frage-Antwort-Spiel:

„Es ist aber der Glaube eine feste Zuversicht dessen, was man hofft, und ein Nichtzweifeln an dem, was man nicht sieht.“ *Hebräer 11,1*

Neue Berufung

Johannes 21,1-14 **Donnerstag, 9.**

Für Petrus, den Wortführer der Jünger, steht die Begegnung mit dem Auferstandenen noch aus. Johannes, Maria, Thomas, alle haben ihn schon erlebt. Doch zwischen Petrus und Jesus steht noch die feige Verleugnung (Joh 18,15-27). Hatte er sich als Jünger nicht als unbrauchbar erwiesen? Deshalb kehrt er zum Fischen zurück, seinem ursprünglichen Beruf. Jesus macht den ersten Schritt auf Petrus zu und knüpft bei seiner ersten Berufung an (Lk 5,1-11). Er hat ihn noch nicht abgeschrieben. Menschenfischer! Das sollte Petrus werden. Das soll er noch. Aber nicht aus eigener Kraft. Berufen und beauftragt durch Jesus würde er noch Wunder tun. Welche Berufung steht über unserem Leben? Sei es in unserem Beruf, vielleicht im Krankenstand, in der jetzigen Familiensituation. Jesus kann und will mich einsetzen. Wohin folge ich ihm heute?

„Und sie brachten die Boote ans Land und verließen alles und folgten ihm nach." *Lukas 5,11*

Zweite Chance

Johannes 21,15-19 **Freitag, 10.**

Dreimal hatte man Petrus gefragt (Joh 18,15-27): „Hast du mit diesem Jesus etwas zu schaffen?" Dreimal hatte er aus Angst versagt: „Nein!" Unverzeihlich? Dieses Versagen seines Lebens steht wie eine Wand zwischen ihm und seinem Herrn. Doch Jesus gibt ihm eine zweite Chance, die Frage zu beantworten. Und er setzt ihn wieder als seinen Mitarbeiter ein. Ich brauche in meinem Leben oft eine zweite Chance. Jesus lehnt mich nicht ab – und er vertuscht auch nichts. Jesus begegnet mir barmherzig und mit Vergebung. Was ist es bei uns, das noch zwischen Gott und uns steht? „Vergebung für die schlimmsten Sünden" (A. Frey). Das liegt bereit. Das Leben, das Gott gehört (V. 18), ist eines, das Gott dient. Dazu gehört ein Zweites: Wem gebe ich heute eine neue Chance? Und wie oft eigentlich? Jesus meint dazu:

„Jesus sprach zu ihm: Ich sage dir: nicht siebenmal, sondern siebzigmal siebenmal." *Matthäus 18,22*

Der Weg des Johannes

Johannes 21,20-25 **Samstag, 11.**

„Was geht es dich an?" Erstaunlich offen weist Jesus Petrus zurecht. Mit jedem Menschen geht er seinen eigenen Weg. Wir können anderen mit Neugier, Neid oder Vorwürfen begegnen über ihren Lebensweg. Das ist nicht angebracht. Jeder hat mit seinem eigenen Weg vor Jesus genug zu tun. So hat Johannes einen ganz anderen Weg eingeschlagen als Petrus. Beide durften in großem

Segen wirken. Petrus war Evangelist für die Beschnittenen (Gal 2,7), Johannes Autor des Evangeliums, der Briefe und der Offenbarung. Beide waren gehorsam. Mein eigenes Leben geht mich etwas an. Was ist mein Weg für Gott? Johannes hat aus seinem Leben mit Jesus ein Buch gemacht. Wem in meinem Umfeld bezeuge ich heute, was Jesus bei mir bewirkt hat?

„Aber ihr werdet die Kraft des Heiligen Geistes empfangen, der auf euch kommen wird, und werdet meine Zeugen sein in Jerusalem und in ganz Judäa und Samarien und bis an das Ende der Erde."

Apostelgeschichte 1,8

Wochenspruch

Gelobt sei Gott, der Vater unseres Herrn Jesus Christus, der uns nach seiner großen Barmherzigkeit wiedergeboren hat zu einer lebendigen Hoffnung durch die Auferstehung Jesu Christi von den Toten. *1. Petrus 1,3*

Jesus, König und Priester

Psalm 110 **Sonntag, 12.**

Kein anderer Psalm wird im Neuen Testament so oft zitiert wie dieser. Der König David weiß, dass er nicht der höchste Herr ist. Über ihm ist noch einer „Herr". Geheimnisvoll bleibt zunächst, welcher Herr Herrscher (V. 2) und zugleich Priester (V. 4) sein kann. Im Neuen Testament enthüllt Gott, dass hier Jesus Christus gemeint ist (Hebr 7). Jesus hat während seines irdischen Lebens das angekündigte Gericht (V. 5f) nicht an uns vollzogen. Er hat es stattdessen selbst auf sich genommen (Hebr 9,27f). Jesus ist Vermittler zwischen Gott und uns. Und zugleich ist er unser Herrscher und darf unser Leben bestimmen. Einer, der nicht von oben herab regiert – er ging selbst in unseren Schuhen. Wie stelle ich mich dem Herrn heute zur Verfügung?

„Denn wir haben nicht einen Hohenpriester, der nicht könnte mit leiden mit unserer Schwachheit, sondern der versucht worden ist in allem wie wir, doch ohne Sünde.“ *Hebräer 4,15*

Der Brief des Paulus an die Epheser

Bei diesem Brief handelt es sich vermutlich um einen Rundbrief an die Gemeinden in Kleinasien (vgl. auch Kol 4,15f – die apostolischen Briefe wurden untereinander ausgetauscht). Tychikus scheint dabei die Rolle des „Briefträgers“ zu übernehmen (6,21). Evtl. wurde jeweils in den Briefkopf der entsprechende Gemeindename eingefügt. Das würde verständlich machen, warum kein konkreter Anlass für den Brief auszumachen ist und warum persönliche Mitteilungen und Grüße fehlen.
Der Epheserbrief hat viele Gemeinsamkeiten mit dem Kolosserbrief, setzt aber selbst auch eigenständige Akzente. Er preist in Kap. 1–3 das Wunder, das „Geheimnis“ (1,9; 3,3) der einen universalen Kirche. Christus hat durch sein stellvertretendes Sterben die trennende Mauer zwischen Juden und Heiden niedergerissen und beide mit Gott versöhnt. Christus ist das Haupt und die Gemeinde – die eine, weltumspannende Kirche – ist sein Leib (4,15f). Deshalb wird in Kap. 4–6 aufgerufen, diese von Gott geschenkte Einheit zu bewahren und sichtbar zu machen (4,1-6.15-17). Dazu ist wichtig, den „alten Menschen“, die bisherige Lebensweise, abzulegen und den „neuen Menschen“ anzuziehen. Der „neue Mensch“ soll „im Licht leben“ (5,1ff), und das soll Auswirkungen haben bis in die familiären, geschlechtlichen und beruflichen Beziehungen hinein (5,21–6,9). Dazu bedarf es der „geistlichen Waffenrüstung“, die jeder anlegen soll, um allen zerstörerischen Mächten widerstehen zu können (6,10-20).

Gottes Familie

Epheser 1,1-10 **Montag, 13.**

Wenn ein Kind adoptiert wird, bekommt es neue Eltern und wird in eine neue Familie aufgenommen. In juristischer Hinsicht werden ihm dieselben Rechte zuerkannt, die auch ein leibliches Kind hat. In den seltensten Fällen wird ein Kind bereits die Tragweite eines solchen Schrittes überblicken, und doch ist er „rechtskräftig". Gott will, dass wir Menschen seine Kinder werden – weil er uns liebt. Darum hat er uns „adoptiert" (V. 5). Paulus benutzt das Bild einer Familie, um zu veranschaulichen, worum es im Glauben geht. Geradezu überschwänglich zählt er am Anfang des Briefes auf, was Gott uns durch Jesus alles geschenkt hat. Gott wollte uns von Anfang an. Die Grundlage steht. Nun können wir lernen, als Gottes Kinder zu leben und in seiner Familie im Glauben zu wachsen.

„Seht, welch eine Liebe hat uns der Vater erwiesen, dass wir Gottes Kinder heißen sollen – und wir sind es auch!" *1. Johannes 3,1*

Das Erbe

Epheser 1,11-14 **Dienstag, 14.**

„Ich will alles, ich will alles. Und zwar sofort!" (Gitte H.). Wer will denn heute noch warten? Auf ein Versprechen trauen, das sich irgendwann in der Zukunft erfüllen wird? – Gott mutet uns das Warten zu. Denn sein überaus großes Geschenk an uns Menschen betrifft nicht nur die Erlösung in der Vergangenheit, sondern reicht bis weit in die Zukunft hinein. Wenn wir Kinder Gottes sind, sind wir damit auch Erben – so führt Paulus sein Bild von der Familie weiter. Was ist dieses Erbe, das auf uns wartet? Die ungestörte, vollkommene Gemeinschaft mit Gott und das Leben in seiner Herrlichkeit, das ist das Ziel, für das Gott uns bestimmt hat. Unsere Vorstellungskraft reicht dafür bei Weitem nicht aus. Aber wir haben schon so etwas wie eine „Anzahlung" auf unser Erbe bekommen: Durch den Heiligen Geist bestätigt Gott uns, dass wir tatsächlich ganz zu ihm gehören.

„Sind wir aber Kinder, so sind wir auch Erben.“ *Römer 8,17*

Totes Kapital?

Epheser 1,15-23 **Mittwoch, 15.**

Die Christen in Ephesus leben offenbar wie ein Millionär, der sein Vermögen im Safe hortet, es aber nicht für sich arbeiten lässt. Paulus dankt Gott für den festen Glauben der Gemeinde. Dies ist ein Schatz, der den Christen zur Verfügung steht und ihr Leben reich machen soll. Gleichzeitig sieht Paulus offenbar die Gefahr, dass Christen sich auf ihrem Glauben „ausruhen“. Darum betet er für die Gemeinde um geöffnete Augen, dass sie Gott besser, tiefer kennenlernen. Nur so werden sie Gottes Kraft auch in ihrem Leben wirklich erfahren. Nur so werden sie in ihrem Glauben wachsen – ein lebenslanger Prozess. Ein Glaube, der sich mit weniger zufriedengibt, ist so viel wert wie totes Kapital. Was würde sich ändern, wenn ich dieses Gebet regelmäßig für meine Gemeinde bete?

„Lasst uns aber wahrhaftig sein in der Liebe und wachsen in allen Stücken zu dem hin, der das Haupt ist, Christus.“ *Epheser 4,15*

Die herrliche Gnade Gottes

Epheser 2,1-10 **Donnerstag, 16.**

Tot zu sein im Blick auf Gott heißt: Jeder Appell an den Menschen, die Gnade Gottes anzunehmen, ist sinnlos. „Sünden und Übertretungen“ sind nicht zuerst die einzelnen Handlungen, sondern die grundsätzliche Lebenssituation des Menschen: das Getrenntsein von Gott. Dieses „sündige“ Leben ist dadurch bestimmt, dass der Mensch sich nicht am Willen Gottes orientiert, sondern an den Trends dieser Welt und dem eigenen Für-richtig-Halten. So ist sein ewiges Todesschicksal besiegelt. Ab V. 4 wird nur das Handeln Gottes und Jesu in den Mittelpunkt gestellt. Durch sein Übermaß an Gnade und Barmherzigkeit hat er uns mit dem Leben aus der Ewigkeit beschenkt. Unsere Rettung verdanken wir allein seiner Gnade. Wenn ein Mensch sich dieses Geschenk im Glauben aneignet, wird er sein Leben in den neuen Lebensstrukturen gestalten.

„Denn aus Gnade seid ihr gerettet durch Glauben, und das nicht aus euch: Gottes Gabe ist es.“ *Epheser 2,8*

Voll eingeplant im Reich Gottes

Epheser 2,11-22 **Freitag, 17.**

Der Friede mit Gott ist durch das Sterben Jesu Christi am Kreuz gewonnen. Er hat für uns den höchsten Preis bezahlt. Gerade für uns als Heidenchristen ist das ein Wunder seiner Gnade. Wer sich die Rettung, die Jesus am Kreuz erwirkt hat, im Glauben aneignet, ist vollwertiges Mitglied in Gottes Familie. Das gilt für das Leben hier und für die Ewigkeit. Als zweites Bild ist der Bau des Tempels gewählt, der immer die Nähe Gottes verdeutlicht. Das Reich Gottes wird auf dem Boden des Wortes Gottes errichtet. Wie ein Grundstein trägt, hält und garantiert allein das Wort seine Nähe. Die Person, auf die sich alles bezieht und die für den Bau des Reiches Gottes unentbehrlich ist, heißt Jesus Christus. Jeder Mensch, der zum Glauben an ihn findet und sein Leben allein auf das Wort Gottes gründet, wird so zum Baustein für das Reich Gottes.

„So kommt der Glaube aus der Predigt, das Predigen aber durch das Wort Christi.“ *Römer 10,17*

Gefangener Christi

Epheser 3,1-13 **Samstag, 18.**

Paulus, der Gefangene Christi Jesu, steht am Anfang des Bibeltextes. So beschreibt Paulus seine persönliche Aufgabe: dass durch ihn in Christus Jesus die Heiden Miterben, Miteinverleibte und Mitteilhaber der Verheißung werden durch das Evangelium, das er weitergibt. Darum sitzt er im Gefängnis, darum ist er Jesu Diener geworden und darum hat er den Auftrag, „den Heiden zu verkündigen den unausforschlichen Reichtum Christi“ (V. 8). Die Ursache hierzu ist für Paulus die mächtige Kraft Gottes, die ihn schützt, erhält und alles tut, um Heidenchristen zum Glauben durch seine Predigten zu führen. Was kann der Herr heute tun, dass Menschen zum Glauben kommen, und was können Sie tun, um seine Nachricht weiterzusagen? Er ist da und wartet auf jeden von uns!

„Ihr Diener bin ich geworden durch den Auftrag, den Gott mir für euch gegeben hat, dass ich das Wort Gottes in seiner Fülle predige.“

Kolosser 1,25

Wochenspruch

Christus spricht: Ich bin der gute Hirte. Meine Schafe hören meine Stimme, und ich kenne sie und sie folgen mir, und ich gebe ihnen das ewige Leben. *Johannes 10,11a.27–28a*

Gott ist Richter

Psalm 75 **Sonntag, 19.**

Das wünschen sich alle: dass Gott, der Richter, zu seiner Zeit gerecht richte, Gerechtigkeit schaffe. Aber wann ist die Zeit dazu, und wie wird Gott das tun? Das ist eine spannende Frage! Der Herr wird richten auf seine Weise und zu einer Zeit, die er bestimmt. Die Ruhmredner und Frevler müssen einen Becher mit starkem Wein austrinken – einen Leidenskelch. Die Folge ihrer Lebensentwürfe ist ein bitteres Ende, weil Gott ein gerechter Richter ist. Ist das nicht gut, wie Gott handelt und tut, wie er es will? Vielleicht haben Sie schon über Gott nachgedacht und ihn als Richter erlebt. Als Richter, der gerecht und barmherzig handelt und Ihnen mit Liebe und Hingabe begegnet. Gott bestimmt Anfang und Ende Ihres Lebens und er möchte, dass Sie wie Asaf die Wunder Gottes verkündigen und ihn als Richter und Herrn loben. Ist das nicht großartig?

„Gnädig und barmherzig ist der HERR, geduldig und von großer Güte.“ *Psalm 145,8*

Fürbitte des Apostels

Epheser 3,14-21 **Montag, 20.**

Was für ein beeindruckender Text! Paulus erbittet, dass Gott uns „Kraft gebe nach dem Reichtum seiner Herrlichkeit“: erstens, dass wir gestärkt werden durch seinen Geist an dem inwendigen Menschen (V. 16), und zweitens, dass Christus durch den Glauben in unseren Herzen wohne (V. 17). Und dann erläutert er ausführlich, was das für uns Christen bedeutet. In einer Art und Weise, die alle Leser nur staunen lassen kann und mit einstimmen lässt in das Lob unseres Herrn. Haben Sie selbst das schon einmal erlebt und in das Lob eingestimmt und gestaunt, wie groß und gewaltig unser Herr ist und wie die Liebe Christi alle Erkenntnis übertrifft? Gestärkt durch den Heiligen Geist und mit Jesus versöhnt sein, geliebt vom Herrn über alle Maßen – kann es denn etwas Schöneres geben? Haben Sie heute Mut, sich diesem Reichtum zu stellen! So groß ist der Herr!

„Dass er euch Kraft gebe nach dem Reichtum seiner Herrlichkeit.“
Epheser 3,16

Das Band des Friedens

Epheser 4,1-6 **Dienstag, 21.**

Mit dem Band des Friedens ist das so eine Sache. Oft sieht einer in der Gemeinde etwas so und ein anderer so, und dann ist der Streit vorprogrammiert. Paulus ermahnt seine Brüder und Schwestern, einander in Liebe zu ertragen und die Einigkeit im Geist zu wahren. Er weiß, dass das nicht immer einfach ist. Das Band des Friedens hilft, in den Schwierigkeiten richtig miteinander umzugehen und sich auf das zu konzentrieren, was wirklich zählt: ein Leib und ein Geist; ein Herr, ein Glaube und eine Taufe; ein Gott und Vater. Das ist die Basis, die unser Leben bestimmen soll. Gibt es in

Ihrer Gemeinde solch ein Band des Friedens? Ein Band, das uns auf das Wesentliche schauen lässt und immer wieder zur Einheit führt? Paulus ermahnt uns zu einem Leben in Demut, Sanftmut und Geduld (V. 2), wie es unserer Berufung als Christen würdig ist.

„Seid darauf bedacht, zu wahren die Einigkeit im Geist durch das Band des Friedens.“ *Epheser 4,3*

Das Haupt der Gemeinde

Epheser 4,7-16 **Mittwoch, 22.**

Nachdem Paulus beschrieben hat, wie Christus hinabgefahren ist in die Tiefen der Erde und aufgefahren ist in die Himmel, damit er alles erfülle, wendet er sich den Ämtern in der Gemeinde zu. Und dann heißt es in V. 15: „Lasst uns aber wahrhaftig sein in der Liebe und wachsen in allen Stücken zu dem hin, der das Haupt ist, Christus.“

Wahrhaftigkeit heißt, in unserem eigenen Leben authentisch zu dem zu stehen, was wir glauben. Und uns selbst und dem anderen mit Liebe zu begegnen, wenn es dran ist. Wachsen zu dem hin, der das Haupt ist: Das ist das Ziel unseres Lebens, uns nach Christus auszurichten und ihn trotz unserer Schwächen über alles zu stellen. Es ist bemerkenswert, wie Paulus das Haupt der Gemeinde beschreibt. Dass es jeden neuen Tag um Wahrhaftigkeit, Wachsen und Ausrichtung geht. Haben Sie viel Freude beim Ausprobieren des Textes!

„Er ist das Haupt der Gemeinde, die sein Leib ist.“ Kolosser 1,18 (HfA)

Kleider machen Leute

Epheser 4,17-24 **Donnerstag, 23.**

Verschwitzt vom Joggen oder schmutzig von der Arbeit? Keine Frage, so kann ich nicht zur Geburtstagsfeier der Schwiegereltern gehen. Zuerst muss ich duschen und mich vor allem umziehen. Denn die Garderobe muss natürlich einigermaßen zur Einladung passen. Das Bild vom Wechsel der Garderobe gebraucht Paulus auch für das Leben im Glauben. Legt den alten Menschen ab und zieht den neuen Menschen an, fordert er uns auf. Das meint: Lebe so, wie es deiner neuen Situation als Kind Gottes entspricht. Wenn das so einfach wäre! Beim neuen Leben geht es ja unter anderem um eine veränderte Ethik und Moral. Um hier weiterzukommen, muss man ganz tief bei den Ursachen ansetzen. Weg von der „Nichtigkeit des Sinnes", hin zu einer „Erneuerung in Geist und Sinn". – Wo müsste ich bei mir persönlich ansetzen?

„Ist jemand in Christus, so ist er eine neue Kreatur; das Alte ist vergangen, siehe, Neues ist geworden." *2. Korinther 5,17*

Machen wir es konkret!

Epheser 4,25-32 **Freitag, 24.**

Das ist eine erschreckend lange Liste mit Beispielen für das neue Leben, die Paulus hier niederschreibt. Manches erscheint selbstverständlich, wie die Aufforderung, nicht mehr vom Diebstahl zu leben. Anderes muss wohl erst eingeübt werden, wie die Bereitschaft, Bedürftige mit dem selbst verdienten Geld zu unterstützen. Wir schaffen es sicher nicht, die ganze Liste zu erfüllen und vollkommene Heilige zu werden. Das ist wohl auch kaum der Sinn. Wir kommen von Jesu Sieg her. Aber jeder dürfte einen Punkt finden, der besonders relevant ist, nicht wahr? Und genau hier sollten wir ansetzen. Nicht allein und aus eigener Kraft, sondern mithilfe des Heiligen Geistes. Er lässt uns den für uns relevanten Punkt erkennen. Und er hilft uns, Schritte in die richtige Richtung zu gehen und das Verstandene umzusetzen.

„Seid aber Täter des Worts und nicht Hörer allein; sonst betrügt ihr euch selbst." *Jakobus 1,22*

Bewusst Ja und Nein sagen

Epheser 5,1-14 **Samstag, 25.**

Die Liste des gestrigen Abschnitts wird fortgeführt, und in der Tat gibt es wohl auch bei uns an vielen weiteren Stellen Defizite und damit Wachstumspotenzial. Das umzusetzen ist nicht einfach in einer Gesellschaft, die vieles anders sieht und macht als Gottes Leute. Als die „Kinder des Lichts", wie Paulus sie nennt. Wir müssen nicht alles von vornherein ablehnen, aber wir müssen prüfen, „was dem Herrn wohlgefällig ist". Und bisweilen bedeutet das, deutliche Grenzen zu ziehen und bewusst Nein zu sagen. Auch wenn das Mut und Kraft von uns verlangt. Es ist wie bei einem Garten, den wir anlegen. Er entwickelt sich, indem wir den gewünschten Kulturpflanzen Lebensraum verschaffen, indem wir das Unkraut immer wieder herausziehen. Kennen Sie diese Herausforderung auch?

„Niemand kann zwei Herren dienen: Entweder er wird den einen hassen und den andern lieben, oder er wird an dem einen hängen und den andern verachten." *Matthäus 6,24*

Wochenspruch

Ist jemand in Christus, so ist er eine neue Kreatur; das Alte ist vergangen, siehe, Neues ist geworden. *2. Korinther 5,17*

Dennoch und trotz allem

Psalm 66 **Sonntag, 26.**

Die ersten Verse des Psalms scheinen so gar nicht in unsere Zeit zu passen. Im Gegenteil, viele reiben sich an der Spannung zwischen der Proklamation der Fürsorge und Macht Gottes einerseits und dem Leid und Chaos in unserer Welt andererseits. Das betrifft Gottes auserwähltes Volk Israel wie auch zahlreiche andere Krisenherde. Ist es da nicht verlogene Schönfärberei, zu sagen: „Er herrscht mit seiner Gewalt ewiglich, seine Augen schauen auf die Völker", wie es in V. 7 heißt?

Aber im mittleren Teil benennt der Psalmbeter durchaus auch krasse Leiderfahrungen. Die gehören zur Realität dazu. Und doch sieht sein Glaube mehr und weiter, betrachtet die Entwicklungen vom Ende her. Und da steht Gottes Sieg über alles Böse. Auch für uns.

„Und Gott wird abwischen alle Tränen von ihren Augen, und der Tod wird nicht mehr sein, noch Leid noch Geschrei noch Schmerz wird mehr sein; denn das Erste ist vergangen." Offenbarung 21,4

Schlau oder weise?

Epheser 5,15-20 **Montag, 27.**

Immer noch geht es um die Frage, wie der Glaube an Jesus Christus unser Leben konkret gestalten kann. Und das mitten in einer Welt, die gar nicht versteht, wovon wir reden. Allgemein denkt man: Richtig ist, was mich weiterbringt und mir Spaß macht. – Das ist schlau, aber nicht gerade weise. Denn Christen möchten nicht primär erfolgreich, sondern vor allem gesegnet sein. Sie möchten erleben, wie Jesus durch sie wirkt und ihnen ein „Leben im Überfluss" ermöglicht, von dem auch andere profitieren können. Nutzt den „Kairos", sagt Paulus, den Zeitpunkt mit seinen Gelegenheiten. Schaut genau hin, was aus Gottes Sicht jetzt für euch dran ist. Die Weisheit, die dazu nötig ist, ist ein Geschenk des Heiligen Geistes, der uns erfüllen möchte. Sind wir bereit dazu? Wissen Sie, was für Sie aus Gottes Sicht gerade dran ist?

„Wenn aber jener kommt, der Geist der Wahrheit, wird er euch in aller Wahrheit leiten." Johannes 16,13

Haupt und Hals

Epheser 5,21-33 **Dienstag, 28.**

Wie gehen wir um mit einem Text, der so sehr aus der Zeit gefallen scheint? Einem mehr als emotional diskutierten Thema? Ich denke, wir dürfen hier unterschiedlicher Meinung sein. Pas-

tor Heinrich Kemner sagte immer, er sei das Haupt seiner Frau – aber sie sei der Hals. Martin Luther konnte seine Katharina auch als „Herr Käthe“ bezeichnen. Und seufzen, sollte er noch einmal freien, wolle er sich lieber „ein gehorsam Weib aus einem Stein hauen“.
Festhalten sollten wir, dass Paulus an die Männer hier einen sehr strengen Maßstab anlegt. Sie sollen ihre Frauen lieben, wie Christus die Gemeinde. Christus ging für sie ans Kreuz. Seine Liebe ging bis zum Äußersten. Herrische oder gar gewalttätige Ehemänner sollten sich nicht voreilig auf unseren Text berufen.

„Hier ist nicht Jude noch Grieche, hier ist nicht Sklave noch Freier, hier ist nicht Mann noch Frau; denn ihr seid allesamt einer in Christus Jesus.“ *Galater 3,28*

Lange Schatten

Epheser 6,1-4 **Mittwoch, 29.**

Ferdinand von Hohenfels war ein Bild von einem Ritter. Stark. Mutig. Unbeugsam. Ein ruhm- (und narben-)bedeckter Streiter, für den das Schlachtfeld seine Heimat und der Turnierplatz ein Ort für Schwächlinge war. Und genau so sollte Rudolf auch werden. Rudolf, sein Sohn. Der Kleine, der seinen Kopf am liebsten in den Büchern oder in den Wolken hatte. Der Vater ließ ihm die Wahl. Training oder Schläge. Rudolf wählte das Training, als er die Schläge nicht mehr ertrug. Als Knappe war er ganz passabel – aber, kaum erwachsen, trat er als Mönch bei den Benediktinern ein. Pater Rudolf wurde ein großartiger Lehrer, mit dem Kopf in den Büchern und manchmal auch in den Wolken.
Als Eltern werfen wir lange Schatten. Als Vorbilder unserer Kinder. Meist positivere als der Ritter in der Geschichte. Aber dürfen unsere Kinder auch aus unseren Schatten treten?

„Und ihr Väter, reizt eure Kinder nicht zum Zorn.“ *Epheser 6,4*

Arbeit als Dienst

Epheser 6,5-9 **Donnerstag, 30.**

Eines haben wir mit den Sklaven in diesem Paulustext gemein. Unsere Arbeit ist nicht einfach nur ein Job, ein Broterwerb, ein Urlaubshindernis. Zumindest sollte sie das nicht sein, sondern Dienst. Dienst für Gott. Im Mittelalter wurde deutlich unterschieden zwischen den geistlichen Werken, die der Klerus im Kloster verrichtete, und der weltlichen Arbeit der Bauern und Handwerker. Stundengebete waren ein Dienst, den Gott belohnen würde, ein Feld bestellen oder Kinder erziehen, das zählte vor ihm nicht viel. Seit Luther ist es anders: Der Dienst des Pastors oder Predigers ist nicht geistlicher als der des Kfz-Mechanikers, Landwirts oder Webdesigners. Wir dürfen unsere normale „weltliche" Arbeit als Dienst für Gott tun. Und sollte unser Chef ein Sklaventreiber sein, auch durchaus den Betriebsrat einschalten.

„Tut euren Dienst mit gutem Willen als dem Herrn und nicht den Menschen." *Epheser 6,7*

Monatsspruch Mai

Die Hoffnung haben wir
als einen sicheren und
festen Anker unsrer Seele.

Hebräer 6,19

Schild und Schwert

Epheser 6,10-17 **Freitag, 1.**

In der Ilias schmiedet der Gott Hephaistos für Achilles, den größten Helden vor Troja, eine prächtige Rüstung. Besonders der Schild ist ein Wunder an Kunstfertigkeit. Homers großes Epos liest sich ausgesprochen spannend. Mehr Zweikämpfe als jeder Hollywood-Blockbuster. Kämpfe, Krieg und Tod. Die geistliche Waffenrüstung ist anders. Wir kämpfen in ihr gegen den Teufel und seine feurigen Pfeile. Nicht gegen Fleisch und Blut, also nicht gegen Menschen. Das Schwert des Geistes, das Wort Gottes, wird manches Lügengebilde zerschneiden – aber nicht nur bei anderen, sondern auch bei uns selbst: Wo wir uns selbst für gerecht halten und andere verachten. Es dient dem Leben, dem Evangelium des Friedens.

„Denn das Wort Gottes ist lebendig und kräftig und schärfer als jedes zweischneidige Schwert und dringt durch, bis es scheidet Seele und Geist, auch Mark und Bein, und ist ein Richter der Gedanken und Sinne des Herzens.“ *Hebräer 4,12*

Gebetswache

Epheser 6,18-24 **Samstag, 2.**

Lucius, der junge Legionär, steht todmüde auf der Palisade seines Feldlagers irgendwo in Gallien. Warum muss er nun noch Wache halten, mit einem Tagesmarsch in genagelten Sandalen in den Knochen? Die Augen fallen ihm zu und er driftet ab in einen Traum, in dem sein Kamerad Gaius ihm gerade eine Menge Sesterzen beim Würfelspiel abnimmt. „Gaius, du Halunke ...“, murmelt er, erwacht dann aber von den sich nähernden Schritten seines Zenturios. „Nicht einschlafen. Bloß nicht einschlafen!“

Beten. Allezeit. Wachen. Das sind Worte, die leider gerade den falschen Hörern, nämlich den etwas zwanghaften Christen, überlaut in die Ohren dringen. Wir sollten Paulus hier ernst nehmen. Aber nicht vergessen, dass Beten ein Gespräch mit einem liebenden Vater ist. Und dass wir nicht viele Worte machen müssen.

„Und wenn ihr betet, sollt ihr nicht viel plappern wie die Heiden."
Matthäus 6,7

Wochenspruch
Singet dem HERRN ein neues Lied, denn er tut Wunder.
Psalm 98,1

Ein neues Lied

Psalm 98 **Sonntag, 3.**

„Wo man singt, da lass dich ruhig nieder, böse Menschen haben keine Lieder." Ob dieses Sprichwort in jedem Falle stimmt, sei dahingestellt. Was wir aber festhalten können: Singen tut gut. Das gilt nicht nur medizinisch als erwiesen. Auch unser Glaube ist ohne Singen undenkbar. Zur Theologie kommt die Kirchenmusik. Die Psalmen wurden größtenteils gesungen. Bis heute werden sie immer wieder neu vertont. Altes und Neues kommt so zusammen. Liest man diesen Psalm im Ganzen, staunt man darüber, wer alles zum Singen aufgefordert wird: Neben der eigenen Stimme und verschiedenen Instrumenten sollen sogar die Naturgewalten in den Lobgesang einstimmen! Das Singen ist dabei nicht nur ein Selbstzweck. Es gibt einen herrlichen Grund dafür: Denn der Herr tut Wunder! Bis heute! Wenn das kein Grund zum Singen ist!

„Mit Psalmen, Lobgesängen und geistlichen Liedern singt Gott dankbar in euren Herzen." *Kolosser 3,16*

Der Brief an die Hebräer

Der sog. „Hebräerbrief" ist eigentlich eher eine Predigt als ein Brief: Verfasser und Adressaten sind nicht genannt. Nur der Schluss lässt an einen Brief denken: „Ich ermahne euch aber, Brüder und Schwestern (...) ich habe euch ja nur kurz geschrie-

ben (...) grüßt alle (...) (13,22.24). Das Schreiben könnte eventuell um ca. 80–85 n. Chr. verfasst sein, die Überschrift „An die Hebräer" wurde später hinzugefügt (2. Jh.).
Der Autor wendet sich an Christen, die mit dem jüdischen Kult vertraut sind – also an Juden, die Christen geworden waren. Vor allem der große Versöhnungstag (3Mose 16) wird vorausgesetzt. Dieser Hintergrund macht den Brief für uns heute zu einer nicht immer leichten Lektüre.
Die Christen, an die er sich richtet, sind im Glauben stark gefährdet. Nach einer guten Anfangszeit, in der sie sich in Verfolgungen bewährten und anderen mutig beistanden (10,32-34), traten Müdigkeit, Erschöpfung und Resignation ein (12,12f). Lohnt es sich, so lange und unter so großen Schwierigkeiten auf die zukünftige Stadt Gottes (13,14) zu warten? – Da ist das irdische Jerusalem doch viel greifbarer.
Darauf antwortet der Verfasser, indem er zeigt: Jesus Christus, der Sohn Gottes, ist allem anderen unvergleichlich überlegen. Und daher bewegt sich auch der Neue Bund, den Jesus mit den Menschen geschlossen hat, qualitativ in einer ganz anderen Liga als der Alte Bund, der mit Israel geschlossen war. Gott hat den gekreuzigten Christus erhöht und zu unserem himmlischen Hohenpriester eingesetzt (Kap. 7–10). Jesus ist höher als alle Engel – er ist das vollendete Opfer, das „ein für alle Mal" für unsere Sünden dargebracht wurde (10,10.14). In immer neuen Anläufen wird gezeigt, dass das Wort Gottes (1,1-4; 2,1-4) und der Kult im Alten Testament schon etwas Großartiges waren, aber letztlich doch nur ein „Schatten" (8,5; 10,1), eine Vorabbildung dessen, was nun in Christus vollendet wurde und unüberbietbar ist.
Der Autor will aber nicht nur den Glauben theologisch begründen und vertiefen, er warnt seine Leser und Leserinnen eindringlich, sich nicht von Christus abzuwenden und wieder zurückzukehren zu der alten Frömmigkeit, die sie vorher kannten. Er ermutigt und ermahnt: Haltet fest an der Hoffnung (10,23). Damit ist der Hebräerbrief ein großartiges Dokument einer ganz auf Christus konzentrierten Seelsorge an angefochtenen, müde gewordenen Christen.

Letzte Worte

Hebräer 1,1-4 **Montag, 4.**

Letzte Worte bleiben manchmal besonders in Erinnerung. Von Martin Luther, der 1546 an Herzschwäche starb, ist als Letztes ein Gebet überliefert: „In deine Hände befehle ich meinen Geist." Vieles wird gesagt, gehört und wieder vergessen. Was aber zuletzt geäußert wird, bleibt in besonderer Erinnerung – und kann auch nicht mehr rückgängig gemacht werden. Gott spricht im Lauf der Geschichte durch viele Männer und Frauen. Lob oder Tadel richten sich an sein Volk und darüber hinaus. Doch nun kommt Jesus. Er ist der EINE, der wie niemand sonst mit dem himmlischen Vater verbunden ist. Sein Reden und Leben spiegeln einzigartig wider, wer Gott ist: der allmächtige Schöpfer des Himmels und der Erde, und zugleich die Liebe in Person, die für uns Erniedrigung und Tod erleidet. Das gilt für alle Zeit.

„Wer den Sohn hat, der hat das Leben; wer den Sohn Gottes nicht hat, der hat das Leben nicht." *1. Johannes 5,12*

Mehr als die Engel

Hebräer 1,5-14 **Dienstag, 5.**

Du bist ein Engel! Wurde dir das schon einmal gesagt? Wie schön! Es tut gut, mit himmlischen Wesen verglichen zu werden. Unser Bibelabschnitt dreht sich auch um Engel. Zitate aus der Bibel werden reichlich angeführt, um zweierlei zu beweisen: erstens: Es gibt sie, die Engel. Sie sind keine Erfindung menschlicher Fantasie. Nur im Ausnahmefall zeigen sie sich. Doch Gott bedient sich ihrer. Sie sind mehr und höher als wir Menschen und existieren als Gottes Dienerschaft in einer Sphäre, die unseren Sinnen verschlossen ist. Zweitens: Jesus ist keiner von ihnen. Ihm kommt eine besondere und herausgehobene Stellung zu. Er vereint, was gegensätzlicher nicht sein kann. Er ist Diener und Herr, Mensch und Gott. Wie unbegreiflich und gleichzeitig wunderbar ist es. Während Engel im Hintergrund bleiben, tritt Jesus ins Licht und wird selbst für uns zum Licht.

„Denn in ihm wohnt die ganze Fülle der Gottheit leibhaftig.“
Kolosser 2,9

Das Ziel nicht verfehlen

Hebräer 2,1-10 **Mittwoch, 6.**

Dank Navigationsgeräten gibt es heute so gut wie kein „unfindbares“ Ziel mehr. Eines muss man aber tun: auf die Stimme hören, die ansagt, wo es langgeht. Ignoriert man sie, kommt man zwar voran, doch nicht ans Ziel. So kann es auch sein, wenn wir Gottes Reden in den Wind schlagen. Davon redet die Bibel hier und verschweigt nicht die Folgen. Ein Blick in die Geschichte zeigt: Verlassen wir Gottes Wege, landen wir sonst wo, aber nicht dort, wo es gut für uns ist. Ob Gott uns dann straft, oder ob wir nur die „Suppe auslöffeln“ müssen, die wir uns selbst eingebrockt haben, ändert nichts an der Tatsache, dass wir am falschen Ort gelandet sind. Wenn wir uns wieder neu Jesus unterordnen, kommt dann alles wieder in Ordnung? Alles vielleicht nicht. Aber ans Ziel kommen wir, und das ist das Wichtigste.

„Und jage nach dem vorgesteckten Ziel, dem Siegespreis der himmlischen Berufung Gottes in Christus Jesus.“ *Philipper 3,14*

Erfahrung Mensch

Hebräer 2,11-18 **Donnerstag, 7.**

Es gibt Erfahrungen, die wir lieber nicht gemacht hätten. Und doch lernen wir durch sie mehr als ohne sie. Nachdem uns gesagt wurde, dass Jesus höher ist als die Engel, und als unser Diener zugleich unser Herr, wird er uns nun als unser Bruder vorgestellt. Jesus begibt sich mit uns auf eine Stufe. Ob das eine Art göttliches Experiment war, bezweifle ich. Vielmehr soll Jesus unsere Erfahrungen teilen – die schönen und die schweren. So wird der Lehrer nun selbst zum Schüler und muss lernen, was Menschsein heißt. Seither dürfen wir wissen: Auch in den bittersten Lebenslagen ist Jesus an unserer Seite. Es ist so, als ob er dann sagt: Ich weiß genau, wie es dir geht. Ich kenne deinen körperlichen und seelischen Schmerz. Ich bin ganz bei dir. Hab' keine Angst, mein Bruder, meine Schwester!

„Er (...) ward den Menschen gleich und der Erscheinung nach als Mensch erkannt.“ *Philipper 2,6f*

Auf Christus sehen

Hebräer 3,1-6 **Freitag, 8.**

Mose und Jesus werden einander gegenübergestellt. Beide stehen für Gottes Reden – früher durch die Propheten, auch Mose, und zuletzt nun durch seinen Sohn Jesus Christus (vgl. Hebr 1,1f). Bereits in 5Mo 18 hatte Gott angekündigt, dass er einen Propheten wie Mose als sein Sprachrohr berufen wird. Dies hat sich in Jesus erfüllt (vgl. Apg 3,20-26). Wird Mose mit diesem Vergleich abgewertet? Nein, keineswegs. Als Anführer Israels war Mose der treue Diener im Haus Gottes, doch Jesus ist „treu als Sohn über Gottes Haus“ (V. 6). Er hat alles für unser Heil getan und lässt uns nicht los. Unsere Aufgabe: ihm zu vertrauen. Das ermutigt die Hörer des Hebräerbriefs, die gefährdet sind, vom Glauben abzukommen. Deshalb will ich beten: Herr, stärke meinen Glauben!

„Ich will ihnen einen Propheten, wie du bist, erwecken aus ihren Brüdern und meine Worte in seinen Mund geben; der soll zu ihnen reden alles, was ich ihm gebieten werde.“ *5. Mose 18,18*

Die Warnung

Hebräer 3,7-19 **Samstag, 9.**

Hört und verstockt euer Herz nicht! Fast wörtlich nimmt unser heutiger Abschnitt Elemente aus dem Wochenpsalm 95 auf (V. 7-11). Eindringlich warnt der Hebräerbrief die Christen: Macht es nicht so wie die Israeliten in der Wüste! Gott hatte sein Volk befreit, ihm Nahrung und Wasser verschafft – aber das Volk murrte und beklagte sich. Sie hatten ihr Herz verhärtet und Gottes Reden war ihnen gleichgültig. Dass Gott sie gerettet hatte, ließ sie kalt. Sie hatten „doch meine Werke gesehen vierzig Jahre" (V. 9.10), sagt Gott – aber ohne Wirkung! Die Konsequenz war schrecklich: Eine ganze Generation irrte in der Wüste umher und konnte nicht ins Gelobte Land kommen, das Gott ihnen zugesprochen hatte (V. 19). Wer Gottes Wort nur akustisch vernimmt, ohne es sich zu Herzen zu nehmen, der geht in die Irre (V. 10). Nimm dir heute Zeit, um ausgiebig auf Gottes Wort zu hören und zu ihm zu beten.

„Rede, HERR, denn dein Knecht hört." *1. Samuel 3,9*

Wochenspruch

Gelobt sei Gott, der mein Gebet nicht verwirft noch seine Güte von mir wendet. *Psalm 66,20*

Einladung zum Lobpreis

Psalm 95 **Sonntag, 10.**

Der heutige Psalm enthält eine große Einladung zum Lobpreis. Wir verlieren Lob und Dank im Alltag leicht aus den Augen. Sorgen, Ängste oder Krankheiten verstellen uns den Blick. Dagegen ist Ps 95 die richtige Medizin. Grund des Lobes ist Gottes weltumspannende schöpferische Macht: „die Tiefen der Erde" und die „Höhen der Berge" (V. 4) sind seine Schöpfung und sein Eigentum ebenso wie das Meer und das Land (V. 5). Dennoch stehen Gottes Taten hier im Hintergrund. Das Lob richtet sich auf Gottes Wesen, seinen Charakter, denn „der HERR ist ein großer Gott und ein großer König" (V. 3). Erstaunlich, dass dieser große Gott uns als „Schafe seiner Hand" (V. 7) bezeichnet, um die er sich persönlich kümmert. Ich will heute Gott im Besonderen mein Lob bringen und auch körperlich ausdrücken, wie viele Gründe ich zum Lobpreis habe!

„Kommt, lasst uns anbeten und knien und niederfallen vor dem HERRN, der uns gemacht hat." *Psalm 95,6*

Der ewige Sabbat

Hebräer 4,1-13 **Montag, 11.**

Erneut wird der Wochenpsalm 95 aufgenommen (V. 7). Der Hebräerbrief betont dabei nochmals, wie wichtig das Hören auf Gottes Wort ist, um in „seine Ruhe" (V. 10) einzugehen. Gemeint ist damit die ewige Gemeinschaft mit Gott. Im Grundtext steht in V. 9 wörtlich: „Es ist noch eine Sabbatfeier vorhanden für das Volk Gottes". Dahinter steckt die jüdische Vorstellung, dass das Leben in Gottes neuer Welt von Frieden, Feiern und Freude in der unmittelbaren Nähe Gottes geprägt ist. Einzige Voraussetzung, an diesem Sabbat teilzuhaben, ist das Vertrauen auf Gott. Wer sich dessen gewiss ist, wird schon in diesem Leben einen Ruhetag feiern können. Herr, danke, dass du mir eine ewige Heimat schenkst. Zeige mir, wo ich dir oder anderen etwas beweisen will und deshalb rastlos bin. Lass mich erkennen, dass ich Ruhe im Herzen und ewiges Leben allein durch Jesus Christus finde.

„Es ist also noch eine Ruhe vorhanden für das Volk Gottes."

Hebräer 4,9

An dem Bekenntnis zu Jesus Christus festhalten

Hebräer 4,14–5,10 **Dienstag, 12.**

Der Hohepriester ist die zentrale Person im alttestamentlichen Gottesdienst: Er betritt einmal im Jahr das Allerheiligste, um stellvertretend für die Israeliten Gott Opfer zur Vergebung ihrer Schuld zu bringen. Da er selbst ein Sünder ist, muss er auch für sich opfern. Jesus dagegen ist der große Hohepriester, weil er sündlos ist und durch seinen Tod am Kreuz Gott ein vollkommenes Opfer gebracht hat. Nicht für sich, sondern für uns. Er wird uns damit zugleich zum Erlöser und Retter. Deshalb steht uns der Zugang zu Gott offen, wir dürfen mit Freude und ohne Angst in das himmlische Allerheiligste vor Gottes Thron treten. Daher sollen wir auch heute schon in allen Lebenssituationen – auch in Leid oder Verfolgung – zu Jesus stehen und uns zu ihm bekennen.

„Weil wir denn einen großen Hohenpriester haben, Jesus, den Sohn Gottes, der die Himmel durchschritten hat, so lasst uns festhalten an dem Bekenntnis." *Hebräer 4,14*

Im Glauben an Jesus Christus erwachsen werden

Hebräer 5,11–6,8 **Mittwoch, 13.**

Der Verfasser des Hebräerbriefes wirft seinen Lesern in diesen Zeilen vor, glaubensmäßig noch auf dem Stand von Säuglingen zu sein, weil sie immer noch die Unterweisung in den Glaubensgrundlagen (z. B. Bekehrung, Taufe, Händeauflegen, Auferstehung, Jüngstes Gericht) benötigen. Stattdessen sollten sie eigentlich in ihrem Glauben schon erwachsen sein: Sie sollten den Willen Gottes erkennen und im Alltag umsetzen, die Urteilsfähigkeit besitzen, den Glauben schädigende von gewinnbringenden Gedanken und Verhaltensweisen zu unterscheiden, sowie andere in den aufgezählten Erkenntnissen lehren können.

Zudem weist er auf eine Gefahr bei stagnierender Glaubensentwicklung hin: den Abfall vom Glauben. Christsein bedarf des geistlichen Wachstums, welches von Gott gesegnet wird.

„Lasst uns aber wahrhaftig sein in der Liebe und wachsen in allen Stücken zu dem hin, der das Haupt ist, Christus." *Epheser 4,15*

Das Lob, das das All durchläuft.

Psalm 148 **Christi Himmelfahrt, 14.**

Es ist der Ruf zum großen Lobgesang. An alle und alles gerichtet, an das Ganze der Welt und des Alls. Nichts, was ist, ist aus sich selbst. Alles hat seinen Grund und sein Ziel in Gott. Solange dieses Lob nicht verklungen ist – es wird in Ewigkeit weiterklingen –, besteht die Zeit und gibt es Hoffnung. Ob man es so sehen darf: Im Lob Gottes ist uns Menschen alles voraus, was wir leichtfertig für stumm erklären? Alles lobt ihn, einfach in seinem Sein. Nur wir Menschen müssen es mühsam genug lernen, über das Lob unseres Seins hinaus zu loben. Einzustimmen in den großen Lobgesang des Alls. Ob dieser Psalm nicht wie nebenbei unsere Selbstüberschätzung als Menschheit korrigiert? Wenn ich nachts den Orion sehe, weitet sich mein enger Sinn. Sein Schein erhellt die Nacht, wird zum Lob, das darauf wartet, dass ich darin einstimme.

„Alles hat in ihm seinen Ursprung. (...) und in ihm hat alles sein Ziel."
Römer 11,36 (BB)

An der Hoffnung auf das ewige Leben festhalten

Hebräer 6,9-20 **Freitag, 15.**

Gott hat Abraham versprochen, ihn überreichlich zu segnen und ihm viele Nachkommen zu schenken (1Mo 12,1-3). Obwohl Sara, Abrahams Frau, aufgrund ihres Alters aus biologischer Sicht keine Kinder mehr bekommen kann, vertraut Abraham geduldig auf die Zusagen Gottes, welche sich schließlich mit der Geburt Isaaks und den daraus folgenden zwölf Stämmen Israels erfüllen. Dieses Beispiel aus dem Alten Testament verdeutlicht, dass Gott seine Zusagen einhält und wir uns darauf verlassen können. Gott hat uns versprochen, dass wir nach unserem Leben in das Allerheiligste im himmlischen Tempel eintreten und für immer bei Jesus sein dürfen. Das ist unser Lebensziel und unsere Hoffnung, an der wir trotz aller widrigen Lebensumstände festhalten und unser Leben ausrichten sollen.

„Denn der Sünde Sold ist der Tod; die Gabe Gottes aber ist das ewige Leben in Christus Jesus, unserm Herrn." *Römer 6,23*

Jesus Christus – der ewige Hohepriester nach der Ordnung Melchisedeks

Hebräer 7,1-10 **Samstag, 16.**

Melchisedek, der König und Priester von Salem (= Jerusalem), segnet Abraham, der ihm daraufhin den zehnten Teil seiner

Kriegsbeute übergibt. In diesen beiden Handlungen wird dessen höhere Stellung gegenüber Abraham deutlich. Von Melchisedek sind weder Lebensdaten noch Stammbaum bekannt, was hier so gedeutet wird, dass sein Priesteramt ewig ist.
Das Königs- und Priesteramt Melchisedeks wird auf Jesus übertragen: Jesus ist nach dem Eintritt in den himmlischen Tempel (= Himmelfahrt) der *ewige* Hohepriester nach der Ordnung Melchisedeks und bringt uns zugleich als Friedenskönig Gerechtigkeit und Heil. Sein höhergestelltes Priesteramt löst somit das levitische Priesteramt nach der Ordnung Aarons ab. Sein Neuer Bund löst den Alten Bund Abrahams, des Stammvaters Israels, ab.

„Der HERR hat geschworen und es wird ihn nicht gereuen: ‚Du bist ein Priester ewiglich nach der Weise Melchisedeks.'" *Psalm 110,4*

Wochenspruch
Christus spricht: Wenn ich erhöht werde von der Erde, so will ich alle zu mir ziehen. *Johannes 12,32*

Lohnendes Leben
Psalm 92 **Sonntag, 17.**

Es ist zum Staunen: Der Weg mit Gott macht unser Leben weit und reich. Der Weg mit Gott ist der Weg, auf dem wir die Ewigkeit in die Zeit hinein gewinnen. Der Psalm übersteigt die Alltagserfahrung: In Israel ist es nicht selbstverständlich, dass eine Pflanze auch groß wird, dass ein Schössling auch wirklich herauswächst. Hier liegt die große Gewissheit über alle Erfahrung hinaus: Wer in Gottes Haus eingepflanzt ist, der kommt auch zur Reife, dessen Leben wird auch groß. Nicht nach unseren Maßstäben, aber nach dem Maßstab Gottes. Was hier in der Zeit mit unserem Einpflanzen in die Gemeinde beginnt, das kommt zur Frucht in der Ewigkeit Gottes. Was hier an Leben aus dem Evangelium beginnt, das wird zur Vollendung gebracht in der Freude Gottes. Wie gut, dass Gott solche Verheißungen über uns aufrichtet, um uns auf dem Weg zu helfen.

Eine neue Ordnung?

Hebräer 7,11-22 **Montag, 18.**

Melchisedek und Jesus sind Könige der Gerechtigkeit und des Friedens. Beide haben ein Priestertum inne, das der Ordnung der Leviten und dem Priestertum Aarons überlegen ist. Dieser Priester wird durch einen Eid eingesetzt, weil Gott ihn für würdig hält. Jetzt gibt es einen Hohenpriester, der vollkommen und rein ist. Auf diesen ist zu 100% Verlass. Durch ihn haben wir eine feste Hoffnung, durch die wir uns Gott nähern können. Die alte Ordnung machte den Menschen die Gottesferne bewusst. Nun ist die neue vollendet und wir dürfen ungehindert, froh und dankbar in die unmittelbare Nähe Gottes treten. Das war vorher unmöglich. Nur durch ihn, den Mittler, den gekreuzigten Jesus, ist unsere Verbindung mit dem Vater hergestellt. Wie bist du Gott heute begegnet?

„Dieser aber durch den Eid dessen, der zu ihm spricht: ‚Der Herr hat geschworen und es wird ihn nicht gereuen: Du bist Priester in Ewigkeit.'" *Hebräer 7,21*

Die Kraft des Eides

Hebräer 7,23-28 **Dienstag, 19.**

Der Verfasser macht in diesem Abschnitt noch einmal deutlich, wieso es wichtig war, eine neue Ordnung, einen neuen Hohepriester einzusetzen. Dieser löst nicht nur die alte Ordnung ab, nein, es ist die Erfüllung des Heilsplanes, die Gott sich wünscht. Das Gesetz macht Menschen zu Hohepriestern, die Schwachheit an sich haben. Das Wort des Eides aber setzt den Sohn ein, der ewig und vollkommen ist. Das Gesetz setzt Hohepriester ein, die selbst Sünder sind und Gott um Vergebung bitten müssen. Jesus ist vollkommen rein und kann für uns einstehen. Der Hohepriester ist der Mittler zwischen Gott und Menschen – doch in Jesus wird Gott selbst zum Mittler mit sich, für uns. Er ist der Hohepriester auf ewig. Dank sei ihm!

„Denn das Gesetz macht Menschen zu Hohenpriestern, die Schwachheit an sich haben; dies Wort aber des Eides, der nach dem Gesetz gesagt ist, setzt den Sohn ein, der ewig und vollkommen ist."

Hebräer 7,28

Ein Gesetz im Herzen

Hebräer 8,1-13 **Mittwoch, 20.**

Gott bringt eine entscheidende Neuerung: Nicht nur, dass er einen ewigen Hohenpriester einsetzt, durch den wir ungehindert in seiner Nähe sein dürfen, sondern jetzt schreibt er das Gesetz auch in die Herzen. Nicht nur auf äußere Steintafeln, die man lesen muss, sondern er füllt unser Denken mit seinem Gesetz und schreibt es in unsere Herzen. Gott wird persönlich für jeden Einzelnen von uns. Nun können wir ihn erkennen. Er ist kein ferner Gott, dem sich nur die Hohenpriester nähern dürfen. Er hat sich uns genähert, durch Jesus, und indem er uns seine Weisungen in unser Innerstes legt. Hast du heute schon auf seine Gedanken gehört? Bist du offen für die Begegnung mit ihm?

„Denn das ist der Bund, den ich schließen will mit dem Haus Israel nach diesen Tagen, spricht der Herr: Ich will meine Gesetze in ihren Sinn geben, und in ihr Herz will ich sie schreiben und will ihr Gott sein, und sie sollen mein Volk sein." *Hebräer 8,10*

Das Allerheiligste

Hebräer 9,1-10 **Donnerstag, 21.**

Der Heilige Geist macht deutlich, dass der Weg noch nicht frei war, aber er ist es jetzt. Bei Jesu Kreuzigung riss der Vorhang im Tempel mitten durch (Lk 23,45). Die Zeit der Tieropfer ist vorbei. Christus ist unser Mittler, das ewige Opfer. Durch sein Blut können wir vor dem heiligen Gott stehen. Wir dürfen ins Allerheiligste. Nicht nur einmal im Jahr, sondern täglich, zu jeder Zeit, auf ewig. Durch Jesu Opfer dürfen wir in einen heiligen Raum zu Gott treten. Voll Ehrfurcht können wir ihm begegnen. An diesem Ort können wir Gott in all seiner Schönheit, Liebe aber auch Macht erkennen. Heute geschieht dies im Glauben, im Gebet. In Gottes neuer Welt aber werden wir ihn von Angesicht zu Angesicht sehen. Wie weit traust du dich ins Allerheiligste? Wo hast du Raum/Zeit nur mit Gott, um ihm in seiner Heiligkeit zu begegnen? Einen Raum, der nur für euch zwei ist?

„Damit macht der Heilige Geist deutlich, dass der Weg ins Heilige noch nicht offenbart sei, solange das erste Zelt Bestand habe."

Hebräer 9,8

So ist Versöhnung, so muss der wahre Friede sein

Hebräer 9,11-14 **Freitag, 22.**

Warum musste sich Jesus am Kreuz zum Opfer bringen? Das Verständnis, dass Opfer zur Vergebung für Übertretungen notwendig sind, ist in der Bibel mehrfach bezeugt. Es wird heutzutage von manchen kritisch hinterfragt. Empfindet Gott wirklich Freude am Opfer? Es ist kein leichtes Thema. Oder gab es diese Fragen nicht schon immer als Herausforderung für das christliche Zeugnis? Große Köpfe, wie Anselm von Canterbury, haben versucht, Antworten zu finden. In seinem Werk *Cur Deus Homo* (Warum wurde Gott Mensch?) formulierte er es so, dass das Leiden und der Tod Jesu notwendig waren, um Gottes Ehre wiederherzustellen, die durch die Sünde der Menschheit verletzt worden war. Da ein Mensch das nicht vermochte, musste es Jesus tun, der sowohl Gott als auch Mensch ist.

„Darin besteht die Liebe: nicht dass wir Gott geliebt haben, sondern dass er uns geliebt hat und gesandt seinen Sohn zur Versöhnung für unsre Sünden." *1. Johannes 4,10*

Mittler und Mittel

Hebräer 9,15-28 **Samstag, 23.**

Der „Neue" Bund, wie im Hebräerbrief dargestellt, gründet auf dem Opfer Jesu und bringt ewige Vergebung, anders als die Opfer aus dem Alten Testament. Christus ist zugleich Mittler und Mittel des Heils – kein leichter Gedankengang. Johannes Calvin unterschied deshalb zwischen dem Gesetz des Alten Bundes und dem Evangelium des Neuen Bundes. Das Gesetz offenbart den Menschen ihre Sünden und die Notwendigkeit eines Retters, während das Evangelium im Neuen Bund Gnade und Vergebung durch Jesus Christus bringt. Dabei spielt der Heilige Geist eine zentrale Rolle: Er verändert die Herzen der Gläubigen und bringt die Vergebung der Sünden. Der Alte Bund deutete diese Verheißungen „nur" an. Nun verwirklicht der Neue Bund diese inneren Veränderungen unmittelbar.

„Siehe, es kommt die Zeit, spricht der HERR, da will ich mit dem Hause Israel und mit dem Hause Juda einen neuen Bund schließen."
Jeremia 31,31

Wochenspruch
Es soll nicht durch Heer oder Kraft, sondern durch meinen Geist geschehen, spricht der HERR Zebaoth. *Sacharja 4,6b*

Angewiesen auf Empfang

Psalm 51 **Pfingstsonntag, 24.**

Es ist nicht so einfach – mit Pfingsten, mit dem Geist, mit dem Psalm. Er steht einem leicht begeisterten Pfingsten im Weg. Weil er Reue, Buße, Umkehr, Zerknirschung nicht ausspart. Alles Regungen, die verhindern, dass man hoch daher fährt. Pfingstlich abhebt. Verhindern, dass man sich selbst einen Heiligenschein zubilligt. Statt Hochmut – Demut. Es ist eine Sprache in diesem Psalm, die nicht mehr die meine ist. Aber die Sache trifft auch mich, hineinverflochten in Zusammenhänge, die schuldig machen. Es braucht Umkehr, den Geist der Erneuerung. Vielleicht können andere sich selbst ändern. Ich kann es nicht. Ich bin darauf angewiesen, dass Gott mich einen Veränderungsweg führt, dass er mich neu macht. Ich bin darauf angewiesen, dass er mein Leben sich selbst recht macht, weil ich es nicht vermag. Ich bin auf Pfingsten angewiesen: Schaffe Du, Gott, in mir das reine Herz.

„Ohne mich könnt ihr nichts tun.“ *Johannes 15,5*

Gefunden

Psalm 81 **Pfingstmontag, 25.**

Das ist Pfingsterfahrung, die wieder und wieder neues Leben in der Kirche Gottes erweckt, sie jung erhält. Plötzlich hört einer die Worte, die er schon so oft gehört hat – aber nun ist es ein neues Hören: Es löst Jubel aus. Nun steckt Freude darin und übergroße Dankbarkeit. Das ist das Pfingstwunder, dass ich im so bekannten Evangelium auf einmal die Stimme des guten Hirten höre. Von einer Stunde zur anderen verstehe ich: Kommt her zu mir alle, die ihr mühselig und beladen seid. Ich verstehe, ich bin gemeint. Meine Schultern werden frei von Lasten. Ich erlebe, wie Schuld mir das Leben nicht mehr abschneiden darf. Ich verstehe, dass ich herausgelöst werde aus dem Verhaftetsein in die eigenen Wege, dass ich nicht mehr der Knecht meiner eigenen Wünsche und Triebe sein muss. Pfingsten – ich bin befreit. Ich bin gefunden.

„Mit eigenen Augen habe ich gesehen: Von dir kommt Rettung.“
Lukas 2,30 (BB)

Ein Opfer hat gereicht

Hebräer 10,1-18 **Dienstag, 26.**

Mit dem Opfertod Jesu am Kreuz ist alles ein für alle Mal vollbracht, was zur Vollendung all jener führt, die „geheiligt werden“. Ein erstaunlicher Gedanke! Der Apostel betont dieses Verständnis von Erlösung durch Jesu Selbsthingabe immer wieder, so wichtig ist es. Dies ist der Weg zur Vergebung unserer Schuld. Auf die dahinterliegende Frage „Kann man je gut genug sein, um Gott zu gefallen?“ gibt es nur eine Antwort: Nein – niemand kann das, außer Jesus Christus. Er allein bewirkt die Vergebung der Sünden im Sinne von: „Mensch, lass gut sein mit dem Opfern!“ In Jesus findet unser Leben seine Vollendung. Weitere Opfer, welcher Art auch immer, bringen uns diesem Ziel nicht näher. In einer Leistungsgesellschaft erscheinen solche Gedanken sehr fremd, aber sie haben das Potenzial, uns eine unglaubliche Gelassenheit zu schenken.

„Ihrer Sünden und ihrer Missetaten will ich nicht mehr gedenken.“
Hebräer 10,17

Der neue Weg

Hebräer 10,19-31 **Mittwoch, 27.**

Nach ausführlichen Erklärungen zu Opfer und Vergebung in den Kapiteln 9 und 10 kommt der Apostel zur Kernbotschaft: Jesus Christus hat uns von Schuld, Scham, Sünde und jedem schlechten Gewissen befreit. Dadurch haben wir einen neuen, ja „frischen“ Zugang zur Gottes- und Nächstenliebe. Ein christliches Leben kann nun voller Zuversicht, bewusst und verantwortungsvoll gestaltet werden. Doch dieses Leben ist auch anfällig für Gefahren. Wer nach der Erkenntnis der Erlösung durch das einmalige und vollkommene Opfer Jesu mutwillig dagegen opponiert, hat seine Chance vertan. Diese Aussage ist im Bereich der Predigt und Seelsorge jedoch mit Bedacht zu verwenden. Wir können ergänzen: „mutwillig und bleibend“. Für Menschen, die zweifeln, ob wirklich alles zwischen Gott und ihnen in Ordnung ist, gilt weiterhin das Angebot der Gnade in Christus.

„Werft euer Vertrauen nicht weg, welches eine große Belohnung hat.“
Hebräer 10,35

Mit der Zeit wächst Gras drüber – leider!

Hebräer 10,32-39 **Donnerstag, 28.**

Ich komme von einem Klausurwochenende unseres Leitungskreises zurück nach Hause. Beim Auspacken des Koffers fällt mir auf, dass ich ein Hemd in der Herberge vergessen habe. Was soll's? Ich habe ja noch genug andere. Einen Augenblick später erinnere ich mich: Das Hemd war ein Weihnachtsgeschenk meiner Frau und außerdem sehr teuer. Also steige ich am nächsten Morgen ins Auto und fahre noch mal zurück. Alles andere wäre unverzeihlich.

Genau mit diesen beiden Argumenten versucht der Schreiber unseres Abschnitts seine Leser davon zu überzeugen, dass sie ihren Glauben an Jesus Christus festhalten. Sie haben scheinbar vergessen, wie wertvoll er ist und was er sie selbst schon gekostet hat. Wie konnte das geschehen? Das Sprichwort sagt: Es war Gras drüber gewachsen. Wozu noch Glaube? Die Antwort: Weil ihr ewiges Leben auf dem Spiel steht!

„Werft euer Vertrauen nicht weg, welches eine große Belohnung hat."
Hebräer 10,35

Von unten nach oben, oder umgekehrt?

Hebräer 11,1-7 **Freitag, 29.**

Vertreter der Evolutionstheorie argumentieren gern, dass die Entstehung des Lebens auf zwei äußerst einfache Gründe zurückgehen müsse: Zufall und Zeit. Hohe Qualität entstehe durch niedrige – so die Annahme. Unser heutiger Bibeltext sagt, dass die komplexe Materie einen Ursprung haben muss, der noch faszinierender und klüger ist als die Menschen. Der Schöpfer steht über seinen Geschöpfen, sonst funktioniert es nicht. Die Ordnung und Funktionalität allen Lebens sind Zeichen für einen genialen Erfinder. Das Sichtbare ist durch das Unsichtbare entstanden.

Beide Theorien lassen sich nicht lückenlos beweisen, sondern setzen Glauben voraus. Einziger Unterschied: Der Glaube an einen genialen Schöpfer hat viele Zeugen und Erfahrungen, von denen namentlich einige genannt werden. Und: Welche Theorie stärkt unseren Glauben mehr?

„Durch den Glauben erkennen wir, dass die Welt durch Gottes Wort geschaffen ist." *Hebräer 11,3*

Ob das Eis wirklich trägt?

Hebräer 11,8-22 **Samstag. 30.**

Es ist tiefster Winter. Eine Wandergruppe steht vor einem zugefrorenen See und diskutiert darüber, wie dick das Eis wohl sei und ob man einen Spaziergang über den See wagen könne. Vor einigen Jahren hatte es ein übermütiger Passant zu früh versucht und war eingebrochen. Mitten in der Diskussion taucht plötzlich ein Unbekannter auf und sagt: „Ihr könnt drübergehen. Ich habe gestern Probebohrungen gemacht. Das Eis ist zwölf Zentimeter dick und hält." Die Gruppe schaut sich verwundert an. Wer ist das? Aber eigentlich wirkt der Mann seriös und glaubwürdig.
Schließlich kommt man zu dem Ergebnis, dass man ihm wohl glauben könne und das Eis mit Sicherheit dick genug sei. Mit dieser Überzeugung gehen alle wieder zu ihren Autos und fahren nach Hause. Keiner lässt seinem Glauben Taten folgen. Es war nur ein Lippenbekenntnis. Was haben die Personen im Bibeltext anders gemacht?

„Durch den Glauben wurde Abraham gehorsam." *Hebräer 11,8*

Wochenspruch

Die Gnade unseres Herrn Jesus Christus und die Liebe Gottes und die Gemeinschaft des Heiligen Geistes sei mit euch allen.
2. Korinther 13,13

Dankbar in Lebensgefahr

Psalm 56 **Sonntag, 31.**

David muss vor Saul fliehen und kann nur noch bei den Philistern, den Feinden, untertauchen. Er wird aufgegriffen und spielt buchstäblich „verrückt", damit sie ihn nicht sofort töten (1Sam 21). Ob zu Hause oder hier auf der Flucht: überall umgeben von Feinden. Überall Lebensgefahr. In dieser Lage fällt ihm sein Versprechen ein, Gott zu danken (V. 11). Dieses Danken verändert sein Denken und seine Perspektive. Er wird sich seiner eigenen Geschichte mit Gott bewusst und wie oft Gott sein Leben beschützt hat (V. 14). Aus diesem Danken schöpft er all seinen Mut und vertraut darauf, dass Gott ihn auch diesmal beschützt. Ich wünsche mir, dass ich mich ebenso an meine Geschichte mit Gott erinnere und daraus meine Kraft beziehe. Ich wünsche mir Davids Vertrauen, der keine Furcht vor Menschen hat, weil Gott an seiner Seite ist.

„Seid dankbar in allen Dingen; denn das ist der Wille Gottes in Christus Jesus für euch." *1. Thessalonicher 5,18*

Monatsspruch Juni

Denkt an die Gefangenen,
als wäret ihr mitgefangen;
denkt an die Misshandelten,
denn auch ihr lebt noch
in eurem irdischen Leib!

Hebräer 13,3 (E)

Nur auf den eigenen Vorteil bedacht?

Hebräer 11,23-31 **Montag, 1.**

Mose verzichtet auf alle Vorteile des ägyptischen Lebens am Hofe des Pharaos. Er folgt dem Auftrag Gottes und verzichtet auf den „flüchtigen Genuss der Sünde“. Da gibt es keine Kompromisse, Mose stellt sich auf die Seite Gottes. Finden wir heute noch Menschen, die verzichten können, die Vorteile sausen lassen? Gott möchte die erste Stelle in unserem Leben einnehmen. Stehen wir trotz Gegenwind treu zu ihm? Es ist eine Frage des Glaubens, und des Vertrauens. Wenn wir uns die Glaubenshelden anschauen, werden wir feststellen: Gott hilft durch, er kümmert sich um die Berge, die uns im Wege stehen. Er steht uns im tiefen Tal zur Seite. Er tut gestern, heute und in der Zukunft Wunder. Was uns als Vorteil erscheint, ist vorübergehend. Gottes Zusagen sind bleibend.

„Und ob ich schon wanderte im finstern Tal, fürchte ich kein Unglück; denn du bist bei mir, dein Stecken und Stab trösten mich.“

Psalm 23,4

Was können wir jetzt noch sagen?

Hebräer 11,32-40 **Dienstag, 2.**

Die Aufzählung der Glaubenshelden und Glaubenstaten ist vollendet. Wirklich? Wenn ich nur an Gottes Eingreifen in mein Leben denke, muss ich sagen: Nein. Es hört nicht auf. Gott ist noch auf dem Plan. Wir haben in dieser Welt und zu diesen Zeiten viele Sorgen, Nöte und Ängste. Das kann uns zweifeln lassen. Wir verlieren den Mut, die Zuversicht, den Glauben. Haben wir nicht oft erlebt, wie sich eine aussichtslose Situation durch Glauben und Gebet zum Guten gewendet hat? Joachim Neander dichtete 1680: „In wie viel Not hat nicht der gnädige Gott über dir Flügel gebreitet!“ Ich weiß nicht, ob gute oder schlechte Zeiten auf uns zukommen, aber ich glaube felsenfest, dass Gott uns in allen Lebenslagen zur Seite steht und uns niemals allein lässt.

„Was können wir jetzt noch sagen, nachdem wir uns das alles vor Augen gehalten haben? Gott ist für uns; wer kann uns da noch etwas anhaben?“ *Römer 8,31 (NGÜ)*

Die Wolke der Zeugen – die Vorbilder des Glaubens!

Hebräer 12,1-11 **Mittwoch, 3.**

Die Wolke der Zeugen, das sind die Vorbilder des Glaubens. Es lohnt, die Bibel zu lesen und von ihnen zu lernen. Aber nun wird unser Blick auf Christus gelenkt: „Und aufsehen zu Jesus, dem Anfänger und Vollender des Glaubens“. Er ist A und O – Anfang und Ende. Aber was sehen wir, wenn wir auf Jesus blicken? Wir sehen den Gekreuzigten! Wir sehen den Sohn Gottes, der Schmach und Schuld dieser Welt auf sich nahm, der seinem Vater gehorsam war. Wir sehen aber auch den Auferstandenen, den Sieger über Sünde und Tod, den Retter der Welt. In einem Lied von August Hermann Franke heißt es: „Nun aufwärts froh den Blick gewandt und vorwärts fest den Schritt! Wir gehn an unsers Meisters Hand, und unser Herr geht mit!“

„Er erniedrigte sich selbst und ward gehorsam bis zum Tode, ja zum Tode am Kreuz. Darum hat ihn auch Gott erhöht und hat ihm den Namen gegeben, der über alle Namen ist.“ *Philipper 2,8f*

Mehr als ein Appell

Hebräer 12,12-17 **Donnerstag, 4.**

Stärkt die müden Hände, tut sichere Schritte, jagt dem Frieden nach, jagt der Heiligung nach, seht und achtet auf die anderen. Der Verfasser des Hebräerbriefes richtet seine Appelle an uns. Nehmen wir sie ernst oder prallen sie an uns ab? Letzteres wäre gefährlich. Müssen wir uns immer so anstrengen? Ist der Weg des Glaubens so mühsam? Geht es nicht auch ein wenig ruhiger? Wir stehen alle in der Gefahr, müde und träge zu werden. Es läuft doch alles ganz gut und ist nicht sowieso alles Gnade, hat nicht

Jesus alles vollbracht? Die Bibel, so scheint mir, fährt zweigleisig: Gott hat alles zu unserer Erlösung getan. Wer an den Sohn Gottes glaubt, ist gerettet. Und doch heißt es, ohne Heiligung kann man den Herrn nicht sehen. Wir können die Gnade versäumen. Bittere Wurzeln können aufwachsen. Es kann dazu kommen, dass wir keinen Raum zur Buße finden.

„Tut Buße und glaubt an das Evangelium!" *Markus 1,15*

Zion statt Sinai!

Hebräer 12,18-24 **Freitag, 5.**

Gottes Gegenwart im Alten Bund war gewaltig, aber auch furchterregend. Sogar für Mose. Doch mit V. 22 ändert sich alles: Die Heiligkeit Gottes wird nicht reduziert, aber von der Gnade Gottes überstrahlt. Im Neuen Bund ist Gott nicht mehr verborgen, sondern offenbart sich jedem in Liebe, der ihn sucht. Und so wird aus der Angst eine ausgelassene Feststimmung, aus der Wanderschaft am Sinai wird ein Zuhause in Zion. Wir sind am Ziel angekommen, dem himmlischen Jerusalem. Einer Heimat, die geprägt ist von der unverstellten Gegenwart Gottes, die alles überstrahlt. Ich bin angekommen, nicht aus meiner eigenen Leistung heraus, sondern weil Jesus alles vollbracht hat. Er ist Mittler und Geber des Heils in einer Person. In ihm wird der Neue Bund Realität, denn es ist sein Blut, das mich vor Gott rechtfertigt. Halleluja!

„Denn es ist ein Gott und ein Mittler zwischen Gott und den Menschen, nämlich der Mensch Christus Jesus." *1. Timotheus 2,5*

Unerschütterlich statt erschütterlich!

Hebräer 12,25-29 **Samstag, 6.**

Wer einmal ein Erdbeben erlebt hat, der mag erahnen, was hier angesprochen wird: Alles wird erschüttert werden. Gerade mit Blick auf die Endzeit spricht die Bibel immer wieder von Katastrophen, auch Erdbeben (Mt 24,7), bleibt aber nicht dabei stehen.

Vielmehr richtet sich der Blick immer auf das Ende aller geschaffenen Dinge, die damit verbundene Wiederkunft Jesu und den Beginn der neuen, unvergänglichen Welt Gottes. Diese Sicht motiviert mich, Gottes unerschütterliche Realität jetzt schon immer mehr zu meiner Realität zu machen. Was hilft mir dabei, Gott nahe zu sein? Ehre ich Gott mit meinem Verhalten? Kann ich Katastrophen verstehen als Heimsuchungen Gottes, die dazu führen, dass mein Herz immer mehr mit seinem Herzen schlägt? Was sollte ich heute auf den Prüfstand stellen? Der Heilige Geist wird es mir offenbaren.

„Denn das ist der Wille Gottes, eure Heiligung, dass ihr meidet die Unzucht.“ *1. Thessalonicher 4,3*

Wochenspruch
Wer euch hört, der hört mich; und wer euch verachtet, der verachtet mich. *Lukas 10,16a*

Gott allein

Psalm 76 **Sonntag, 7.**

Einer der Psalmen, die nur in den Stundengebeten der Benediktiner gesungen werden. Es ist ein streitbarer Gott, der so angebetet wird. Einer, der nicht zu allem Ja und Amen sagt. Es ist nicht der blutleere alte Mann, draußen vor der Tür, der um Mitleid nachsucht. Mir geht nach, dass wir uns einen Gott zurechtgemacht haben, der harmlos ist, auf uns angewiesen, der keine Hände hat, wenn wir nicht für ihn handeln, keine Worte, wenn wir ihm nicht unsere Worte leihen. Ich glaube nicht an diesen domestizierten Gott. Ich glaube an den, der auch furchtbar sein kann, der uns die Härte des Lebens zumutet. Nur dieser Gott kann auch trösten und zurechtbringen. Aber: Die erschreckende Macht Gottes ist in keiner Weise eine Rechtfertigung für Machtausübungen durch uns. Wir sind nicht Gottes Vollstrecker. Wir sind Zeugen seines Erbarmens.

„Ich bin der HERR, und sonst keiner mehr, der ich das Licht mache und schaffe die Finsternis.“ *Jesaja 45,6-7*

Im Königreich Gottes statt in der Welt!

Hebräer 13,1-6 **Montag, 8.**

Ein Mensch kommt zum Glauben an Jesus Christus. Das ist ein wunderschöner Moment und Grund zur Freude. Aber wie geht es danach weiter? Wie sieht gelingende Nachfolge im Alltag aus? Sie zeigt sich etwa in der Liebe zu Glaubensgeschwistern, zu Menschen in Not, in meiner Ehe, in meinem Umgang mit Geld. Überall soll sich in meinem Leben zeigen, dass ich letztlich kein Bürger dieser Welt bin, sondern ein Bürger im Königreich Gottes. Deshalb sind Gottes Maßstäbe auch meine, und sein Wille soll mein Herz immer mehr reinigen und bestimmen. Dabei wird auch klar, wer mein wahrer Versorger ist. Denn als Himmelsbürger habe ich auch alle himmlischen Bürgerrechte. Gottes Fürsorge und Schutz sind mir verheißen, und ich kann im vollen Vertrauen auf meinen himmlischen Vater auch die Aufgaben gelassen anpacken, die mir Sorge bereiten. Er ist mein treuer Helfer. Auch heute!

„Lasst uns lieben, denn er hat uns zuerst geliebt.“ *1. Johannes 4,19*

Außerhalb statt innerhalb!

Hebräer 13,7-14 **Dienstag, 9.**

Was für eine Zusage: Jesus, mein Herr, ändert sich nicht. Er ist auch heute noch der auferstandene Sohn Gottes, der zur Rechten des Vaters sitzt und durch den Heiligen Geist in mir lebt und wirkt. Das erfordert aber auch eine Antwort von mir: Mit meinem Leben will ich ihm nachfolgen und immer mehr mein Herz, durch sein gnädiges Ja zu mir, in ihm festmachen (V. 9). Doch dieser Weg ist nicht einfach. Folge ich dem Heiligen Geist oder dem Zeitgeist? Ist Jesus nicht nur mein Erlöser, sondern auch mein Herr? Der Weg mit Jesus kann ins gesellschaftliche Abseits führen. Wir haben in dieser Welt keine echte Heimat, sondern sind auf dem Weg hin zu einem herrlichen Ziel. Wem folge ich? Wie unabhängig bin ich von dieser Welt?

„Und stellt euch nicht dieser Welt gleich, sondern ändert euch durch Erneuerung eures Sinnes, auf dass ihr prüfen könnt, was Gottes Wille ist, nämlich das Gute und Wohlgefällige und Vollkommene."

Römer 12,2

Ewiger Bund statt brüchigem Abkommen!

Hebräer 13,15-25 **Mittwoch, 10.**

Jesu Opfertod ist die Grundlage für echte Nachfolge. Sie ist nicht aus mir selbst heraus möglich. Was bringt mich dazu, andere im Blick zu haben und ihnen Gutes zu tun? Es ist der „Gott des Friedens" (V. 20), der einen ewigen, neuen Bund ermöglicht hat. In Jesus, gleichzeitig perfekter Hirte und Opferlamm, am Kreuz vollbracht und im Heiligen Geist in mir verwirklicht. Nur so bin ich in der Lage, das Gute zu tun, das er für mich vorbereitet hat, seinem Willen zu folgen und den Stand einzunehmen, den ich als Sohn oder Tochter Gottes besitze. Es ist und bleibt ein Glaubensweg, aber der ewige Bund steht fest und lässt mich einstimmen: Jesus „sei Ehre von Ewigkeit zu Ewigkeit! Amen." (V. 21).

„Der Herr ist der Geist; wo aber der Geist des Herrn ist, da ist Freiheit. (...) Wir werden verwandelt in sein Bild von einer Herrlichkeit zur andern von dem Herrn, der der Geist ist." *2. Korinther 3,17f*

Der Prophet Hosea

Hosea wirkt ca. 750–725 v. Chr. im Nordreich. Nach 40 Jahren Herrschaft Jerobeams II. (787–747) kommt es zum rapiden Niedergang in Wirtschaft und Verwaltung; sechs Könige sind es in nur 25 Jahren (747–722/21). 725 erobert Assyrien das Nordreich.

Die Hauptstadt Samaria wird drei Jahre belagert, 722/21 endet das Nordreich.
Das Volk hat vergessen, dass ihr Gott Herr der Geschichte und Herr der Natur ist, Schöpfer und Erhalter, Fürsorger und Retter. Hosea wird von Gott einiges zugemutet: Er soll eine Tempeldirne heiraten, seinen Kindern Namen geben, deren Bedeutung auf das Gericht Gottes hinweist (Lo-Ruchama, „diejenige, die kein Erbarmen findet", und Lo-Ammi, „nicht mein Volk"; 1,3-9). Dann soll er nochmals um seine ehebrecherische Frau werben (3,1-5). Zeichenhandlungen wirken stärker als Worte. Alle sollen sehen: Die Beziehung zwischen Gott und Israel ist zerrüttet. Aber Gott lässt nicht locker, setzt auf eine Pädagogik der Umkehr: Entziehungskur, versperrte Zugänge zum Baalskult, Dürreperioden (2,8ff), Rückführung in die Wüste, totaler Neuanfang der Ehe mit Israel wie einst am Sinai (2,16-25).
Hosea klagt Priester und Führer an, weil sie es unterlassen, allen die früheren Heilstaten Gottes und seine Weisungen vor Augen zu malen; es fehlt das Wissen um Gott, deshalb dienen sie anderen Göttern, zertreten das Recht, sind in ihren Taten gefangen (4,4ff; 5,1ff). Gott leidet unsäglich, dass seine Züchtigungen verpuffen oder nur kurz wirken (6,1ff). Er muss Gericht halten, will es aber nicht: „Mein Herz kehrt sich gegen mich, alle meine Barmherzigkeit ist entbrannt. Ich will meinen Zorn nicht vollstrecken" (11,8f). Er kann es nicht ertragen, Israel seinem Schicksal zu überlassen. Darum wird er selbst Israels „Abtrünnigkeit heilen", es erneut lieben und neues Leben eröffnen (14,3-9).

Skandal um Hosea

Hosea 1,1-9 **Donnerstag, 11.**

Hosea, der kleine Prophet. Klein, nicht an Statur, sondern wegen des Umfangs seines Buches. Das aber hat es in sich. Immerhin beginnt es mit einem Auftrag Gottes an Hosea, der skandalöser nicht hätte sein können. Eine Hure soll er zur Frau nehmen und mit ihr Kinder zeugen. Der Sinn hinter dieser Zumutung Gottes, die Hosea nicht nur zum Gespött der Leute macht, sondern auch zu einem Mann, der selbst an der Sünde seiner Frau zu leiden hat? Gott will den Menschen gleichnishaft vor Augen stellen, wie es um Israel steht. So wie Hosea am Lebensstil seiner Frau Gomer leidet, so schmerzt es Gott, wenn er das Tun seines Volkes anschaut. Denn Israel bricht nicht nur die Ehe, sondern verrät durch sein gottloses Tun auch den Bund, den Gott mit ihm geschlossen hat. Doch über allen Gerichtsworten leuchtet schon das Ziel der Rede Gottes auf:

„Doch will ich mich erbarmen über das Haus Juda.“ *Hosea 1,7*

Unfassbare Gnade

Hosea 2,1-3 **Freitag, 12.**

Unermesslich groß zeigt sich Gottes Gnade und Treue gegenüber seinem Volk. Anstatt zu verwerfen, kündigt er an, seinen Bund fortzuführen. Es ist das Versprechen einer zahllosen Nachkommenschaft, das er bereits Abraham und Jakob gegeben hat. Die Gerichtsbotschaft „Nicht mein Volk“ (1,9) verwandelt er in die Zusage, dass sie sich „Kinder des lebendigen Gottes“ nennen dürfen (V. 1). Schließlich will Gott Israel und Juda wieder zusammenführen. Gemeinsam werden sie sich ein „Haupt“ erwählen, was als Hinweis auf den kommenden Messias gedeutet wird. Was für uns Christen gilt? Wir dürfen das Staunen über Gottes Gnade nie verlernen. Sie ist viel größer, als wir es je begreifen könnten. Deshalb sind wir herausgefordert, uns von Gottes Schmerz über alle (auch unsere) Gottlosigkeit berühren zu lassen und ihm zu vertrauen.

„(...) wird zu ihnen gesagt werden: ‚Kinder des lebendigen Gottes!‘“
Hosea 2,1

Hoffnung

Hosea 2,4-15 **Samstag, 13.**

Gott ruft dazu auf, Gericht über sein Volk Israel zu halten. Er nimmt die Rolle des betrogenen Ehemanns ein. Zeugen werden

berufen. Sie sollen die Schuld Israels aufdecken und bestätigen. Begriffe wie Unzucht und Ehebruch, Amulette etc. verweisen auf die geistliche Dimension der Anklage. Sie beschreiben Riten und Praktiken, die im religiösen Baalskult gebräuchlich waren.
Formal hat Gott alles Recht, unter Berufung auf Zeugen, Israel des Götzendienstes anzuklagen und die Scheidung von seinem Volk durchzusetzen („sie ist ja nicht meine Frau“ V. 4). Zugleich eröffnet er mit der Aufforderung „abzulegen“ (V. 4) die Möglichkeit zur Umkehr. Sein Ziel ist nicht die Trennung von seinem Volk. Auch wenn Gott Schuld konkret benennt und eine Verwerfung gerechtfertigt ist, ist ihm die Umkehr Israels und die Erneuerung der Beziehung wichtiger.

„(...) sie soll die Zeichen ihrer Hurerei von ihrem Angesicht wegtun (...)“
Hosea 2,4

Wochenspruch
Kommt her zu mir, alle, die ihr mühselig und beladen seid; ich will euch erquicken. *Matthäus 11,28*

Lebensquelle
Psalm 36 **Sonntag, 14.**

Psalm 36 stellt mit vielen Bildern zwei grundsätzlich unterschiedliche Lebenshaltungen und deren Auswirkungen vor Augen. Einerseits hören wir von Menschen, in deren Leben keine Bindung an Gott zu finden oder erwünscht ist. Die Früchte ihres Tuns sind geprägt von Hinterhältigkeit, bösem Reden und destruktivem Handeln. Andererseits beschreibt der Psalmist Menschen, in deren Leben die Verbundenheit mit Gott zu erkennen ist. Sie leben aus der Erfahrung, von Gottes Güte und Wahrheit umgeben zu sein. Seine Hilfe, die allen Geschöpfen gilt (V. 7), sein erlebbarer Schutz (V. 8), sein großzügiges Versorgen (V. 9) führt sie zur Anbetung Gottes. In diesem wunderbaren Handeln erkennen sie das Wesen Gottes. Er ist ihnen die Quelle des Lebens, aus der überfließend Segen strömt. Und das will er auch für uns sein.

„Denn bei dir ist die Quelle des Lebens, und in deinem Lichte sehen wir das Licht." Psalm 36,10

Unerwartete Gnade

Hosea 2,16-25 **Montag, 15.**

Wie im letzten Abschnitt angedeutet, will Gott sich über Israel erbarmen. Auch wenn Israel gefordert ist, von allem Götzendienst aktiv Abstand zu nehmen, so ist es doch Gott, der für das Umdenken die Voraussetzung schafft. „Ich will sie locken" (V. 16) bedeutet auch: „Ich will sie geleiten, ans Ziel führen".
Dann wird Gott alle Verlockungen der Baals-Götzen in den Schatten stellen und übertreffen. Einen Bund will er mit ihnen schließen, der allen Geschöpfen gilt. Er wird sich mit Israel auf ewig „verloben", sodass es seine Barmherzigkeit und Gerechtigkeit erkennt.
Symbolisch bildet sich diese neue Beziehung auch in der Namensänderung ab, die Gott über Israel ausruft. Statt „kein Erbarmen" und „nicht mein Volk" wird Israel nun „ich will mich erbarmen" und „du bist mein Volk" gerufen.

„Darum siehe, ich will sie locken und will sie in die Wüste führen und freundlich mit ihr reden." Hosea 2,16

Die Liebe hört niemals auf

Hosea 3,1-5 **Dienstag, 16.**

Ist das die Aufforderung an Hosea, sich eine zweite Frau zu nehmen? Kommentatoren haben verschiedene Deutungsansätze. Der plausibelste scheint der zu sein, dass Hosea seine Frau Gomer wieder aufnehmen soll, die ihn verlassen und mit Liebhabern gelebt hat (Kap. 2,7). Denn so schließt sich der Kreis der prophetischen Veranschaulichung, die Hosea im eigenen Leben erfährt:

Die Frau, die er liebt, betrügt und verlässt ihn, so wie das Volk Israel seinen Gott betrügt und verlässt, mit Baalsanbetung und ungerechtem Lebensstil. Am Ende nimmt Gott sein Volk wieder auf und stellt die Liebesbeziehung wieder her, so wie Hosea mit Gomer. Gott kann offensichtlich nicht anders als zu lieben. Und es ist nicht die „Ich-find-dich-ganz-nett"-Art von Liebe. Hosea erkennt Gottes Liebe zu uns als leidenschaftlich, schmerzhaft, besitzergreifend, treu.

„(Die Liebe) erträgt alles, sie glaubt alles, sie hofft alles, sie duldet alles." 1. Korinther 13,7

Die Erkenntnis der Liebe

Hosea 4,1-14 **Mittwoch, 17.**

Hosea zählt in scharfen Worten vieles auf, das im Volk im Argen liegt. Ein Wort fällt aber besonders auf: Erkenntnis (V. 1.6), die Erkenntnis Gottes. Sie fehlt und das ist die Ursache für alle negativen Verhaltensweisen (V. 6). Heißt Erkenntnis, mehr Wissen über Gott anzuhäufen? Interessant ist das Wortumfeld, in dem der Begriff zum ersten Mal auftritt (V. 1): zusammen mit Liebe und Treue. Im hebräischen Text steht hier das Wort „chäsäd", das Liebe und Treue und eine tiefe Verbundenheit zwischen Personen meint. Es ist die Liebe, die aus persönlichem Kontakt entsteht; und in ihm wächst auch die Erkenntnis, die hier gemeint ist. Aus dem engen Kontakt, dem Vertrautsein bildet sich ein Verständnis dafür, wer die andere Person „in ihrem Inneren" ist. Dass Menschen ihn in dieser Weise erkennen, wünscht Gott sich – so wie er sie auf diese Weise erkennt und liebt.

„Wenn aber jemand Gott liebt, der ist von ihm erkannt."
1. Korinther 8,3

Die Liebe ist geduldig

Hosea 5,8-15 **Donnerstag, 18.**

Im Hintergrund dieses Bruderkrieges zwischen Nord- und Südreich waren sich beide nicht einig, ob man gegen das aggressive und mächtige assyrische Reich kämpfen sollte oder nicht. Das Südreich verbündete sich schließlich mit Assur, was das Ende des Nordreiches einläutete, das seine staatliche Souveränität verlor. In diesem Bruderkrieg hört Hosea von Gott, dass er sich nicht auf eine Seite stellt, sondern beide für ihr Handeln verurteilt. Beide haben sich von ihm abgewandt: Das ist die eigentliche Schuld. In drastischen Bildern (Wüste, Wunde, Löwe) zeigt Hosea den Zorn und die tiefe Enttäuschung Gottes. Aber schließlich tritt Gott von seinen mächtigen Emotionen zurück (V. 15) und wartet. Wartet darauf, dass das Volk sich an ihn erinnern und zu ihm zurückkehren wird. In allem Zorn findet Gott die Geduld in der Liebe.

„Und dies Gebot haben wir von ihm, dass, wer Gott liebt, dass der auch seinen Bruder liebe.“ *1. Johannes 4,21*

Hintergrund: Die „kleinen“ Propheten: 12 Bücher oder ein Buch?

Das „Zwölfprophetenbuch“ ist eigentlich ein Buch (so in der hebräischen Bibel und deren griechischer Übersetzung, der Septuaginta). Bereits Jesus Sirach (49,10, ca. 190 v. Chr.) kennt es als Einheit: „Sie [die zwölf Propheten] brachten Heilung für Jakobs Volk und halfen ihm durch zuverlässige Hoffnung.“ Die Zahl 12 ist auch kein Zufall – erinnert sie doch an die 12 Stämme Israels.

Aber wurden diese 12 kurzen Schriften wirklich als ein zusammenhängendes Buch angesehen? Sie stammen aus ganz unterschiedlichen Zeiten, die Namen der einzelnen Propheten und die Hinweise auf die historischen Hintergründe wurden auch in der Zusammenstellung weiter überliefert. Waren sie nur deshalb zu

einem Buch zusammengefasst, weil sie gemeinsam eine Schriftrolle füllten?
Chronologisch lassen Sie sich in drei Gruppen teilen, die drei Epochen der Geschichte Israels abbilden:

1. Die assyrische Bedrohung (8. Jh. v. Chr. – Hosea – Micha, Zeit Jesajas,)
2. Die babylonische Bedrohung (7.–6. Jh., Nahum – Zefanja, Zeit Jeremias, Hesekiels, Daniels)
3. Die persische Zeit (ab 5. Jh., Haggai – Maleachi).

Inhaltlich gibt es durchaus Gemeinsamkeiten: Jedes Buch beginnt mit einem Hinweis darauf, dass der Prophet im Auftrag Gottes redet („Dies ist das Wort des Herrn (...)“ (Hos 1,1). Alle Bücher drehen sich um das große Thema von Gericht und Heil. Die Reihenfolge der Bücher ist in der hebräischen und der griechischen Bibel unterschiedlich. Letztere ordnet sie – sicher nicht ganz zufällig – wie folgt:

1. Gericht gegen Israel (Hosea, Amos, Micha, Joel)
2. Gericht gegen die Völker (Obadja, Jona, Nahum)
3. Heil für Israel (Habakuk, Zefanja, Haggai, Sacharja, Maleachi).

Das sind die drei großen Themen, und sie stehen bei den 12 „Kleinen“ unter der endzeitlichen Perspektive, dass „der Tag des Herrn“ bevorsteht, an dem Gott Recht schaffen wird.
Auch wenn die 12 „Kleinen“ tatsächlich jeweils eigene Bücher sind und deshalb in unseren Bibeln auch jedes für sich steht – wir finden hier die Geschichte Israels seit der Zeit der Könige und die großen Themen des Alten Testaments in kompakter Form durchaus sinnvoll und bewusst zusammengestellt. Also: 12 Bücher – und doch irgendwie eines. (UB)

Gott ist Liebe

Hosea 6,1-6 Freitag, **19.**

In Hoseas Worten beklagt Gott sich bitterlich über die Flüchtigkeit menschlicher Liebe (V. 4). Dieser leidenschaftlich liebende Gott lässt sich nicht mit routiniertem „Gottesdienst“ abspeisen (V. 6), den das Volk weiterhin – neben anderen Kulten – praktiziert. Er ist nicht an den Formen unserer Spiritualität und religiösen Gewohnheiten interessiert, egal, wie lange wir sie schon ausüben. Er ist immer, in allem an der Liebe, an der Vertrautheit interessiert. Der letzte Vers dieses Textes weist weit hinaus auf das Neue Testament, in dem dieser Gedanke radikal im 1. Johannesbrief zum Ausdruck kommt: „Gott ist Liebe; und wer in der Liebe bleibt, der bleibt in Gott und Gott in ihm." (1Joh 4,16) Das zielt nicht auf Gewohnheiten und Willenskraft, sondern auf Offenheit und Verletzlichwerden in unserem Inneren und darauf, dort mit ihm vertraut zu sein.

„Wer nicht liebt, der kennt Gott nicht; denn Gott ist Liebe."

1. Johannes 4,8

Wind und Sturm

Hosea 8,1-14 **Samstag, 20.**

Ehepaar König berät mit dem Innenarchitekten über die Einrichtung seiner neuen Villa. „Dieser Wandschrank im Schlafzimmer, ist der auch großzügig genug, damit meine Liebhaber genug Luft bekommen? Und könnten Sie vielleicht noch einen Geheimgang einbauen, damit sie fliehen können, wenn mein Mann nach Hause kommt?" Dieser blickt sie entgeistert an. Dann flötet sie: „Keine Sorge, Schatz. Ich liebe nur dich."
Israels geistliche Untreue, etwa die Verehrung des Stierbildes in Samaria, führt das Volk ins Verderben. Sie beten zu Gott, ja, aber ihre Pläne, auch die politischen, fragen nicht nach seinem Willen. Lange kann das nicht gut gehen. Wir können uns bequem einrichten in der Sünde und an Gott vorbeileben und -planen. Aber was er sich wünscht, ist unsere Umkehr.

„Ich habe kein Gefallen am Tode des Gottlosen, sondern dass der Gottlose umkehre von seinem Wege und lebe. So kehrt nun um von euren bösen Wegen." *Hesekiel 33,11*

Wochenspruch

Der Menschensohn ist gekommen, zu suchen und selig zu machen, was verloren ist. Lukas 19,10

Ein Flüchtling, ein König

Psalm 54 Sonntag, **21.**

Was musste David nicht mitmachen, bevor er König wurde. Der Kampf mit Goliath, die Verfolgung durch Saul, und noch als König muss er beim Staatsstreich seines Sohnes Absalom fliehen. David ringt sich immer wieder durch zum Vertrauen auf Gott. Und Gott ist es nicht egal, was aus diesem Flüchtling wird.

Ich weiß nicht, wie viele Flüchtlinge jedes Jahr im Mittelmeer ertrinken oder in der nordafrikanischen Wüste verschwinden. Aber Gott weiß es, und es ist ihm nicht egal. Ich wünsche uns Christen, dass wir nicht die Augen vor der Not dieser Menschen verschließen. Hilfe für Flüchtlinge oder der Einsatz für Menschenrechte sind keine profanen Tätigkeiten, während wir uns nur „geistlicheren" Aufgaben widmen müssten. Wären wir auf der Flucht, würden wir Gott nicht bitten, dass Menschen, die helfen könnten, nicht wegsehen?

„Wie viel mehr ist nun ein Mensch als ein Schaf! Darum ist es erlaubt, am Sabbat Gutes zu tun." *Matthäus 12,12*

Pflanzen und andere Früchte

Hosea 9,10-17 Montag, **22.**

„Du bist mir ja ein schönes Früchtchen!" So sagen wir zu unseren Kindern, wenn wir ihren Gehorsam ein wenig, tja, suboptimal finden. Für die Israeliten waren die Frucht des Feldes, hier Feigenbaum und Palme, und die Frucht des Leibes, sprich: Kinder, der Inbegriff des Reichtums. Ein Mann wollte zufrieden bei seinem Weinstock sitzen, der Wert einer Frau hing oft davon ab, wie viele Kinder sie hatte. Wer hier reich war, der hatte etwas zu verlieren. In der früheren Zeit nahm das Vieh die Stelle der Feldfrüchte ein.

So wie bei Hiob, der seine Herden und seine Kinder verlor. Bei ihm lag es nicht an seiner eigenen Schuld, aber bei Hosea ist das angekündigte Gericht die Folge ihres geistlichen Ehebruchs. Gott hatte die Israeliten gesegnet, doch nun droht er, den Segen zurückzuziehen. Sie stehen ohne Frucht da.

„Und es wird ein Reis hervorgehen aus dem Stamm Isais und ein Zweig aus seiner Wurzel Frucht bringen." *Jesaja 11,1*

Ein gerechtes Urteil

Hosea 10,1-15 **Dienstag, 23.**

Der Verteidiger hält sein Schlussplädoyer, während der Angeklagte wie gebannt die Reaktion der Geschworenen beobachtet. „... und darum, hohes Gericht, fordern wir allein die Fairness ein, die meinem Mandanten zukommt. Sehen Sie ihm in die Augen! Diesen Mann zu verurteilen – das wäre nicht gerecht. Nein, das wäre eine himmelschreiende Ungerechtigkeit. Wägen Sie gut ab, und dann folgen Sie Ihrem Herzen. Ich danke Ihnen." Pling. Im Saal fällt gerade eine Stecknadel zu Boden.

Wir fordern gern unser Recht ein, schreien schnell nach Gerechtigkeit. Aber für die Israeliten hier und für uns Menschen im Allgemeinen wäre ein gerechter Gott gewissermaßen das zweitgrößte Unglück. (Das größte wäre ein ungerechter Gott.) Das Recht müsste uns verurteilen. Was uns allein rettet, ist nicht Gerechtigkeit, sondern Gnade.

„Pflüget ein Neues, solange es Zeit ist, den HERRN zu suchen, bis er kommt und Gerechtigkeit über euch regnen lässt!" *Hosea 10,12*

Eine Geschichte von zwei Söhnen

Hosea 11,1-11 **Mittwoch, 24.**

Dieser Text ist in meinen Augen einer der höchsten Gipfel des Alten Testamentes, und von hier aus kommt ein anderer Hügel in den Blick, mehrere Hundert Jahre später: der Hügel Golgatha. Israel will oder kann nicht umkehren. Das Gericht scheint unausweichlich. Und dann geschieht das Unerhörte: Gott selbst kehrt um, vom Gericht zur Gnade, und er begründet es ausgerechnet mit seiner Heiligkeit. Gottes heiliges Feuer ist das Feuer seiner Liebe. Wie kann das sein? „Aus Ägypten habe ich meinen Sohn gerufen." Das ist Israel. Aber das ist auch Christus. Gott müsste sein Volk verdammen, aber stattdessen geht er in seinem Sohn ans Kreuz.

„Da stand er auf und nahm das Kindlein und seine Mutter mit sich bei Nacht und entwich nach Ägypten und blieb dort bis nach dem Tod des Herodes, auf dass erfüllt würde, was der Herr durch den Propheten gesagt hat, der da spricht (Hosea 11,1): ‚Aus Ägypten habe ich meinen Sohn gerufen.'" *Matthäus 2,14-15*

Jesus, ich liebe dich

Hosea 12,1-15 **Donnerstag, 25.**

Gottes klare Botschaft: Kehre zurück zu deinem Gott, halte fest die Liebe und das Recht und hoffe stets auf deinen Gott. Viele Menschen heute glauben nicht mehr an Gott und wir erleben die Auswirkungen: Die Liebe geht verloren, zu Gott, zum Nächsten und meistens auch zu uns selbst. Ohne Liebe wird es dunkel in uns und um uns herum. Jesus, der Gekreuzigte, hat aus Liebe zu uns alles getan, damit wir das ewige Leben haben.
In unserem Hauskreis haben wir über die Frage nachgedacht, die Jesus dreimal an Petrus stellt: Liebst du mich? Und im Gespräch haben wir bemerkt, dass wir noch nie ausgesprochen haben: Jesus, ich liebe dich. Und das haben wir dann getan. Es war ein heiliger Moment und ich wünsche uns allen, dass wir zu unserem dreieinigen Gott umkehren und lernen auszusprechen: Jesus, ich liebe dich.

„Simon, Sohn des Johannes, hast du mich lieb? Er spricht zu ihm: Ja, Herr, du weißt, dass ich dich lieb habe." *Johannes 21,16*

Gott allein genügt

Hosea 13,1–14,1 **Freitag, 26.**

Taugt ein Handy als Gottesersatz? Wen fragen wir, wenn wir etwas wissen wollen? Google steht uns allzeit zur Verfügung. Jede Antwort kommt in Sekundenschnelle. Ohne unser Handy fühlen wir uns verloren. Morgens geht oft der erste Blick auf das Handy und schnell ist die erste halbe Stunde des Tages dann vergangen. So geht's dann weiter. Stundenlang.
Gottes Anspruch bleibt. Du sollst keine anderen Götter neben mir haben. Versuchen wir es doch umzusetzen: Laden wir unsere Akkus bei Gott auf und sprechen mit ihm. Wenn wir Fragen haben oder Hilfe brauchen, dann hört er uns. Gott lässt sich oft Zeit mit der Antwort und das auszuhalten ist nicht einfach. Aber nur in der Verbindung mit ihm haben wir ein Leben, das unter seinem Schutz und Segen steht. Beginnen wir unseren Tag mit Gott und erleben, was sich alles verändert.

„Bete sie nicht an und diene ihnen nicht. Denn ich, der Herr, dein Gott, bin ein eifernder Gott." 2. Mose 20,5

Der Schlüssel zum Heil

Hosea 14,2-10 **Samstag, 27.**

Gott sagt: Ich vergebe euch eure Schuld, wenn ihr umkehrt. Deshalb ist Jesus gekommen, als Erlöser, der unsere Schuld trägt. Wir brauchen nur um Vergebung zu bitten. Das hört sich so leicht an, aber es kostet uns immer wieder Überwindung und Kraft, diese Erlösung in Anspruch zu nehmen. Wir wollen alles selbst regeln und nicht jemandem erlauben, für unsere Fehler einzustehen. Doch genau hier liegt der Schlüssel zur Heilung! Ich habe es bei mir selbst und schon bei vielen Menschen erlebt: Wenn ihr Herz bereit war, anderen und sich selbst zu vergeben und sie Jesus ihre Schuld abgeben konnten, kehrte Frieden ein. Und das wünsche ich uns allen von Herzen, dass wir erkennen und erleben: Vergebung ist der Schlüssel zur Heilung. Denn der Friede der Welt beginnt in unseren eigenen Herzen.

„Und durch ihn alles zu versöhnen zu ihm hin, es sei auf Erden oder im Himmel, indem er Frieden machte durch sein Blut am Kreuz.“
Kolosser 1,20

Wochenspruch
Einer trage des andern Last, so werdet ihr das Gesetz Christi erfüllen. *Galater 6,2*

Seelenschmerz

Psalm 42 **Sonntag, 28.**

Der Psalmbeter gibt uns eine Antwort auf die Traurigkeit unserer Seele: Halte durch und vertraue Gott. Ich durfte schon erleben, dass Gott mich aus meiner Traurigkeit befreit, wenn ich auf ihn schaue. Wenn ich darauf vertraue: Er hält die Welt in seiner Hand, auch wenn scheinbar alles dem Chaos zusteuert. Gott allein hat den Überblick, der mir fehlt. Manche nennen das naiv, weil ich diesen kindlichen Glauben in mir trage und lebe. Aber irgendwann vor vielen Jahren habe ich mein Leben Jesus gegeben und damit auch die Kontrolle. Ein Satz hat mich geprägt: Ich bin im Nichts etwas ganz Besonderes. Ich bin ein kleines Sandkorn und doch bedingungslos geliebt und angenommen. Ich kann die Welt nicht retten, aber ich kann die Liebe von Jesus weitersagen.

„Was kein Auge gesehen hat und kein Ohr gehört hat und in keines Menschen Herz gekommen ist, was Gott bereitet hat denen, die ihn lieben.“ *1. Korinther 2,9*

Der Prophet Amos

Man nennt Amos den ersten Schriftpropheten. Angesichts seiner radikalen und bedrohlichen Botschaft wird verständlich, warum seine Worte in einem eigenen Buch festgehalten sind. Er stammt

aus Thekoa, südlich von Jerusalem, wirkt aber um 760 v. Chr. am Zentralheiligtum des Nordreichs in Bethel, evtl. auch in der Hauptstadt Samaria. Er ist Hirte und Maulbeerfeigenzüchter (1,1; 7,14), wird aber von Gott zum Propheten berufen und kann sich dem nicht entziehen (3,8).
Die wirtschaftliche Blüte unter König Jerobeam II. (787–747) führte im Nordreich dazu, dass die Schere zwischen Reich und Arm immer größer wurde. Rechtsbruch, Bestechung und Betrug sind üblich, die Schwachen bleiben ohne Rechtsbeistand (5,1-17). Amos deckt die Diskrepanz zwischen frommem Gehabe am Sabbat und Rücksichtlosigkeit gegenüber den Armen in der Woche auf (5,24). Gottesdienst und Gottesrecht im Alltag gehören unbedingt zusammen. Im Vergleich mit den Untaten der Nachbarvölker ist Israel noch grausamer. Während diese sich an anderen Völkern vergehen, beuten die Israeliten ihre eigenen Landsleute aus, obwohl das Volk doch selbst beim Auszug aus Ägypten erlebt hat, dass Gott sich gerade der Schwachen erbarmt (Kap. 1–2, besonders 2,6-16). Gottes Gericht ist daher unausweichlich (5 Visionen in 7,1-8; 8,1f; 9,1-4). Keiner kann ihm entfliehen (2,13-16; 9,2-4). Das einzige Hoffnungssignal von Amos lautet: Gott spricht: „Suchet mich, so werdet ihr leben." Doch Gott ist nicht mehr in den Heiligtümern im Lande zu finden, sondern allein im Gerichtswort des Propheten (5,4-6.14f). Es gibt keine Hoffnung am Gericht vorbei. Nur wer sich Gottes Urteil stellt und umkehrt, kann hoffen.

Hunde, die bellen, beißen nicht

Amos 1,1-2;3,3-8 Montag, **29.**

„Unsere Grenzen sind sicher. Der Verteidigungshaushalt stimmt. Die Wirtschaft wächst. Wir leben in Wohlstand. Was soll da das Genörgel, wir hätten Gott vergessen? Und dann noch von denen ‚da drüben', die meinen, Gott wohne nur in Jerusalem. Und selbst wenn deren Propheten echte Botschaften von Gott hätten (was man ja auch ganz anders sehen kann) – so ernst wird Gott es schon nicht meinen. Schließlich hat er uns die letzten Jahrzehnte gesegnet. Hunde, die bellen, beißen nicht." So dachten sie in Israel. Vorsicht! Dieser Hund bellt nicht nur – bzw. dieser Löwe brüllt nicht nur. Hinter dem Brüllen des prophetischen Löwen steht Gottes Zorn und seine klare, eindeutige, laute Ansage an sein Volk. Und die hatte ihre Ursache in konkretem Unrecht. Habe ich mir in meinem Leben vielleicht auch angewöhnt, Gottes Ansagen nicht so ernst zu nehmen?

„Es ist dir gesagt, Mensch, was gut ist und was der HERR von dir fordert (...)" *Micha 6,8*

Danke, dass wir nicht so sind wie die anderen

Amos 3,1-2.9-15 **Dienstag, 30.**

„Gott, wir danken Dir, dass wir nicht so sind, wie die anderen Völker. Die beten andere Götter an. Bei denen gibt es Kriegsgräuel und alle möglichen Schweinereien. Tyrus, Edom, Moab und wie sie alle heißen. Amos, der brüllende Löwe, sagt es mal in aller Deutlichkeit!" Dass Gott bei denen Recht schaffen wird (heißt: mal ordentlich draufhauen), haben die ersten Leser oder Hörer von Amos gerne vernommen. Aber dann macht er weiter: „Ihr – Juda und Israel – seid nicht besser! Aber ihr habt eine viel längere Geschichte mit Gott! Ihr seid das Volk, an dem Gott gewirkt hat! Deswegen seid ihr viel schlimmer." Bevor ich mich moralisch über andere erhebe, sollte ich mir vielleicht überlegen, ob ich wirklich so viel besser bin. Und daraus geistlich, aber auch ganz praktisch, Konsequenzen ziehen.

„Ich sage euch: Dieser ging gerechtfertigt hinab in sein Haus, nicht jener." *Lukas 18,14*

Monatsspruch Juli

Es ströme aber das
Recht wie Wasser und die
Gerechtigkeit wie ein nie
versiegender Bach.

Amos 5,24

Vorne fromm und hinten pfui

Amos 4,1-13 **Mittwoch, 1.**

Prominente Pastoren beten salbungsvoll in großen Kathedralen. Sie beschwören Gottes Segen für das Land. Sie reden von den christlichen Werten, die es zu erhalten gilt – bzw. in alttestamentlicher Zeit: Sie feiern festliche Gottesdienste und bringen mehr Opfer dar als vorgeschrieben. Die anwesenden Politiker sind kaum raus aus der Kirche oder dem Tempel, schon nehmen sie den Armen das Wenige weg, was sie noch haben. Sie kürzen Gelder für Hilfsorganisationen und fliegen anschließend zum Golfspielen. Damals wie heute kann man solche „frommen" Mächtigen beobachten. Die klare Ansage von Amos: Gott hat euch schon manche harte Lektion erteilt – aber ihr habt nicht reagiert. Aber er wird für Gerechtigkeit sorgen und wird euch geben, was ihr verdient. Und ich? Ich will nicht nur auf „die da oben" schauen. Wo verhalte ich mich denn vorne fromm und hinten pfui?

„(...) dennoch seid ihr nicht umgekehrt zu mir, spricht der HERR."
Amos 4,6.8.9.10.11

Sucht mich

Amos 5,1-17 **Donnerstag, 2.**

Der Fabrikant sitzt in seiner Villa auf dem Hügel vor der Stadt. Er gehört jetzt auch zur besseren Gesellschaft, kann sich Personal leisten – wobei die Villa natürlich so gebaut ist, dass er die Dienstboten nicht zu Gesicht bekommt. In seiner Fabrik schuften Kinder 10 Stunden am Tag für einen Hungerlohn. Das war die Industrialisierung im 19. Jh. Auch heute klafft die Schere immer weiter auseinander: Stadtvilla und SUV auf der einen Seite. Renten, von denen man nicht leben und nicht sterben kann, auf der anderen. Bei Amos: Der Reichtum der einen war durch korrupte Ausbeutung der anderen angehäuft worden (V. 11). Gott mahnt eindringlich: Sucht mich! Sonst werde ich mich zeigen – und diese Gegenwart Gottes werdet ihr dann nicht wirklich erleben wollen. Und Gott suchen heißt: Sucht (und tut) das Gute! Ich mache mich heute also auf die Suche ...

„Suchet das Gute und nicht das Böse, auf dass ihr lebet." Amos 5,14

Wie man sich täuschen kann

Amos 5,18-27 **Freitag, 3.**

Die Leute wünschen sich den Tag des Herrn herbei; Gott soll kommen und mit den Heiden „abrechnen", dem Volk Israel Gerechtigkeit verschaffen. Derweil feiert man prächtige Gottesdienste, die im Lobpreis nicht zu überbieten sind. Aber Amos platzt ihnen dazwischen und räumt gründlich auf. Der selbstzufriedenen Gemeinde hält er den Spiegel vor: Was soll das fromme Getue, wenn das im Gottesdienst Gehörte im Alltag keine Folgen hat? Ständig wird das Recht der Witwen, Waisen und Flüchtlinge gebrochen, die Richter sind korrupt und die Armen werden ausgenommen. Der Anbetung müssen Taten folgen. Aber es geht nicht um Selbstdarstellung, sondern um gelebte Barmherzigkeit, Gerechtigkeit, Einsatz für andere. Alltag und Feiertag gehören zusammen. Möge Amos uns mit seiner klaren Botschaft leiten und immer wieder neu herausfordern.

„Seid aber Täter des Worts und nicht Hörer allein; sonst betrügt ihr euch selbst." Jakobus 1,22

Eine unbequeme Botschaft

Amos 6,1-14 **Samstag, 4.**

Israel erlebt eine wirtschaftliche Blütezeit. Die Oberschicht führt ein luxuriöses Leben und hat es sich gut eingerichtet. Doch sie sind mit ihren Gelagen und Festivitäten so sehr beschäftigt, dass sie die Not und das Elend des einfachen Volkes nicht mehr wahrnehmen. Die Schere zwischen Arm und Reich öffnet sich immer mehr. Amos zeichnet ein erschütterndes Bild: Die Stabilität steht auf tönernen Füßen. Recht wird verdreht und Gleichgültigkeit regiert.

Ein Text zum Erschrecken, denn was Amos hier sagt, ist hochaktuell. Deutschland gehört zu den reichsten Staaten der Welt, dafür hätten wir Grund, Gott jeden Tag dankbar zu sein. Doch leider, je besser es vielen geht, umso schlechter steht es um ihre Dankbarkeit Gott gegenüber. Nicht der Reichtum an sich, sondern der falsche Umgang damit ist Sünde.

„Denn was hilft es dem Menschen, die ganze Welt zu gewinnen und Schaden zu nehmen an seiner Seele?“ *Markus 8,36*

Wochenspruch
Aus Gnade seid ihr gerettet durch Glauben, und das nicht aus euch: Gottes Gabe ist es. *Epheser 2,8*

Neue Perspektive gewinnen

Psalm 73 **Sonntag, 5.**

Heute blicken wir in das Herz eines Beters, ein beeindruckendes Glaubenszeugnis. Er beschreibt eine schwere Anfechtung, ausgelöst durch den Vergleich mit den Gottlosen. Trotz ihrer Boshaftigkeit fehlt es ihnen an nichts. Wie ist das möglich? Da macht einer skrupellos auf Kosten anderer Karriere, oder ein anderer verdient mit Lügen viel Geld. Doch der Beter schildert nicht nur seine Zweifel, sondern auch, wie er von seinen quälenden Fragen befreit wird. Ihm hilft die Glaubensgemeinschaft, er findet den Weg in den Tempel. Dort findet er eine neue Perspektive, indem er nicht mehr distanziert über Gott redet, sondern seine Nähe sucht und mit ihm spricht. Deutlich erkennt er, worum es geht, und setzt ein trotziges „Trotzdem“ gegen alle eigenen Zweifel: „Du hältst mich und du leitest mich!“

„Denn er lässt seine Sonne aufgehen über Böse und Gute und lässt regnen über Gerechte und Ungerechte.“ *Matthäus 5,45*

Gottes Herz lässt sich bewegen

Amos 7,1-9 **Montag, 6.**

Gott nimmt Amos mit hinein in sein zukünftiges Gerichtshandeln. Er offenbart ihm, wie schlimm es um sein Volk bestellt ist. Amos' Reaktion auf das Gesehene unterscheidet sich krass vom Verhalten der Anführer des Volkes. Während sie es sich gut gehen lassen, ringt Amos mit Gott: „Ach, Herr HERR!" Mit Blick auf die Zustände bewundere ich Amos' Mut, Gott um Vergebung zu bitten. Aber damit handelt er so, wie es zu seinem Amt als Prophet gehört. Er nennt das Böse beim Namen und kündigt Gericht an, aber er tritt vor Gott auch mit Fürbitte für das Volk ein. Er appelliert an Gottes Mitleid und hat Erfolg. Denn Gottes barmherzige Liebe gewinnt die Oberhand über das Gericht, das sein Volk durch sein Verhalten sehr wohl verdient hätte. Kein Mensch hat Gnade verdient. Aber jeder Mensch braucht sie.

„So ermahne ich nun, dass man vor allen Dingen tue Bitte, Gebet, Fürbitte und Danksagung für alle Menschen." *1. Timotheus 2,1*

Hochverrat

Amos 7,10-17 **Dienstag, 7.**

Jetzt wird es gefährlich, lebensgefährlich für Amos, denn es geht nicht mehr nur um ein paar Predigten, sondern der oberste Staatspriester klagt ihn an. Schwere Vorwürfe gegen Amos stehen im Raum. Von Landfriedensbruch und Hochverrat ist die Rede. In Amazjas Vorstellung besteht die Aufgabe eines Propheten darin, den König und seine Leute zu unterstützen, und nicht darin, das Volk gegen die Obersten aufzubringen. Amos soll sich wie alle anderen Propheten verhalten oder zügig verschwinden, um sein Leben zu retten. Doch Amos stellt unmissverständlich klar, dass er nicht auf der Gehaltsliste des Königs steht. Er prophezeit nicht berufsmäßig und hat sich sein Amt auch nicht ausgesucht, sondern Gott hat ihn ausgewählt. Sein Amt ist von Gott, und so muss er auch Gottes Prophet sein. Wenn Amazja sich gegen Amos stellt, stellt er sich damit auch gegen Gott.

„Man muss Gott mehr gehorchen als den Menschen.“

Apostelgeschichte 5,29

Es wird nicht mehr lange gut gehen

Amos 8,1-10 **Mittwoch, 8.**

Gottes Geduld ist zu Ende. Das ist das Thema der vierten Vision. Gott wird kein Auge mehr zudrücken. Amos wagt keinen Einspruch mehr, wie bei den ersten Visionen (Kap. 7,2.5). Der Vision folgen Gerichtsworte, die das Bild vom Obstkorb erläutern. Der Grund für das göttliche Gericht wird genannt: die Ausbeutung und das Unrecht, welches an den Armen geschieht. Außerdem werden einige Gerichtsereignisse angekündigt: Erdbeben (V. 8), kosmische Störungen (V. 9), Notlagen und Trauer (V. 10). Gott macht die Kehrseite des Wohlstandes Einzelner öffentlich. Dass er es bisher „übersehen“ hat, hatte man im Volk Israel falsch verstanden: als Bejahung, nicht als Begnadigung – und als Zustimmung Gottes zu ihrem Leben in das System eingebaut.

„Gehorcht meiner Stimme, so will ich euer Gott sein, und ihr sollt mein Volk sein; wandelt ganz auf dem Wege, den ich euch gebiete, auf dass es euch wohlgehe. Aber sie wollten nicht hören.“ Jeremia 7,23.24

Verkehrte Welt

Amos 8,11-14 **Donnerstag, 9.**

Der Prophet stört: Immer wieder erinnert er an die Weisungen und Gebote Gottes. Man würde ihn gerne loswerden. Amos kündigt den Leuten Gericht an. Auf den ersten Blick sieht es aus wie die Verheißung einer Erweckung. Gott wird einen großen Hunger nach seinem Wort ins Land schicken. Etwas Schöneres kann sich ein Prophet nicht wünschen: eine Sehnsucht bei den Menschen danach, das Wort Gottes zu hören. Was wie Erweckung aussieht, ist aber ein Gericht Gottes, weil Gott schweigt. Die Menschen stellen die richtigen Fragen – aber sie rennen damit ins Leere. Es ist auch für uns heilsam, darum zu beten, dass Gott nicht nur die

Sehnsucht und den Hunger nach ihm schickt – sondern den Hunger auch stillt. Erweckung ist nicht nur Suchen, sondern vor allem Finden. Zum Glück lässt Gott sich finden.

„Meine Seele verlangt und sehnt sich nach den Vorhöfen des HERRN; mein Leib und Seele freuen sich in dem lebendigen Gott."

Psalm 84,3

Was für ein Gott!

Amos 9,1-10 **Freitag, 10.**

Beim Lesen dieses Abschnittes des Propheten Amos komme ich mehrfach ins Stocken. Erschreckende Ereignisse werden berichtet. Und ein Gottesbild gezeichnet, das sehr fremd erscheint. Die Vision hat ihren Ort im Tempel und zeigt Jahwe über dem Altar. Amos schaut den Allmächtigen. Aber er berichtet keine Details dessen, was er sieht: nichts zum Gewand oder Angesicht Gottes. Und keine Reaktion des Propheten auf die Vision. Gott hält Gericht über die Gottlosigkeit seines Volkes. Diese Gerichtsrede gibt Amos wieder. Zunächst geht es darum, wie aussichtslos es ist, vor Gott zu fliehen: Gleich fünf Mal werden die möglichen Fluchtoptionen als aussichtslos hingestellt (V. 2-4: „und wenn"). Schließlich: Obwohl die Erwählung Israel nicht vor dem Gericht schützt, will Gott nicht Vernichtung. Er löscht sein Volk und seine Gemeinde nicht aus.

„Aber der HERR ist in seinem heiligen Tempel. Es sei stille vor ihm alle Welt!" *Habakuk 2,20*

Gott bringt die Wende

Amos 9,11-15 **Samstag, 11.**

Amos schließt seine Prophetie mit weitreichenden Verheißungen ab. Sie hatten sich schon angekündigt mit der Zusage Gottes, sein Volk nicht völlig zu vertilgen. Auch im Gericht ist Gottes Barmherzigkeit gegenwärtig. In der Verheißung wird die endzeitliche Wendung für das Volk Gottes entfaltet: Zunächst kündigt

Gott die Aufrichtung seines Reiches unter einem neuen David an. In diesem Reich wird auch die Schöpfung heil werden und den Reichtum des Schöpfers widerspiegeln. Der ewige Schalom Gottes prägt das Land und das Leben der Menschen. Gott gibt Heimat für Menschen aus allen Völkern und Nationen, über die sein Name genannt ist, und bringt alles zu seinem bleibenden Ziel. Wir sehen davon schon mehr als Amos. Und warten auf die endgültige Erfüllung.

„Siehe da, die Hütte Gottes bei den Menschen! Und er wird bei ihnen wohnen, und sie werden seine Völker sein, und er selbst, Gott mit ihnen, wird ihr Gott sein.“ *Offenbarung 21,3*

Wochenspruch

So spricht der HERR, der dich geschaffen hat, Jakob, und dich gemacht hat, Israel: Fürchte dich nicht, denn ich habe dich erlöst; ich habe dich bei deinem Namen gerufen; du bist mein!
Jesaja 43,1

Mit allen meinen Wegen bist du vertraut

Psalm 139,1-18.23f **Sonntag, 12.**

Da kommt jemand aus dem Staunen nicht heraus. Die Größe, Macht, Gegenwart und Schöpferweisheit Gottes sind sein Thema. Er entfaltet seine Entdeckungen jedoch nicht in einem Lehrvortrag. Sein Staunen findet Ausdruck in einem innigen Zwiegespräch mit Gott, einem Gebet. Je mehr der Mensch über das Geheimnis Gottes nachdenkt, umso größer werden seine Rätsel und sein Staunen über Gott. Es ist nicht möglich, sich selbst oder irgendetwas vor Gott zu verbergen. Nicht, weil Gott so hoch und weit weg wäre. Sondern weil er nahe ist: „So bist du um mich“ (V. 3). Und gleichzeitig ist auch das scheinbare Gegenteil wahr: Weil sein Machtbereich überall ist, können wir Gott nicht entfliehen. Wir werden ihm an jedem denkbaren Ort in die Arme laufen. Darum will ich gerne offen und präsent vor Gott sein.

„Groß und wunderbar sind deine Werke, Herr, allmächtiger Gott! Gerecht und wahrhaftig sind deine Wege, du König der Völker."

Offenbarung 15,3

Einführung in das Johannesevangelium
s. S. 9

Durst nach Leben

Johannes 4,1-14 **Montag, 13.**

Die Ausgangsszene ist und bleibt ganz speziell. Mitten im halb heidnischen Samarien, mitten in der Mittagshitze, an einem uralten Brunnen. Die Voraussetzungen für eine umwälzende Gotteserfahrung könnten kaum ungünstiger sein. Da ereignet sich der besondere Moment. Am Brunnen begegnet eine Frau Jesus – und wir mit ihr zusammen. Tief und tiefer wird die Unterhaltung um das Wasser, um das Jesus bittet, und das er ihr eigentlich schenken möchte. Und am Ende erleben wir nach und nach, wie diese Frau am Jakobsbrunnen auch, dass Jesus gekommen ist, unseren ganz tiefen Durst nach Leben zu stillen: „lebendiges Wasser". Zuerst ist es eine Ahnung, was meinem Leben fehlt, aber sie hat unfassbares Potenzial: Jesus ist es. Und mit ihm kommt alles in mein Leben, was ich brauche: Orientierung, Befreiung, Frieden.

„Gott, du bist mein Gott, den ich suche. Es dürstet meine Seele nach dir." *Psalm 63,2*

Durst nach der Gegenwart des Heiligen Geistes

Johannes 4,15-26 **Dienstag, 14.**

Das wäre es doch: genau dort zu sein, wo Gott in Geist und Wahrheit gedient wird. Vom Geist bewegt, authentisch und überzeugt,

mit dem untrüglichen Erleben: Gott ist jetzt und hier gegenwärtig. Und tatsächlich, die Frau, und wir mit ihr zusammen, macht diese Erfahrung. Gott ist an keinen Ort gebunden, Geist und Wahrheit gehören engstens zusammen, und vor allem das eine: Gott zeigt sich in Jesus.
In dem Moment, in dem Jesus diese Worte sagt („Ich bin's, der mit dir redet."), wird die Frau am Brunnen hineingenommen in die vollkommene Gegenwart Gottes. Da spielt ihre Lebensgeschichte keine belastende Rolle mehr, da kommt es auf gar nichts mehr an als darauf: Jetzt sind Geist und Wahrheit in Jesus da. Und alles andere kommt zur Ruhe und zum Frieden. Wird hineingenommen in die Freiheit des Geistes. Was für ein ewiger Augenblick des Heiligen Geistes!

„Wo aber der Geist des Herrn ist, da ist Freiheit." *2. Korinther 3,17*

Hunger nach dem Willen des Vaters

Johannes 4,27-42 **Mittwoch, 15.**

Die Jünger sorgen sich darum, dass ihr Meister auch genug isst. Für Jesus ein sehr guter Anlass, sie danach zu fragen, was unser Leben und unsere Seele letztlich nährt. Und ihnen seine Antwort darauf zu geben. Wir stopfen jeden Tag eine Menge in uns hinein, Lebensmittel und im übertragenen Sinne auch anderes. Materielles und Ideelles. Was aber macht satt?
Jesu Antwort macht wieder einmal deutlich, wie grundlegend er sein Leben innerlich auf Gott ausrichtet. Satt macht, den Willen Gottes zu tun. Und das diesen Hunger ausdrückende Mustergebet spricht es aus: „Dein Wille geschehe, wie im Himmel, so auf Erden". Wer seinen Lebenshunger so stillt, hat Ausstrahlung. Andere werden darauf aufmerksam. Es kann eine ganze Zeit dauern, aber zur Saat kommt dann die Ernte: Menschen wenden sich Jesus zu. Wie? Wo? Wann? Gott weiß es. Für uns ist es genug, nach Gottes Willen zu leben.

„Doch nicht mein, sondern dein Wille geschehe!" *Lukas 22,41*

Hunger nach Gottvertrauen

Johannes 4,43-54 **Donnerstag, 16.**

Es fängt alles mit einer großen Krankheitsnot an. Der Sohn eines königlichen Beamten liegt im Sterben. Dem Vater zerreißt es das Herz. Und keine Hilfe ist nah.
Der Hunger nach einem Wunder treibt ihn zu Jesus. Und dieser Hunger wird dort auf eine Art und Weise gestillt, die staunen lässt. Denn Jesus lenkt den Blick des Bittenden auf den Glauben, auf das persönliche Vertrauen. Er gibt ihm nicht mehr mit als fünf Worte: „Geh hin, dein Sohn lebt!"
Am Ende hängt also alles an diesem Wort und dem persönlichen Vertrauen auf den, der es spricht. Mehr haben wir nicht. Wir wissen nicht, was kommt, wenn wir mit diesem Wort im Ohr dann die nächsten Schritte tun. Und doch: In diesem Wort und dem Glauben an Jesus liegt alles, was wir brauchen. Wie stark ist solches Gottvertrauen! Wir alle dürfen Jesus so vertrauen. Gott sei Dank.

„Durch Stillesein und Vertrauen würdet ihr stark sein." Jesaja 30,15

Halt!

Johannes 5,1-9a **Freitag, 17.**

Eine Reise unterbrechen? Sich aufhalten lassen? Eigentlich ist das nicht so toll. So schön es unterwegs sein kann: Der Blick ist doch nach vorn gerichtet, zumal wenn ein Fest bevorsteht. Jesus sieht das offenbar anders. Er unterbricht seine Reise, ja noch mehr, er verlässt seine Straße, obwohl er dem Ziel schon so nahe ist. Wozu? Weil ihn das Mitleid gepackt hat. Er entdeckt unterwegs ein Elendsquartier. Und mittendrin ist einer, der sich schon seit 38 Jahren nicht mehr allein bewegen kann. Einsam ist er. Hilflos. Resigniert. Seinetwegen verlässt Jesus seine Spur. Er lässt sich berichten. Was hat der Arme auszuhalten! Aber nun spricht Jesus ein Wort, das nur er sprechen kann. Und wirklich, der Gelähmte lässt sich darauf ein – und wird geheilt. So ist Jesus. Er sieht, wo Not ist, und lässt sich aufhalten. Er ist da, auch für uns.

„Als es aber schon Morgen war, stand Jesus am Ufer.“ *Johannes 21,4*

Nachgehende Seelsorge

Johannes 5,9b-18 **Samstag, 18.**

Es gibt sie, leider, auch heute, die Leute, die sich nicht freuen können, und stattdessen mit erhobenem Zeigefinger herumlaufen. Die interessiert es gar nicht, dass da ein Mensch plötzlich wieder gehen und sogar sein Bett wegtragen kann. Die pochen darauf, dass das am Sabbat nicht passieren darf, und löchern den Geheilten, denn sie interessiert nur eins: Wer hat das am Sabbat getan? Aber sie bleiben ratlos. Der Mann, der nun wieder gehen kann, weiß es auch nicht. Ihm ist auch viel mehr nach Halleluja zumute. Darum geht er in den Tempel, denn es gibt so viel Grund zum Danken. Aber da kommt plötzlich Jesus auf ihn zu. Er muss ihm noch etwas Lebenswichtiges sagen. Vor allem erfährt der Geheilte nun, wer ihn geheilt hat – und erzählt es postwendend denen, die ihn so scharf befragt haben. Er wird zum lebendigen Zeugen!

„Wir können's ja nicht lassen, von dem zu reden, was wir gesehen und gehört haben.“ *Apostelgeschichte 4,20*

Wochenspruch

So seid ihr nun nicht mehr Gäste und Fremdlinge, sondern Mitbürger der Heiligen und Gottes Hausgenossen.

Epheser 2,19

Ein besonderes Bürgerrecht

Psalm 87 **Sonntag, 19.**

Die Korachiter, eine Gesangsgruppe am Tempel, stimmt ein Loblied auf die Stadt Jerusalem an, die der HERR liebt, „mehr als alle Wohnungen Jakobs“. Er selbst ist Gründer der Stadt und jeder, der sich zu Gott bekennt, hat hier sein angestammtes Bürgerrecht. Auch wir heute sind Bürger von Zion!

Die wahre Bedeutung des besonderen Bürgerrechts wird sich uns aber erst vom Ende der Geschichte her erschließen, wenn ein neuer Himmel und eine neue Erde sichtbar werden und die heilige Stadt Jerusalem aus dem Himmel herabkommen wird (Offb 21,1-2). Ob wir dort Bürgerrecht haben, entscheidet sich daran, ob wir Jesus Christus als Herrn angenommen haben und somit zum Volk Gottes gehören. Wer hier im Glauben lebt, der hat eine Perspektive über dieses Leben hinaus und das lässt ihn fröhlich und unverzagt die Herausforderungen des Lebens annehmen.

„Denn wir haben hier keine bleibende Stadt, sondern die zukünftige suchen wir.“ *Hebräer 13,14*

Die Knopflochfrage

Johannes 5,19-23 **Montag, 20.**

Wie halten wir es mit Jesus? Der Mann, der mich vor vielen Jahren zum Glauben führte, stellte mir die sog. Knopflochfrage, eine Frage, der ich nicht ausweichen konnte. Er fragte mich: „Kennst du Jesus als deinen persönlichen Heiland?“ Ich wusste damals darauf keine klare Antwort. Danach hatte mich noch niemand gefragt. Aber die Frage hat mich nicht losgelassen. So habe ich mein Leben diesem Jesus anvertraut, nur wenig später. Und ich habe gelernt, dass alles darauf ankommt, ihm zu folgen. Warum ich das hier anspreche? Weil es heute seltener geworden ist, Jesus so stark in die Mitte zu stellen. Viele denken, es genüge, einfach von Gott zu reden. Das genügt aber nicht. Jesus ist der Sohn Gottes, er und der Vater im Himmel sind eins. Es geht darum, den zu ehren, den der Vater zu unserer Rettung ausersehen hat, Jesus.

„Denn uns ist ein Kind geboren, ein Sohn ist uns gegeben, und die Herrschaft ist auf seiner Schulter.“ *Jesaja 9,5*

Keine Verdammnis

Johannes 5,24-30 **Dienstag, 21.**

„Hinabgestiegen in das Reich des Todes", heißt es im Glaubensbekenntnis der Kirchen. Von Jesus ist hier die Rede. Sein Herrschaftsbereich umfasst nicht nur das Leben, das wir hier leben, sondern auch die Todeswelt. Schwer fassbar sind diese Sätze für viele, die heute so gegenwartsversessen und so wenig ewigkeitsbewusst leben. Jesus erwartet aber, dass wir uns auf diese Horizonterweiterung einlassen. Denn er macht klar, dass es einmal ein Gericht geben wird und dass wir alle, ja, auch die, die schon tot sind, ihm, Jesus, Rechenschaft geben müssen über das gelebte Leben. Aber in die angstbesetzte Stimmung, die nun entstehen kann, spricht Jesus ein strahlendes Wort der Zuversicht: Wer ihm hier sein Leben anvertraut, der hat heute schon teil am ewigen Leben und muss das Gericht dort nicht mehr fürchten.

„So gibt es nun keine Verdammnis für die, die in Christus Jesus sind."
Römer 8,1

Jahreslosung 2026

„Gott spricht: Siehe, ich mache alles neu

(Offenbarung 21,5)

Alles neu? Wenn das doch nur möglich wäre!

Unser Leben ist anders als dieser Text, den ich hier gerade schreibe. Und auch anders als jedes Computerspiel. Ich kann die Tippfehler meines Lebens nicht korrigieren. Nicht länger an meinen Sätzen feilen. Nichts einfach löschen. Ich muss einen neuen Satz formulieren, wenn ich den ersten bereuen sollte. Ich kann nicht zwischenspeichern und meinen Spielstand bei Fehlern und Misserfolgen wieder laden. Da ist keine Pausentaste. Ich kann auch nicht einfach alles von vorne spielen, habe nur

ein Leben, auf das es ankommt. Immerhin, es gibt eine Spielanleitung, ein Handbuch. Direkt vom Entwickler. Wenn ich denn hineinschauen möchte.
Es kann für mich zum Problem werden, dass im Leben alles in Echtzeit abläuft. Dass wir nicht über jede Situation vorher nachdenken können. Dass ich etwa in einem Gespräch in einem Augenblick antworten muss, wenn mir auch später noch eine viel bessere Entgegnung einfällt. Dass ich manche Worte oder Taten, die andere verletzt haben, nicht einfach ungeschehen machen kann. Meine Entscheidungen haben Folgen, mit denen ich leben muss. Und zwanzig, dreißig Jahre später denke ich vielleicht: „Hätte ich doch damals ...!" Aber der Zug unseres Lebens fährt nur vorwärts. Aber: Es geht hier nicht um ein perfektes Leben. Fehler gehören dazu. Ist eine Weiche falsch gestellt, kann Gott doch noch etwas Gutes aus unserem Leben machen, wenn wir mit ihm weiterfahren. Und er wird einmal alles neu machen. Und damit wirklich, wirklich gut. Wir können mit ihm und vor ihm neu anfangen, auch von jedem Scherbenhaufen in unserem Leben aus. Aber in seiner neuen Welt sind alle Scherben Vergangenheit. Er macht alles neu. (JK)

Trotzdem Treue zu Jesus

Johannes 5,31-47 Mittwoch, **22.**

Das ist heftig, damals wie heute, Gegenwind und Gleichgültigkeit auszuhalten. Jesus spricht harte Worte der Anklage: Schon damals gab es Leute, die vorgaben, fromm zu sein, aber nie mit Jesus Ernst gemacht haben. Sie genießen Starprediger wie Johannes den Täufer, aber sie nehmen gar nicht wahr, wen er mit heiligem Ernst verkündigte. Sie kennen sich in der Bibel aus, aber sie haben die Kernbotschaft von Jesus überlesen. Sie lassen sich auf demagogische Heilsbringer ein, statt Jesus die Ehre zu geben. Für sie alle hat Jesus nur Gerichtsworte. Auch die meint er, die sich an der Heilung des Gelähmten, von der gerade noch die Rede war (5,1-18), nicht freuen konnten, sondern Jesus verfolgten. Solche Leute wird es leider immer wieder geben. Lassen wir uns von Jesus nicht abbringen!

„Einen andern Grund kann niemand legen außer dem, der gelegt ist, welcher ist Jesus Christus." *1. Korinther 3,11*

Jesus macht Unmögliches möglich

Johannes 6,1-15 **Donnerstag, 23.**

In Jerusalem hat Jesus die Händler aus dem Tempel entfernt (Kap. 2,13-22), am Teich Bethesda hat er einen Kranken geheilt (Kap. 5,1-18), und nun ziehen ihm die begeisterten Menschen bis an das Galiläische Meer nach. Jesus will aber nicht gefeiert werden. Er will den Hunger der Menschen stillen, äußerlich und innerlich. Das gesamte 6. Kapitel wird von dem Motiv des Passafestes beherrscht. Gott hat das Volk Israel mit dem Brot vom Himmel versorgt. Das geschieht auch in dieser Begebenheit. Philippus und Andreas haben selbst keine Ahnung, was zu tun ist. Aber sie gehen zu Jesus (V. 8-9).

Das ist auch die Chance unseres Lebens. Jesus macht etwas möglich, an das wir selbst nie denken würden. Im Vertrauen auf ihn darf ich die Situationen meines Lebens, auch die ausweglosesten, Jesus übergeben und mich überraschen lassen, wie er mich „satt" macht.

„Alle eure Sorge werft auf ihn; denn er sorgt für euch." *1. Petrus 5,7*

Mit Jesus ans Ziel

Johannes 6,16-21 **Freitag, 24.**

Vor ein paar Stunden wollte die Menge Jesus zu ihrem Brotkönig machen. Er entzieht sich ihnen und entweicht in die Einsamkeit auf einen Berg. Die Jünger sind schon auf dem Heimweg. Mit einem Boot wollen sie so schnell wie möglich wieder daheim ankommen. Das Meer ist aufgewühlt, sie müssen hart rudern. Jesus erscheint ihnen auf dem Wasser. Ein Phänomen, das sie in Angst und Schrecken versetzt. Die Überraschung ist groß.

Das kenne ich auch bei mir. Da strampele ich mich mit einer Aufgabe, einer Herausforderung ab, gebe alles, strenge mich an und merke aber, dass ich nicht richtig vorankomme. Gut, dass mir Jesus an die Seite gestellt wird: im Wort der Bibel, im Gespräch mit einem Bruder oder einer Schwester im Glauben, im Gebet oder in einer Predigt. Das lässt mich durchatmen und ans Ziel gelangen.

„Sorgt euch um nichts, sondern in allen Dingen lasst euere Bitten in Gebet und Flehen mit Danksagung vor Gott kundwerden!“

Philipper 4,6

Dranbleiben an Jesus!

Johannes 6,22-27 **Samstag, 25.**

Wie in einem Kinofilm benutzt Johannes hier die Technik der Rückblende. Er versetzt uns noch einmal an den Ort, „wo sie das Brot gegessen hatten“ (V. 23). Die Menschen folgen Jesus und den Jüngern auf dem Seeweg. Ja, das ist manchmal notwendig. Sich nicht abschütteln lassen, wenn die Nachfolge Jesu schwer wird. Gerade dann muss es heißen: Dranbleiben an Jesus! Den Kontakt zu ihm im Bibellesen, Gebet und der Gemeinde der Christen nicht abreißen lassen. Dranbleiben an Jesus!
Jesus stellt aber in der Begegnung mit den Suchenden auch klar, dass sie nicht wirklich ihn gesucht haben. Sie wollen mit Jesu Hilfe ihren Lebensstandard aufwerten. Ihre Mühen sind falsch, so macht er ihnen klar, denn dabei geht es nur um Vergängliches. Jesus bietet aber Speise, „die da bleibt zum ewigen Leben“ (V. 27).

„Sie blieben aber beständig in der Lehre der Apostel und in der Gemeinschaft und im Brotbrechen und im Gebet.“

Apostelgeschichte 2,42

Wochenspruch

Wandelt als Kinder des Lichts; die Frucht des Lichts ist lauter Güte und Gerechtigkeit und Wahrheit. *Epheser 5,8b.9*

Gott hält die ganze Welt in seiner Hand

Psalm 48 **Sonntag, 26.**

Ein weiteres Zionslied, in dem Gott und sein Heiligtum auf dem Zionsberg gepriesen werden. Es wird hier nicht Bezug auf konkrete geschichtliche Ereignisse genommen, sondern die Macht Gottes wird überschwänglich beschrieben.
Er wird als ein Gott beschrieben, der im Chaos dieser Welt einen festen Halt gibt (V. 9), der uns immer wieder seine Gnade erweist und dem alle Ehre gebührt. Gerade jetzt, wo ich diese Zeilen schreibe, drängt sich der Eindruck auf, dass die Welt im Chaos versinkt (Krieg in der Ukraine, Bombardements in Gaza, im Libanon und in Israel). Aber Gott ist immer noch Gott. „Er ist's, der uns führet." (V. 15). Darauf dürfen wir uns verlassen und können deshalb hoffnungsvoll in die Zukunft schauen. Denn Gott hat eine Zukunft mit seiner Welt.

„Denn ich weiß wohl, was ich für Gedanken über euch habe, spricht der HERR: Gedanken des Friedens und nicht des Leides, dass ich euch gebe Zukunft und Hoffnung." *Jeremia 29,11*

Mach's gut, Zeichenglaube!

Johannes 6,28-40 **Montag, 27.**

Die Volksmenge und Jesus finden nicht zueinander. Es scheint eine unüberbrückbare Lücke zwischen ihnen zu klaffen, die echtes Vertrauen unmöglich macht: die Zeichenforderung der Leute. Eine Sackgasse darum, weil der Unglaube ständig Zeichen fordert, sich aber zugleich durch kein Zeichen überwinden lässt. Man könnte sagen: Zeichen sättigen nicht, sondern produzieren neuen Hunger. Diesen Hunger wird nur Jesus selbst stillen können. Gott lässt nicht Brot oder andere göttliche Geschenke vom Himmel regnen, sondern er schenkt uns seine Anwesenheit in Person und damit alles, was wir entscheidend brauchen. Deswegen ist Jesus das eine (letzte) Brot, das Gott schenkt und das unseren Hunger stillt. Der Zeichenglaube möchte erst Garantien, bevor er vertraut (V. 30). Jesus aber lädt uns ein, ihm als Person zu vertrauen und ihm zu folgen.

„Euer Herz erschrecke nicht! Glaubt an Gott und glaubt an mich!“
Johannes 14,1

Einnehmen und wirken lassen

Johannes 6,41-59 **Dienstag, 28.**

Der Riss zwischen den Menschen und Jesus vertieft sich. Aus anfänglicher Skepsis wird Frust (V. 41). Verständlich! Die Menschen sind wie gefangen in ihren menschlichen Reaktions- und Bewertungsmechanismen. Jesus sagt, dass echter Glaube die eigenen, allzu menschlichen Möglichkeiten übersteigt (V. 44). Glaube ist nie nur eigene Entscheidung, sondern immer auch Gottesgeschenk. Jesus bleibt in der angefangenen Bildsprache und macht deutlich, dass, wer ihn als Brot „isst“ (d. h. an ihn glaubt, ihn in sich aufnimmt), das Leben der neuen, ewigen Welt in sich trägt. Die Anklänge ans Abendmahl (Das ist mein Leib; das ist mein Blut) und damit an den Kreuzestod Jesu sind für uns klar erkennbar. Für die Juden bleibt es eine absurde, kannibalische Debatte. Glaube heißt, Jesus, den Gekreuzigten, anzunehmen, ja einzunehmen und wirken zu lassen.

„Ich lebe, doch nun nicht ich, sondern Christus lebt in mir.“
Galater 2,20

Jesus, du bist es!

Johannes 6,60-71 **Mittwoch, 29.**

Das Unverständnis und der Frust der Menschenmenge hat den Jüngerkreis erreicht. Aber Jesus macht jetzt keinen Rückzieher (... war nicht so gemeint), sondern er bereitet seine Jünger auf ein Leben im Geist vor, das „von oben her“ gegeben wird (V. 65). Menschliche Möglichkeiten kommen an ihr Ende. Ein Leben im Glauben ist nicht der Gipfel menschlicher Erkenntnis, sondern es ist ein „Lebendig-gemacht-Werden“, und in diesem Sinne eine Verwandlung. Wer dies (noch) nicht erlebt hat, wird sich abwenden (müssen). So ging es auch einigen Jüngern (V. 66). Wer es hingegen erleben durfte, wird mit Petrus sinngemäß sagen können: „Jesus, du bist es." An Jesus scheiden sich sprichwörtlich die Geister. Wir dürfen uns von Jesus fragen lassen: Wie steht es um deine „Verwandlung"?

„Das Wort vom Kreuz ist eine Torheit denen, die verloren werden; uns aber, die wir selig werden, ist es Gottes Kraft." *1. Korinther 1,18*

Was ist meine Motivation?

Johannes 7,1-13 **Donnerstag, 30.**

Das Laubhüttenfest steht an, eines der großen religiösen Feste der Juden. Da sind natürlich auch die Brüder Jesu dabei. Und Jesus muss auch hin – meinen sie. Wer öffentlich etwas gelten will, der muss auch öffentlich auftreten. Das sagen sie ihm. Jesus sagt: Nein! Der weitere Text macht deutlich, dass Jesus nicht die Reise zum Laubhüttenfest ablehnt. Aber er geht nicht aus dieser Motivation. Was Jesu Brüder sagen, wird heute von vielen so gelebt: öffentlich leben, alles „posten", möglichst viele „Follower" bei Instagram sammeln, das macht mein Leben wertvoll. Jesus sagt: Nein! Nicht die Öffentlichkeit ist wichtig, nicht der Schein und auch nicht der scheinbare Wert, den man daraus ableitet. Sondern es geht um das Ziel und darum, das Richtige zum richtigen Zeitpunkt zu tun. Was habe ich heute geplant und was ist meine Motivation dafür?

„Alle eure Dinge lasst in der Liebe geschehen!" *1. Korinther 16,14*

Woher kommt Autorität?

Johannes 7,14-24 **Freitag, 31.**

Jesus ist auf dem Laubhüttenfest angekommen. Anstatt sich ins Getümmel zu stürzen, geht er direkt in den Tempel. Und er beginnt zu lehren und alle Zuhörer staunen. Woher hat er das? Er ist doch Zimmermann, oder? Jesus erklärt ihnen, warum er mit Autorität lehren kann: Weil er sich seine Autorität nicht selbst genommen, sondern verliehen bekommen hat. So ist das mit guter Autorität. Ein Präsident erhält seine Autorität von denen, die ihn gewählt haben, dem Volk. Jeder Bundesminister erhält seine Autorität vom Bundespräsidenten, der ihn ernennt. Wenn jemand aus eigener Autorität handelt, geht es meistens schief. Die Geschichte hat genug Beispiele dafür. Darum ist das auch für uns heute eine wichtige Frage: Wo habe ich Autorität verliehen bekommen und wo nehme ich sie mir selbst?

„Wer aus sich selbst redet, der sucht seine eigene Ehre; wer aber die Ehre dessen sucht, der ihn gesandt hat, der ist wahrhaftig."

Johannes 7,18

Monatsspruch August

Jesus Christus spricht:
Ich bin gekommen, damit sie das Leben haben und es in Fülle haben.

Johannes 10,10 (E)

Fragen und Antworten (Teil 1)

Johannes 7,25-39 **Samstag, 1.**

Obwohl Jesus mit Vollmacht und Autorität lehrt und den Menschen die Schrift auslegt, entfacht das Ganze offenbar mehr Fragen als Antworten. Wer ist dieser Mann? Ist er etwa der Christus, auf den wir schon so lange warten? Was bedeutet das, was er von sich selbst sagt? Und wir denken vielleicht: Sind die alle schwer von Begriff? Und dabei vergessen wir, dass wir als Christen eine andere Perspektive haben. Wir kennen schon das Kreuz, wir wissen, was Jesus getan hat. Wir wissen, dass er für unsere Schuld gestorben ist. Wir wissen, dass er auferstanden ist und den Tod besiegt hat. Wir wissen, dass er jetzt zur Rechten Gottes sitzt und gleichzeitig durch den Heiligen Geist in uns wohnt. Dadurch können wir sein Wort verstehen und glauben. Und ihm nachfolgen und in seinem Segen wandeln. Danke Jesus!

„Wer an mich glaubt, von dessen Leib werden, wie die Schrift sagt, Ströme lebendigen Wassers fließen.“ *Johannes 7,38*

Wochenspruch

Wem viel gegeben ist, bei dem wird man viel suchen; und wem viel anvertraut ist, von dem wird man umso mehr fordern.

Lukas 12,48

Und wo ist Gott?

Psalm 53 **Sonntag, 2.**

Vierzig Jahre Wüstenweg Israels, Kreuzzüge, Auschwitz, Krieg in der Ukraine, millionenfaches Sterben unschuldiger Kinder ... Wo ist da eigentlich Gott? Doch vor dieser steht die Frage Gottes: „Mensch, wo bist Du?“ (1Mose 3,9). Seit jeher missbrauchen Menschen die ihnen von Gott geschenkte Freiheit und trauen sich selbst mehr als ihm – auch und gerade die, die bei passender und unpassender Gelegenheit ihre Hand zum Schwören auf die Bibel legen. Ihr eigenmächtiges Handeln bringt Gottes ganze gute

Schöpfung zu Fall – und dann fragen sie ihn: „Warum lässt du das zu?" Gott macht sich direkt nach dem Sündenfall auf die Suche nach seinen verlorenen Kindern. So unbegreiflich, wie vieles Böse in dieser Welt für uns ist, muss uns auch Gottes Gnade sein. Denn die Hilfe aus Zion ist da. Warum eigentlich?

„Sie sind allesamt Sünder (...) und werden ohne Verdienst gerecht aus seiner Gnade durch die Erlösung, die durch Jesus Christus geschehen ist." *Römer 3,23f.*

Fragen und Antworten (Teil 2)

Johannes 7,40-52 **Montag, 3.**

Jetzt bricht der Streit offen aus. Wer ist Jesus? Die religiöse Leiterschaft hat ihr Urteil längst gefällt: Jesus muss weg! Unsere Macht ist gefährdet. Das Volk sucht Antworten und Orientierung. Einige sagen, Jesus ist ein Prophet, andere, er ist der Christus. Die Knechte, die Jesus im Auftrag der Pharisäer festnehmen sollten, kommen mit leeren Händen wieder. Weil sie nur ehrfürchtig staunen können über das, was Jesus lehrt: „Noch nie hat ein Mensch so gesprochen." (V. 46) Die Pharisäer begegnen allen nur mit Verachtung. Bis heute scheiden sich an dem Namen Jesus die Geister. Und bis heute ist diese Frage hoch aktuell: Wer ist dieser Mann? Wer ist Jesus für dich? Ein Prophet? Ein guter Redner? Oder dein persönlicher Retter? Von der Antwort hängt dein Leben ab. In Zeit und Ewigkeit!

„Ich bin die Auferstehung und das Leben. Wer an mich glaubt, der wird leben, ob er gleich stürbe." *Johannes 11,25*

Das Geschenk der Vergebung

Johannes 7,53–8,11 **Dienstag, 4.**

Die Pharisäer haben einen Plan. Sie wollen Jesus dazu bringen, das Gesetz zu brechen. Also bringen sie eine Frau in den Tempel, die auf frischer Tat beim Ehebruch ertappt wurde. Nach dem

Gesetz steht darauf die Todesstrafe durch Steinigung. Was wird Jesus tun? Das Gesetz brechen? Das wäre endlich ein Anklagepunkt. Aber Jesus bleibt Herr der Lage. Er bestreitet das Gesetz nicht, sagt aber: „Wer unter euch ohne Sünde ist, der werfe den ersten Stein auf sie." Niemand wirft, alle gehen weg. Und Jesus? Er sagt zu der Frau: „So verdamme ich dich auch nicht." Und der einzig Sündlose dieser Szene ist auch der Einzige, der diese Vergebung aussprechen kann. Es ist keine billige „Schwamm drüber"-Gnade. Jesus sagt auch: „Geh hin und sündige hinfort nicht mehr."

„Wenn wir aber unsre Sünden bekennen, so ist er treu und gerecht, dass er uns die Sünden vergibt und reinigt uns von aller Ungerechtigkeit." *1. Johannes 1,9*

Durchblick

Johannes 8,12-20 **Mittwoch, 5.**

Es ist kein Zufall, dass Jesus diese Worte im Tempel spricht. Hier erwartete der gottesfürchtige Israelit, Gott besonders nahe zu kommen. Dennoch kann es sein, dass ein Mensch seine Opfer, seinen Dank und seine Bitten vor Gott darbringt und doch nicht erkennt, was direkt vor seinen Augen ist. Jesus will den Pharisäern zeigen, wer er wirklich ist. Doch trotz all ihres Wissens und ihrer Frömmigkeit können und wollen sie es nicht sehen. Stattdessen halten sie den Anspruch Jesu für Gotteslästerung. Sie verschließen nicht nur ihre Augen, sondern auch ihr Herz für die Wahrheit. Das ist die Tragik, dass manchmal gerade die, die alles richtig machen wollen, nicht erkennen, wer Jesus ist. Nur durch ihn können wir den Vater erkennen, Gott selbst.

„Wenn ihr bleiben werdet an meinem Wort, so seid ihr wahrhaftig meine Jünger und werdet die Wahrheit erkennen, und die Wahrheit wird euch frei machen." *Johannes 8,31-32*

Klarheit

Johannes 8,21-30 **Donnerstag, 6.**

Was Johannes in seinem Evangelium niederschreibt, sind verdichtete Zusammenfassungen der Worte Jesu. Immer wieder hat er sie in seinem Inneren erklingen lassen und seinen Freunden und Schülern weitergegeben. Deutlich steht ihm Jesus vor Augen, der angesichts seines nahenden Sterbens am Kreuz um die Herzen der Menschen ringt. Dabei übersteigt das, was Jesus ihnen zu sagen hat, ihr Verständnis unendlich. Manches können sie begreifen, anderes bleibt ihnen unbegreiflich. Wie kann der Menschensohn, der von Gott eingesetzte Weltenrichter, von dem das Buch Daniel spricht, leiden und sterben? Doch das Wenige, das sie verstehen können, reicht aus, um zum Glauben an ihn zu kommen. Und das ist auch das Ziel von Johannes. Seine Leser sollen Jesus erkennen.

„Denn auch der Menschensohn ist nicht gekommen, dass er sich dienen lasse, sondern dass er diene und sein Leben gebe als Lösegeld für viele.“ *Markus 10,45*

Freiheit

Johannes 8,31-36 **Freitag, 7.**

Es geht bei der Wahrheitsfrage um mehr als um Ansichten und Meinungen. Erkenntnis der Wahrheit ist nicht nur eine Frage des Kopfes. Das macht Jesus hier klar. Lüge und Täuschung führen in die Unfreiheit. Doch Wahrheit befreit. Licht vertreibt die Dunkelheit. Die Worte Jesu stoßen auf Ablehnung. Gerade die, die Gottes Wahrheit bewahren und verbreiten sollten, verschließen sich vor ihm und seinem Anspruch. Jesus hält ihnen den Spiegel vor. Wer noch an die Sünde gebunden ist, ist in Wirklichkeit fern von der Wahrheit. Zugleich zeigt Jesus den Weg in die wahre Freiheit auf: Wer seine Worte aufnimmt und danach lebt, wird frei von den Fesseln. Diese Einladung gilt allen, die sich von Jesus und seinen Worten leiten lassen.

„Der Geist des Herrn ist auf mir, weil er mich gesalbt hat und gesandt, zu verkündigen das Evangelium den Armen, zu predigen den Gefangenen, dass sie frei sein sollen." Lukas 4,18

Kindschaft

Johannes 8,37-45 **Samstag, 8.**

Die Gesprächspartner Jesu pochen auf ihr geistliches Erbe. Als Nachkommen von Abraham gehören sie doch zu Gottes Volk! Doch Jesus legt den Finger auf die Wunde. Gerade in ihrer Ablehnung seiner Person zeigt sich, dass sie sich weit von dem geistlichen Erbe Abrahams entfernt haben. Statt wie er auf Gottes Stimme zu hören und ihm zu vertrauen, leihen sie ihr Ohr dem Teufel. Das zeigt sich darin, dass sie Jesus umbringen wollen. So kämpfen sie gegen Gottes Wahrheit. Sie machen sich zu Handlangern des Bösen. Mit drastischen Worten versucht Jesus, sie zur Umkehr zu bewegen. Wenn sie an ihn glauben, folgen sie wirklich Abraham und werden zu Kindern Gottes.

„Seht, welch eine Liebe hat uns der Vater erwiesen, dass wir Gottes Kinder heißen sollen – und wir sind es auch! Darum erkennt uns die Welt nicht; denn sie hat ihn nicht erkannt." 1. Johannes 3,1

Wochenspruch

Wohl dem Volk, dessen Gott der HERR ist, dem Volk, das er zum Erbe erwählt hat! Psalm 33,12

Den Gipfel erreicht

Psalm 59,1-11;15-18 **Sonntag, 9.**

„Wenn man ins Tal zurückkehrt, nachdem man zwei oder drei Tage in den Bergen verbracht hatte, sieht man das Leben immer aus einer eigentümlichen Distanz (...) Dinge, die zuvor wichtig erschienen, die einen besorgt und ängstlich machten, wirken auf einmal recht unerheblich." (Joe Simpson)

Die Verse eins bis neun muten wie eine schwierige Wanderung durch unwegsames Gelände an. Überall lauern Gefahren. Dann plötzlich in V. 10 wendet sich alles. David richtet seinen Blick auf den, der alles wenden kann. Es ist, wie wenn er den Gipfel erreicht hat. Nun kann er getrost hier oben stehen und auf die Schwierigkeiten herabsehen (V. 11).
Aus dieser neu gewonnenen Perspektive heraus kann er im Folgenden das Ergehen seiner Feinde an Gott abgeben. Für ihn zählt nur noch seine eigene Begegnung mit diesem Gott. Und so wird ihm seine morgendliche Gebetszeit immer wieder neu wie das Erreichen dieses Gipfels, auf dem er immer Neues entdeckt. Nimmst du dir diese Zeit auch täglich?

„Meine Stärke, dir will ich lobsingen, denn Gott ist mein Schutz, mein gnädiger Gott.“ *Psalm 59,18*

Ewigkeit

Johannes 8,46-59 **Montag, 10.**

Der Konflikt spitzt sich zu. Nach wie vor pochen Jesu Gegner auf ihre Abstammung von Abraham. Darin suchen sie ihre Ehre. Zugleich wollen sie ihm die Ehre abschneiden und beschimpfen ihn als Nichtjuden, ja als von einem bösen Geist besessen. Doch Jesus offenbart ihnen den wahren Grund seiner Ehre. Sie gründet nicht auf seiner irdischen Herkunft. Es ist genau umgekehrt: Abraham und die ganze Geschichte Israels haben ihren Ursprung in ihm. Seine wunderbaren Werke und seine Sündlosigkeit bezeugen, dass er die Wahrheit spricht. Doch dass Jesus sich selbst als der „Ich bin“ bezeichnet, als der ewige Gott, bringt für sie das Fass endgültig zum Überlaufen. Nun gibt es nur zwei Möglichkeiten: Jesus als Gottes Sohn anzuerkennen oder zu versuchen, ihn loszuwerden. Vor dieser Entscheidung stehen auch wir.

„Ich bin die Auferstehung und das Leben. Wer an mich glaubt, der wird leben, ob er gleich stürbe.“ *Johannes 11,25*

„Wie kann ein guter Gott so Schreckliches zulassen?"

Johannes 9,1–12 **Dienstag, 11.**

Seit einigen Jahren hat das Thema „blind sein" eine besondere Bedeutung für mich – seit ich weiß, dass Kinder aus meiner Familie bis zu ihrem Erwachsenenalter vollständig erblindet sein werden. Den kleinen Scherz, „ich glaube, ich bin blind", wenn ich mal etwas nicht finden kann, verkneife ich mir seither. „Blind sein", „im Dunkeln stehen" ist zu dramatisch, als dass man darüber einen Witz machen könnte. Das weiß ich nun! Was aber, wenn all das „nur" passiert, damit Gottes Werke sichtbar werden? Wie würde ich reagieren? Anklagend? Verzweifelt?
Dem Mann in der Geschichte heute ist genau das passiert. Wir werden ihn in den nächsten Tagen begleiten, um mitzuerleben, wie er damit umgegangen und wie es ihm weiterergangen ist. Aber schon jetzt stellt er uns vor die Frage: „Darf Gott dies mit mir, mit meinem Leben auch tun?"

„Es hat weder dieser gesündigt noch seine Eltern, sondern es sollen die Werke Gottes offenbar werden an ihm." *Johannes 9,3*

Verraten und verkauft

Johannes 9,13-23 **Mittwoch, 12.**

Ist es nicht genug, dass er sein Leben lang blind gewesen und von der Gesellschaft als ein „in Sünden Geborener" verachtet wurde? Jetzt hat er das unendliche Glück, dass ihn dieser Jesus gesund gemacht hat und keiner freut sich mit ihm. Wieder wird er von allen schief angesehen, selbst von seinen Eltern. War seine Genesung nicht Beweis genug, dass Gott am Werk war?
Geht es dir auch manchmal so, dass du etwas Wunderbares mit Gott erlebst und niemand sich mit dir freut? Zufall, Einbildung, „na ob das wahr ist", sind die allzu häufigen Kommentare der anderen. Am liebsten möchte man schweigen. Doch schweigen geht nicht. Gottes Güte ist zu überwältigend!

„Wir können's ja nicht lassen, von dem zu reden, was wir gesehen und gehört haben." *Apostelgeschichte 4,20*

Es kann noch schlimmer werden

Johannes 9,24-34 **Donnerstag, 13.**

„Und wenn du denkst, es kann nicht schlimmer werden, wird es schlimmer (...)" (Nicholas Sparks)
Wieder wird er vor die Pharisäer geführt. Ob er aufgeregt war? Was seine Eltern dort wohl gefragt worden sind? Sie hatten es nicht leicht mit ihm. Er war blind und sie und er wurden schief angesehen. Auch arbeiten konnte er nicht und sie haben ihn auch als Erwachsenen mit durchfüttern müssen. Die paar Almosen reichten nie. Aber jetzt – es würde sich alles ändern: Ich war blind, nun kann ich sehen!
Diese Gewissheit bezeugt er vor den Hochgelehrten und auch dass dieses Eingreifen nur durch Gott zu erklären sei. Als sie ihn nochmals nach dem Ablauf der Heilung fragen, ist er sich sicher: Auch sie wollen Jesu Nachfolger werden.
Und dann der Schock. Sie stießen ihn nicht nur aus der menschlichen Gesellschaft aus, das war er gewohnt, sondern auch aus dem Tempel und der Gemeinschaft mit Gott. Aber auch am tiefsten Punkt seines Lebens bleibt er beim Tempel – bei Gott. Vielleicht war der Schrei des verzweifelten Vaters auch sein Gebet:

„Ich glaube, hilf meinem Unglauben." *Markus 9,24*

„Man sieht nur mit dem Herzen gut (...)"

Johannes 9,35-41 **Freitag, 14.**

„(...) das Wesentliche ist für die Augen unsichtbar." (Der kleine Prinz/Antoine de Saint-Exupéry)
In seiner tiefen Verzweiflung findet Jesus ihn ein zweites Mal und diesmal heilt er nicht seine leiblichen Augen, sondern seine geistlichen. Was er schon vor den Pharisäern bezeugt hat, wird in ihm Gewissheit: Jesus ist der seit Langem erwartete Messias. Und er betet an.

So wird dieser Mann zu einer lebendigen Gegenstandslektion, einem stetigen Stachel für alle, aber besonders für die Pharisäer, die sich ja als Schriftkundige für „sehend" hielten. Sie kannten Gottes Gebote und wussten, was er wollte. Oder etwa nicht?
Dieser Mann stellt sie – und uns heute – vor die Frage: „Haben wir Gottes Schriften richtig verstanden?" Jeder muss sich selbst Rechenschaft abgeben: „Wollen wir Jesus blind vertrauen oder unserer eigenen Sichtweise folgen?"

„(...) und komm, folge mir nach!" *Markus 10, 21*

Jesus – die Tür zum Leben

Johannes 10,1-10 **Samstag, 15.**

Im Orient gab es neben festen Gebäuden auch rustikale Ställe auf den Feldern. Sie hatten neben aufgeschichteten Steinen nur eine Öffnung in der Mauer. Wenn alle Schafe drinnen waren, dann legte sich der Hirte mit seinem Körper in den Eingang. Dieses Bild verwendet Jesus, wenn er von sich sagt: „Ich bin die Tür." Nur durch Jesus haben wir Zugang zur Weide, zum Leben und zum Schutzraum. Dafür hat Jesus sogar sein eigenes Leben am Kreuz eingesetzt. Im Augenblick seines Todes ist der Tempelvorhang im Allerheiligsten zerrissen. Jetzt steht die Tür zum Vater im Himmel für jeden Menschen offen, der sich Jesus anvertraut. Gleichzeitig stellt sich Jesus aber auch schützend vor uns, seine Gemeinde, wenn falsche Hirten sie schädigen oder in die Irre führen wollen. Wie erfahre ich heute seinen Schutz?

„Jesus spricht zu ihm: Ich bin der Weg und die Wahrheit und das Leben; niemand kommt zum Vater denn durch mich." *Johannes 14,6*

Wochenspruch

Gott widersteht den Hochmütigen, aber den Demütigen gibt er Gnade. *1. Petrus 5,5b*

Groß ist unser Gott

Psalm 145 **Sonntag, 16.**

Dieses Loblied Davids ist nach dem hebräischen Alphabet gegliedert. So konnte man es sich besser einprägen. Wir werden eingeladen, in das Lob Gottes, seiner Güte, unerforschlichen Größe, ewigen Herrschaft und barmherzigen Fürsorge einzustimmen. Auch wenn, damals wie heute, bei David wie bei uns, viele Lebenssituationen eine ganz andere Sprache sprechen, so dürfen wir doch die Königsherrschaft Gottes herbeisingen und -beten. Gleichzeitig entdecken wir heute schon seine Güte und Größe in unserem Alltag. Durch Jesus kommt die Königsherrschaft uns neu nahe. Er ist der ewige König aus dem Haus Davids, und er wird wiederkommen. Stimmen wir doch allein oder mit anderen in dieses Loblied seiner Größe ein. Damit locken wir auch andere zu neuer Hingabe und Vertrauen zu Jesus, dem wahren König.

„Ich bin ein König. Ich bin dazu geboren und in die Welt gekommen, dass ich die Wahrheit bezeuge." Johannes 18,37

Jesus – die Liebe in Person

Johannes 10,11-21 **Montag, 17.**

Die Schafe sind bis heute vielen Gefahren ausgesetzt. Sie brauchen immer einen Hirten, der sich schützend und kämpfend vor seine Herde stellt. Leider gib es auch falsche Hirten, die bei jedem Angriff die Flucht ergreifen und so die Herde schutzlos wilden Tieren wie dem Wolf ausliefern. Jesus ist anders. Er flieht nicht. Im Gegenteil, er nimmt alle Gefahren auf sich, sogar den Tod, um uns in seine Gemeinschaft einzuladen – und unsere Schuld zu sühnen. Er hat uns geschaffen, mit dem Vater und dem Heiligen Geist. Er hat an uns schon gedacht, ehe unsere Eltern an uns gedacht haben. Er nimmt unsere Sünde und alles Trennende auf sich. Ihm ist jedes einzelne Schaf wichtig. Er sucht das verlorene und will es in seine Gemeinschaft zurückbringen. Gleichzeitig möchte Jesus als der gute Hirte uns in seine Suchbewegung mit hineinnehmen.

„Wer zu mir kommt, den werde ich nicht hinausstoßen."
Johannes 6,37

Jesus – der versprochene Messias

Johannes 10,22-30 **Dienstag, 18.**

Die Besucher des Tempelweihefestes wollten es von Jesus wissen: „Bist du der versprochene Messias?" Jesus antwortet ihnen, indem er eine Grenzlinie markiert. Sie verläuft nicht zwischen Herkunft, Hautfarbe oder Geschlecht, sondern nur zwischen Glauben oder Unglauben. Die einen hören seine Stimme und die anderen scheinen taub für sein Reden zu sein. Wer jedoch auf Jesus hört und ihm vertraut, der hat schon jetzt ein erfülltes Leben mit Ewigkeitsperspektive. Er wird gerne seinen Worten folgen und umsetzen, was er uns sagt. Er mag dabei auch straucheln, doch er steht wieder auf. Gleichzeitig gilt das Versprechen Jesu an seine Leute, dass keine Macht auf dieser Welt sie mehr aus seiner Hand reißen wird. So stehen wir vor der herausfordernden Frage: Wem will ich gehören und mich für Zeit und Ewigkeit anvertrauen?

„Denn er ist unser Gott und wir das Volk seiner Weide und Schafe seiner Hand." *Psalm 95,7*

Jesus – ein Gott für alle

Johannes 10,31-42 **Mittwoch, 19.**

Gute Taten wie Krankenheilungen, das ist für die Juden noch in Ordnung. Doch wenn Jesus behauptet, er sei der Sohn Gottes, dann geht das einfach zu weit. Dieser Anspruch Jesu bedeutet in ihren Augen Gotteslästerung. Sie glauben weder seinen Worten noch den Werken, die er tut. Deshalb wollen sie zur Hinrichtung schreiten und heben Steine auf. Doch Jesus entzieht sich dem und wechselt über den Jordan auf die andere Seite. Dort kommen Menschen zum Glauben an ihn. Dieser Anspruch Jesu, Gottes Sohn zu sein und damit der einzige Weg zum Vater, ruft bis heute unterschiedliche Reaktionen hervor: Die einen möchten Jesus und seine Leute zum Schweigen bringen und die anderen vertrauen ihm ihr Leben an und werden lebendige Zeugen. Lassen wir uns heute neu zum Bekennen ermutigen.

„Denn der Vater hat den Sohn lieb und zeigt ihm alles, was er tut, und wird ihm noch größere Werke zeigen, sodass ihr euch verwundern werdet.“ *Johannes 5,20*

Die Johannesbriefe

Der Verfasser der Briefe nennt sich zu Beginn des 2. und 3. Johannesbriefs „der Älteste“ (Presbyter). Verschiedene Kirchenväter schreiben die Briefe dem Jünger Johannes zu. Papias (geb. 70 n. Chr.) kennt allerdings sowohl den Jünger Johannes als auch einen Presbyter Johannes, eine Leitungsperson in den von Johannes geprägten Gemeinden. In Sprache und Inhalt haben die Briefe viele Gemeinsamkeiten mit dem Johannesevangelium.
Im 1. Johannesbrief fehlen Briefkopf, Absender, Empfänger und Grüße. Das Schreiben sollte in mehreren Gemeinden verlesen werden und scheint eine Sammlung von Mutmach- und Mahnpredigten zu sein. Sechs Grundanliegen werden herausgestellt: (a) Gemeinschaft mit Gott, (b) Absage an die Sünde, (c) Liebe zu Gott und Halten seiner Gebote, (d) Bruderliebe, (e) Absage an die Welt, (f) der Antichrist und das Christusbekenntnis.
Anlass für den Brief dürften Irrlehrer sein, die sagen, sie hätten Gemeinschaft mit Gott und würden im Licht und aus dem Geist leben. Sie halten sich für sündlos und meinen, die Gebote Gottes nicht mehr beachten zu müssen. Sie prahlen mit ihrer Gotteserkenntnis, distanzieren sich jedoch von den Mitchristen. Gottesliebe und Bruderliebe gehören aber zusammen wie zwei Seiten einer Medaille. Weil sie zudem die wahre Gottheit Jesu und sein wahres Menschsein infrage stellen, sieht der 1. Johannesbrief

diese Irrlehrer, die gnostisches Gedankengut vertreten, als Antichristusse.
Der 2. und 3. Johannesbrief sind „Privatbriefe“ an die „auserwählte Herrin mit ihren Kindern“ – vermutlich eine Hausgemeinde – und an Gajus, eine Einzelperson. Es geht jeweils um das Leben aus der Liebe Gottes und in der Liebe zu den Mitchristen und um die Warnung vor Irrlehrern. Der 3. Johannesbrief ist ein Empfehlungsschreiben für den Wandermissionar Demetrius, der in die Gemeinde des Gajus kommen wird. Der Brief gibt uns einen Einblick in die Gründung und Versorgung von (Haus-)Gemeinden durch Wandermissionare in der Frühphase der Kirche.

Das Leben in Person

1. Johannes 1,1-4 — **Donnerstag, 20.**

Johannes hat Angst um die entstandenen Gemeinden. Zu viele Irrlehren drohen sie zu spalten. Mit seinen drei Briefen wirft er seine ganze Erfahrung und geistliche Erkenntnis in die Waagschale. Er ist Augenzeuge der Zeit mit Jesus und zutiefst davon überzeugt, dass das wirkliche Leben nur in Jesus zu finden ist. Er hat es selbst bei ihm gefunden. Er ist nicht beeindruckt von einer Ideologie oder einer besonderen Erkenntnis, sondern er hat Jesus gesehen, hat ihm zugehört, hat ihn berührt, hat ihm sein Herz gegeben. Jesus ist für ihn das volle Leben und deshalb ist sein Einstieg in die drei Briefe eine Freudenbotschaft mit allen Sinnen. Da stellt sich die Frage: Wer ist Jesus für dich? Eine Idee, ein Vorbild oder der Herr deines Lebens? Wie könnte dieses Leben aussehen? Johannes nennt vier Merkmale: sehen, hören, fühlen, weitersagen.

„In ihm liegen verborgen alle Schätze der Weisheit und der Erkenntnis.“
Kolosser 2,3

Die Schuldfrage ist geklärt

1. Johannes 1,5-10 **Freitag, 21.**

Mit der Auferstehung Jesu wurde die Machtfrage unserer Welt geklärt. Jesus bewies, dass er stärker ist als die alles bezwingende Macht des Todes. Am Kreuz Jesu ist auch die Schuldfrage geklärt worden. Keine Sünde, keine Schuld, kein Fehlverhalten muss uns mehr von Gott und voneinander trennen. Deshalb ist Christus gestorben. Wir können wieder Gemeinschaft mit Gott haben und das Miteinander kann wieder in Ordnung kommen. Aber wir müssen es in Anspruch nehmen. Wenn Fehler uns echt leidtun, wir die Finsternis hinter uns lassen wollen, dann kann eine Beichte eine befreiende Erfahrung werden. Das ist nichts „Katholisches“, sondern eine wunderbare biblische Handlung. Mir wird Vergebung zugesprochen und ich bin wieder frei! Auf die Zusage der Vergebung ist Verlass, weil sich Jesus am Kreuz für uns geopfert hat.

„Wenn wir sagen, wir haben keine Sünde, so betrügen wir uns selbst, und die Wahrheit ist nicht in uns.“ *1. Johannes 1,8*

Ich kenne da einen ...

1. Johannes 2,1-6 **Samstag, 22.**

Wenn du vor Gericht angeklagt wirst, brauchst du einen guten Anwalt. Einen, der die Gesetze kennt und weiß, wo ein Ausweg ist. So sieht der Briefschreiber Johannes Jesus als Anwalt, der für uns eintritt. Wir sind schuldig geworden, keine Frage, aber der Anwalt kennt den Ausweg – er selbst ist der Ausweg aus Schuld und Versagen. Der lebendige Gott ist daran interessiert, das Verhältnis zwischen uns und ihm wieder in Ordnung zu bringen. Versöhnung geht immer vom Stärkeren aus – und Gott ist der Starke, der Versöhnung und Befreiung schenkt. In Vers 2 steht: „Versöhnung für die (Sünden der) ganzen Welt.“ Versöhnung gibt es nicht automatisch und nicht ohne unsere Zustimmung. Wenn wir zu unserer Schuld stehen, sie zu Jesus bringen, dann wird er uns vergeben und wir sind frei!

„Wer kann das Verdammungsurteil über sie sprechen? Der Messias Jesus ist für sie gestorben! Ja, noch viel mehr, er ist auferweckt worden." *Römer 8,34 (DB)*

Wochenspruch
Das geknickte Rohr wird er nicht zerbrechen, und den glimmenden Docht wird er nicht auslöschen. *Jesaja 42,3*

Made by God

Psalm 119,73-80 **Sonntag, 23.**

Der Beter weiß, dass er nicht das Produkt eines blinden Zufalls ist, sondern von Gott gewollt, geformt, begabt und beauftragt. Wer das für sich herausgefunden hat, der sieht sich in einem anderen Licht. Er muss sich nicht krampfhaft selbst verwirklichen und immer darauf aus sein, dass er anerkannt und von allen geliebt wird. Nicht die Anzahl unserer Follower bestimmt unseren Wert, sondern über unserem Leben steht: „Made by God." Von daher ist der Christ auch auf der Suche nach Gleichgesinnten. In unserer Zeit, in der die Werbung aggressiv auf uns niederprasselt und Maßstäbe von zweifelhaften Idolen kopiert werden, ist es wichtig, gute christliche Freunde zu haben und unser Selbstbewusstsein in Gott zu finden. So werden wir vielleicht zum Außenseiter, aber in Gottes Reich zum Spitzenreiter.

„Fürchte dich nicht, denn ich habe dich erlöst; ich habe dich bei deinem Namen gerufen; du bist mein!" *Jesaja 43,1*

Geblendet oder erleuchtet

1. Johannes 2,7-11 **Montag, 24.**

Wer mit dem Fahrrad oder Auto unterwegs ist, kennt die gefährliche Situation, wenn ein Auto mit nicht abgeblendetem Fernlicht ihm entgegenkommt. Nichts ist im gleißenden Licht mehr zu erkennen. Man fährt blind in die absolute Finsternis – obwohl so viel Licht da ist. Diese Finsternis meint der Schreiber Johannes: sehenden Auges in die falsche Richtung leben. (V. 11) Selbst ein unerschütterlicher Glaube kann in die falsche Richtung gehen, wenn wir das „neue Gebot“ der Nächstenliebe ignorieren. Wenn jemand behauptet: „Ich kenne Gott“, ihm aber die Dinge völlig egal sind, die Gott von ihm möchte, liegt er absolut falsch. Wie gehen wir, du und ich, mit unseren Mitmenschen um? Du musst nicht alle lieben, die dir heute „blöd“ kommen, aber fange doch mit einem/einer an. Gott will dir dazu die Kraft geben.

„Daran wird jedermann erkennen, dass ihr meine Jünger seid, wenn ihr Liebe untereinander habt.“ *Johannes 13,35*

Lebenslust

1. Johannes 2,12-17 **Dienstag, 25.**

Kennst du das Bild vom breiten und vom schmalen Weg? Gemalt wurde es von Charlotte Reihlen im 19. Jahrhundert. Bis heute hängt es in zahlreichen christlichen Häusern. Der breite Weg, der ins Verderben führt, zeigt die vermeintlich schönen Dinge des Lebens, ist hell ausgeleuchtet, steht für Freude und Lebenslust. Der schmale Weg hingegen ist eng, dunkel und beschwerlich. So sei die Nachfolge Jesu zu verstehen, die ins ewige Leben mündet. Mich ärgert diese Darstellung, denn Gott ist ein Gott der Lebensfreude.
Ist Johannes gegen diese Lebensfreude? Nein! Er beobachtet und warnt seine Leser deshalb: Genuss ja, unbedingt! Das Leben feiern! Das eigene Herz daran hängen: auf keinen Fall! Lasst uns deshalb beides tun: genießen und achtsam sein. Uns darin unterstützen, bei ihm zu bleiben.

„Geht hin und esst fette Speisen und trinkt süße Getränke. Und seid nicht bekümmert; denn die Freude am HERRN ist eure Stärke.“
Nehemia 8,10

Vom Geist gesalbt, zur Wahrheit verpflichtet

1. Johannes 2,18-29 — Mittwoch, **26.**

Es sind umkämpfte Zeiten. Streit und Verwirrung haben sich in der Gemeinde breitgemacht. Menschen, die es fast unmöglich machen, Wahrheit und Lüge zu unterscheiden, die andere wissentlich in die Irre führen. Das Gegenmittel: Erkenntnis! Diese wiederum basiert, so formuliert es Johannes, auf der Salbung, die diejenigen empfangen haben, die Jesus Christus nachfolgen. Diese Salbung ist nichts Äußerliches, wie man es z. B. von der Inthronisation von Königen kennt. Vielmehr ist und wirkt sie innerlich als Heiliger Geist. Auch wenn Johannes wenig von Gottes Geist schreibt in seinen Briefen, ist er natürlich von zentraler Bedeutung. Der erste und wichtigste Resonanzraum für diese Salbung ist die Bibel. Sie darf nicht dazu führen, dass wir vorrangig persönliche geistliche Perspektiven teilen. Was der Heilige Geist vermeintlich zu uns spricht, muss geprüft werden. Erfolgt dies nicht, ist die Gemeinde gefährdet.

„Prüft aber alles und das Gute behaltet." — *1. Thessalonicher 5,21*

Zugehörigkeit

1. Johannes 3,1-10 — Donnerstag, **27.**

„Zu wem gehörst du?", wurde ich als Kind öfter gefragt. Als Antwort wurde mein Familienname oder meine Adresse erwartet. Die mich fragten, waren nicht unangenehm neugierig, es ging auch nie darum, ausgehorcht zu werden. Es ging um Zugehörigkeit. Zugehörigkeit ist auch eines der großen Themen des Johannes. Zugehörigkeit und Identität: Wir heißen Gottes Kinder. Wir sind es! Kindschaft kann niemandem genommen werden, sie gilt für immer!

Diese macht einen Unterschied, sie wirkt sich in unserem Leben aus. Sie will Spuren hinterlassen in der Gesellschaft, bei den Menschen. Und in Ewigkeit werden wir Gott nicht nur sehen, sondern als seine Kinder dem Schöpfer noch ähnlicher werden. Welch Zukunftsperspektive!

„So seid ihr nun nicht mehr Gäste und Fremdlinge, sondern Mitbürger der Heiligen und Gottes Hausgenossen." *Epheser 2,19*

Kennzeichen: Geschwisterliebe

1. Johannes 3,11-18 **Freitag, 28.**

Johannes liebt Klarheit und er liebt die Wortfamilie „lieben". Liebe ist die stärkste Kraft unter uns Menschen. Besonders unter den Kindern Gottes soll sie der Maßstab allen Handelns sein. Hier ist kein Platz für Hass.
Kain und Abel sind das Beispiel misslungener (Geschwister)liebe. Ihre gemeinsame Leidensgeschichte beginnt mit Neid, der in Hass mündet und im Mord endet. Die Warnung an uns ist, Neid nicht zu groß werden zu lassen und achtsam zu sein auf die eigenen Gedanken.
Woran die Liebe unter uns zu erkennen ist? Nicht an Emojis, mit Händen geformten Herzen oder guten Worten, sondern an unseren Taten: Es geht um Gerechtigkeit, ein Eintreten für und nicht gegeneinander. Was kann mein Beitrag sein? Hier in Deutschland, aber auch wenn ich an die Menschen im globalen Süden denke? Wie kann ich mit meinem Handeln heute einen Unterschied machen?

„Alle eure Dinge lasst in der Liebe geschehen!" *1. Korinther 16,14*

Statt „wenn – dann" gilt „auf jeden Fall"

1. Johannes 3,19-24 **Samstag, 29.**

Eigentlich nutzen wir „Wenn-dann-Formulierungen", um einen Zusammenhang zwischen einer Bedingung und einer Konsequenz auszudrücken, z. B. in der Erziehung. Wenn wir dies hier anwenden würden, hätten wir Johannes falsch verstanden. „Wenn" ist hier zu verstehen als „falls" oder „sollte". Und damit geht es hier um nichts mehr als Gottes großartige Zusage: Selbst wenn mich mein Herz verdammt, weil mir die Kraft zum Glauben fehlt, die Ausdauer im Gebet, die Leidenschaft, mich für andere einzusetzen. Selbst dann ist Gott größer als unser Herz. Kein Bedingungsgefüge, sondern Gottes Versprechen. Das ist eine Sache des Herzens und – zugegeben – öfter auch Kopfsache. Gottes Versprechen sind gültig, unabhängig von meinen Gefühlen, Empfindungen, meiner Lebenssituation. Nicht „wenn – dann", sondern „auf jeden Fall".

„Ich habe dich je und je geliebt, darum habe ich dich zu mir gezogen aus lauter Güte." *Jeremia 31,3*

Wochenspruch
Christus spricht: Was ihr getan habt einem von diesen meinen geringsten Brüdern, das habt ihr mir getan. *Matthäus 25,40b*

Widerstand aushalten

Psalm 119,81-88 **Sonntag, 30.**

Wenn sich jemand an Gott und seinen Geboten orientiert, müsste bei dem nicht alles glattgehen? Wer kann etwas dagegen haben, wenn man seinen Nächsten liebt oder sich für die Wahrheit einsetzt? Denkt man! Und doch werden Menschen in ihrem Stolz und in ihrer Selbstgerechtigkeit davon getriggert und machen den anderen das Leben schwer. Es gilt also auch, Widerstand gegen unseren Glauben im Glauben auszuhalten. Statt zurückzuschlagen, wendet sich der Beter des Psalms mit dieser seiner Not an Gott und bittet ihn um Durchhaltevermögen für den Weg der Gebote (V. 88). Und die Menschen, die sich ihm in diesen Weg stellen, befiehlt er Gott und seinem Gericht an, statt selbst zu richten. Von Jesus her ist klar, dass wir damit selbst diejenigen, die sich gegen Gott richten, der Feindesliebe Gottes anbefehlen.

„Selig sind, die um der Gerechtigkeit willen verfolgt werden; denn ihrer ist das Himmelreich." *Matthäus 5,10*

Klarheit und Wahrheit

1. Johannes 4,1-6 **Montag, 31.**

Die Wahrheit, dass die Liebe Gottes erschienen ist und Menschen in die Liebesgemeinschaft mit Gott bringen will, wird darin konkretisiert, „dass Jesus Christus im Fleisch gekommen ist". Dies ist ein entscheidendes Kriterium. Es bedeutet, er ist leibhaftig erschienen, nicht nur als ein inneres, seelisches Geschehen. Die Gemeinschaft mit Gott wird also nicht irgendwo stattfinden, sondern in der konkreten Welt. Die hochfahrenden Gedanken der falschen Propheten führen aus der konkreten Welt hinaus. Sie handeln von einer unmittelbaren Gotteserfahrung. Erfahrung Gottes wird vermittelt durch den Mann Jesus aus Nazareth in unserer begrenzten, bedrängenden Wirklichkeit – nicht jenseits davon. Das gilt es, zu bekennen, als unwiderlegbares Statement in der Öffentlichkeit, in der Jesus Christus verkündigt wird.

„Denn wer mit dem Herzen glaubt, wird gerecht; und wer mit dem Munde bekennt, wird selig." *Römer 10,10*

Monatsspruch September

Besser eine Hand voll mit Ruhe
als beide Fäuste voll mit Mühe
und Haschen nach Wind.

Prediger 4,6

Das Hohelied der Liebe

1. Johannes 4,7-21 **Dienstag, 1.**

Liebe ist keine Entscheidung, sondern ein Widerfahrnis. Wir lieben, weil uns Liebenswertes begegnet. Dass Gott zuerst geliebt hat, zeigt, nicht der Mensch sehnt sich nach Gott, sondern Gott sehnt sich nach den Menschen. Nicht, weil sie liebenswert sind, sondern weil er sie retten will. Es ist die rettende Liebe Gottes, die als Urform für die wahre Liebe gilt. Da ist wieder das für Klarheit sorgende Kriterium für die Wahrheit der Liebe: dass der Vater den Sohn gesandt hat als Retter der Welt. Gott ist die Liebe. Glauben bedeutet: keine Angst haben müssen, keine Angst machen, in Ängsten dem anderen beistehen. In den konkreten Leiden und Nöten der Welt soll diese Liebe wieder wahr werden. Wahre Gemeinschaft mit Gott kann nur sichtbare Folgen haben.

„Du sollst den Herrn, deinen Gott, lieben von ganzem Herzen, von ganzer Seele und von ganzem Gemüt." „Du sollst deinen Nächsten lieben wie dich selbst." *Matthäus 22,37.39*

Erkenntnis und Gehorsam

1. Johannes 5,1-5 **Mittwoch, 2.**

Weil Gott zuerst liebt, sind die, die seiner Liebe glauben, „aus Gott geboren". Aus dieser innigen Verbindung mit dem göttlichen Vater rührt dann folgerichtig die innige Verbindung mit denen, die ebenfalls der Liebe Gottes glauben. Der rettenden Liebe Gottes zu glauben, konkretisiert sich im Befolgen der Gebote Gottes. Die Welt ist der Bereich, in dem die Gebote Gottes keine Beachtung finden. Kennzeichen der Welt sind: Gemeinschaft, die zuerst mir selbst dient und darum andere ausschließt; Handeln nach eigenem Gutdünken; lieben, was einem gefällt. Zur Welt gehören alle, die von der rettenden Liebe Gottes in Jesus keine Ahnung haben. Weil aber Gottes Gebote zum Leben, zu wahrer Gemeinschaft weisen, besiegt der Glaube die Welt, die nicht für das Leben einsteht. Darum die Ermunterung: Seine Gebote sind nicht schwer.

„Ihr sollt nicht meinen, dass ich gekommen bin, das Gesetz oder die Propheten aufzulösen.“ *Matthäus 5,17*

Geist – Wasser – Blut – Zeugnis

1. Johannes 5,6-12 **Donnerstag, 3.**

So wenig der Glaube eine der menschlichen Vernunft gemäße Einsicht ist, so wenig ist er blindes Zutrauen und Sichausliefern. Wie bei einem jüdischen Gerichtsverfahren mindestens zwei Zeugen übereinstimmen müssen in ihren Aussagen, so werden hier Wasser, Blut und Geist als Zeugen aufgerufen, die übereinstimmend reden. Sie reden vom gehorsamen Gottessohn, der in die Welt gekommen ist zur Versöhnung für unsere Sünden im Kreuzestod Jesu. Aus der Wunde in Jesu Seite flossen durch den Speer des Soldaten Blut und Wasser. Es ist auch nicht abwegig, an die Sakramente von Taufe und Abendmahl zu denken. Der Heilige Geist kommt als dritter Zeuge hinzu. Wasser und Blut vergewissern uns auf Erden der ewigen Gemeinschaft mit Gott. Sie bezeugen das ewige Leben dem, der an den Gottessohn Jesus glaubt.

„Denn drei sind, die das bezeugen: der Geist und das Wasser und das Blut; und die drei stimmen überein.“ *1. Johannes 5,7f*

Die Zuversicht der Glaubenden

1. Johannes 5,13-21 **Freitag, 4.**

Das verheißene ewige Leben soll zu einem mit heller Wachheit erfassten Leben werden. So sicher wie die Glaubenden „wissen“, dass sie ewiges Leben und den Gottessohn „haben“, so gewiss dürfen sie der Gebetserhörung sein. Nicht irdische Dinge sind im Blick, sondern die Störung des Gottesverhältnisses bei Glaubenden. Was „Sünde zum Tode“ sein könnte, wird nicht erklärt, sie bleibt ganz Gott überlassen. Einer „Sünde nicht zum Tode“ kann durch Fürbitte begegnet werden zur gründlichen Neubelebung eines gestörten Gottesverhältnisses. Auch wenn in Spannung zum zuvor Gesagten jetzt die Rede davon ist, dass die von Gott Geborenen nicht sündigen, so wird hervorgehoben, wie Gott diese bewahrt vor dem Zugriff des Bösen. Das macht den Unterschied zur Welt aus, die von der rettenden Liebe Gottes nichts weiß.

„Der Satan hat begehrt, euch zu sieben wie den Weizen. Ich aber habe für dich gebeten, dass dein Glaube nicht aufhöre." Lukas 22,31f

Liebe und Wahrheit

2. Johannes 1-13 **Samstag, 5.**

Was sehen und erleben Menschen, wenn sie – vielleicht zum ersten Mal – in unsere Gemeinde kommen? Was ist unsere DNA, unser Herzschlag? Liebe und Wahrheit sind die großen Worte in den Johannesbriefen, die zwei unzertrennlichen Zwillingsschwestern. Wo die eine ist, kann die andere nicht weit weg sein. Der 2. Johannesbrief, an die „erwählte Herrin", die Gemeinde, will noch einmal erinnern und zusammenfassen, was wesentlich ist: Lasst euer (Gemeinde-)Leben von der Wahrhaftigkeit und der Liebe prägen! Entscheidend sind nicht dogmatische oder ethische Richtigkeiten. Nicht endlose Diskussionen, Rechthaberei und Ausgrenzung von Menschen. Entscheidend ist die Orientierung an Jesus, der selbst die Wahrheit ist und sich allen Menschen bedingungslos zugewandt hat. Fragen wir uns deshalb: Wie können wir diese Liebe in den Begegnungen am heutigen Tag widerspiegeln?

„Das ist die Liebe, dass wir wandeln nach seinen Geboten."
2. Johannes 6

Wochenspruch
Lobe den HERRN, meine Seele, und vergiss nicht, was er dir Gutes getan hat. Psalm 103,2

Der Geschmack der Hoffnung

Psalm 146 **Sonntag. 6.**

Auf Menschen, vor allem auf „die da oben“ (Fürsten), kann man sich nicht wirklich verlassen! In diesen Stoßseufzer können wir einstimmen. Auch in die Begeisterung des Psalmbeters? Das Lob Gottes springt ihm aus allen Knopflöchern. Das ist nicht immer so. Das Loben steht in einer Spannung zum Klagen; beides gehört zu unserem Leben. Was uns der Beter in diesen zehn Versen erzählt, ist keine Schönfärberei, sondern ein „Kompendium biblischer Theologie“, das Manna, das uns gerade in schweren Zeiten nähren will. Das Lob Gottes schmeckt nach Hoffnung! Im Lob Gottes wird die Hoffnung konkret und erfahrbar, weil wir im Loben unser Leben im Licht dieser Hoffnung verstehen. Was verändert sich für mich heute durch diesen Perspektivwechsel?

„Hoffnung aber lässt nicht zuschanden werden.“ *Römer 5,5*

Vorbild sein

3. Johannes 1-15 **Montag. 7.**

„Net gemeckert isch genug gelobt“, sagt man im Schwäbischen. Johannes sieht das ganz anders. Er richtet sein knappes, aber herzliches Schreiben an Gajus, einen Freund und ehemaligen Schüler, und lobt ihn kräftig. Dieser Gajus hat – vermutlich, ohne viele Worte zu machen – sein Herz und seine Tür für andere Menschen, auch für Fremde, geöffnet. Gastfreundschaft ist sein Kennzeichen, seine Gabe. So wie Johannes Gajus lobt, so traut er sich auch, Diotrephes kritisch zu hinterfragen. Dieser will in der Gemeinde gerne wichtig sein, eine führende Rolle übernehmen, hält die Türen der Gastfreundschaft aber verschlossen, vielleicht weil er will, dass man „unter sich“ bleibt. Kennen wir das auch? Die Botschaft für Gajus und uns heute: Bleib nicht im Negativen hängen! Suche dir positive Vorbilder wie Demetrius und denke daran: Du bist selbst ein Vorbild für andere!

„Nimm nicht das Böse zum Vorbild, sondern das Gute."

3. Johannes 11

Die Propheten Zefanja und Habakuk

Beide Propheten wirken zur Zeit des Königs Josia (639–609 v. Chr.). Zefanja um 630, also vor der Kultreform dieses frommen Königs (ab 622); Habakuk um 610 nach dem Untergang Ninives, der den Übergang von Assyriens brutaler Herrschaft zur Machtübernahme der Babylonier im Vorderen Orient einläutet. Zefanjas Worte sind geordnet: (a) Gerichtsworte über Juda (1,2–2,3; 3,1-8), (b) Gerichtsworte über die Völker (2,4-15), (c) Heilsworte für Juda und die Völker (3,9-20). Zefanja nennt als Grund für den nahen (Gerichts-)„Tag des Herrn" (1,14-18) den Baals- und Sternkult, das Überhandnehmen von Raub, Betrug und Lüge sowie die völlige Gleichgültigkeit gegenüber Gott (1,4-12). Er erhofft die Umkehr des Volkes zu Gerechtigkeit und Demut (2,1-3). Das Gericht über die Nachbarvölker trifft schließlich Assyrien (2,13) und zuletzt Jerusalem (3,3f). Das Gerichtsfeuer erweist sich als Reinigungsfeuer, denn Gott will dafür sorgen, dass die Völker ihn mit „reinen Lippen anrufen" (3,9) und der Rest Israels ihm ohne Furcht und in großer Freude dienen kann. Gott wird vergeben und seine Gegenwart der wahre Schutz für alle sein (3,15ff). Das Buch Habakuk beginnt mit einem Klagegebet über die Untaten der Besatzungsmacht Assyrien und das eigene Volk: „wie lange ... warum". Statt Hilfe schickt Gott aber neues Unheil. Die Babylonier werden die neuen Besatzer sein, überall ihr Recht durchsetzen und „ihre Kraft zu ihrem Gott machen" (1,11). Der Prophet klagt erneut und zweifelt an Gottes Gerechtigkeit. Gott antwortet in einer Vision, die der Prophet aufschreiben soll; sie wird erst später erfüllt. Aber sicher ist: „Der Gerechte wird durch seinen Glauben leben" (2,4; Röm 1,17), die anderen werden samt ihren Göttern untergehen. Gott wird eingreifen. Dann erbebt die Schöpfung und alles Chaotische wird überwunden.

Nur noch neun Fischarten …

Zefanja 1,1-13 **Dienstag, 8.**

Anfang 2025 findet sich in den Nachrichten die Notiz „Nur noch neun Fischarten können zum Verzehr empfohlen werden". Ob Fischesser oder nicht, die Meldung hat einen ernsten Hintergrund: Immer mehr Tierarten sind vom Aussterben bedroht. An eine solche Situation erinnert die Gerichtsankündigung des Propheten. Zefanja verkündigt Gottes Gericht über Menschen und Tiere: „Ich will alles vom Erdboden wegraffen" (V. 2). Seine Worte erschrecken die Zuhörer und alle, die sie heute noch lesen. Als Jerusalem später von den Babyloniern zerstört wird, sehen die Überlebenden darin Gottes Gericht.

Zefanja muss Gottes Gericht ankündigen. Doch Gottes Geschichte mit uns Menschen geht weiter: Er ist Richter, aber auch der barmherzige Gott!

„Denn wenn du mit deinem Munde bekennst, dass Jesus der Herr ist, und glaubst in deinem Herzen, dass ihn Gott von den Toten auferweckt hat, so wirst du gerettet." *Römer 10,9*

Letzte Chance zur Umkehr

Zefanja 1,14–2,3 **Mittwoch, 9.**

Der Tag rückt näher, an dem Gott alle Menschen seinen Zorn spüren lässt, weil sie sich von ihm abgewandt haben. Der Prophet malt ein fast unerträglich düsteres Bild von diesem Tag (V. 15). Doch er zeigt hier auch, was er mit seinen Worten erreichen will: Die Zuhörer sollen zu Gott umkehren. Deshalb ruft er auf: „Suchet den HERRN", „Suchet Gerechtigkeit, suchet Demut!" (V. 3). Denn Gott, der Richter ist zugleich der einzig mögliche Retter. Gott wartet darauf, dass sich sein Volk Israel und alle Menschen zu ihm wenden, um ein Leben zu führen, das Gott als Herrn der Welt anerkennt. Wie dieses Leben mit Gott aussieht, wird hier nur mit den Stichwörtern „Gerechtigkeit" und „Demut" angedeutet, aber sicher ist: Wer mit Gott lebt, wird von ihm gerettet und erneuert.

„Um wie viel mehr werden wir nun durch ihn gerettet werden vor dem Zorn, nachdem wir jetzt durch sein Blut gerecht geworden sind."
Römer 5,9

Perspektive Hoffnung

Zefanja 3,9-20 Donnerstag, **10.**

Nachdem der Prophet Israel und allen Völkern (Kap. 2) den Zorn Gottes verkündet hat, bringen diese Worte Hoffnung über das Gericht hinaus. Es wird eine Zeit geben, in der alle Völker Jahwe anbeten (V. 9). In Kap. 1 verkündete Zefanja zuerst der ganzen Welt das Gericht und dann Jerusalem. Hier kündigt er wieder zuerst der Welt das Heil an und entfaltet diese frohe Botschaft dann im Blick auf Gottes Volk Israel. Ihm gilt die Zusage: „Der HERR hat deine Strafe weggenommen" (V. 15). Das ist ein Grund zum Jubeln, und dazu fordert Zefanja auf (V. 14). Das Weihnachtslied „Tochter Zion, freue dich" (vgl. Sach 9,9) nimmt diesen Jubel auf und begründet ihn: „Sieh, dein König kommt zu dir!". Jesus Christus kommt als unser Retter zu uns. Das feiern wir an Weihnachten und darüber dürfen wir heute jubeln!

„Die Strafe liegt auf ihm, auf dass wir Frieden hätten, und durch seine Wunden sind wir geheilt." *Jesaja 53,5*

Wie soll das alles enden?

Habakuk 1,1-11 Freitag, **11.**

Es gibt Zeiten und Situationen, die sind einfach nur zum Schreien. Zum Schreien, so laut, dass es alle hören. Das kann für die Zuhörer verstörend wirken. Aber, was raus muss, das muss raus. Und es darf auch raus. Der Prophet schreit zu Gott. Er kann es nicht mehr fassen, was er alles an Bosheit, Jammer, Raub und Frevel erlebt. In aller Emotion bleibt er aber offen für eine Antwort Gottes. Gott kündigt sein Eingreifen in einer Weise an, die erst einmal unvorstellbar klingt. Es ist kaum zu glauben: Die Babylonier werden kommen, um das Land zu verwüsten und zu erobern.

Das Gute ist, dass Gott handelt. Viel weitsichtiger, als wir es hier zuerst verstehen können. Trauen wir Gott Antworten auf unsere Klagen zu? Er antwortet. Auch unerwartet. Wir dürfen das Vertrauen haben, dass unsere Geschichte gut ausgeht. Auch heute.

„Eure Wege sind nicht meine Wege, spricht der HERR.“ *Jesaja 55,8*

Wer schreibt, der bleibt

Habakuk 1,12–2,5 **Samstag, 12.**

Wir sind oft sehr ungeduldig. Wenn wir etwas haben wollen, muss es möglichst sofort sein. Im digitalen Zeitalter ist die Zeit häufig der alles bestimmende Faktor. Gott hat in seinem Plan hier eine andere Zeitrechnung. Erst einmal soll alles mühsam aufgeschrieben werden, wie damals üblich, auf eine Tafel. Das entschleunigt und nimmt den zeitlichen Druck. Nicht ganz, was der eilige Habakuk erwartet hat. Aber es gibt auch Sicherheit und stiftet Verbindlichkeit. Auf das Schriftliche dürfen wir uns später berufen. Die Erfüllung der Zusage und das Eintreffen der Hilfe sind absolut sicher. Bei Gott geht nichts verloren. Das gibt er uns schriftlich. Mit Brief und Siegel.

Wir dürfen auch heute in einer Zeit leben, in der Gottes Treue und sein Versprechen gelten. Heute wie zukünftig. Das hat er uns in der Bibel schriftlich gegeben.

„Die Zeit ist erfüllt, und das Reich Gottes ist nahe herbeigekommen.“
Markus 1,15

Wochenspruch
Alle eure Sorge werft auf ihn; denn er sorgt für euch.
1. Petrus 5,7

Eine lebenslange Beziehung, die trägt

Psalm 68,1-24 **Sonntag, 13.**

Gott ist der Schöpfer, der uns geschaffen hat zu seinem Bilde. Das ist die Grundlage unseres Lebens und die Grundlage unserer Beziehung zu Gott.

In Beziehungen gibt es ein Auf und ein Ab. Es gibt gute und es gibt weniger gute Tage. Manchmal gibt es auch Grund zur Klage. Aber es bleibt eine Beziehung, die Krisen aushält. Weil Gott sein ewiges, gültiges Ja zu uns sagt und daran festhält, dürfen wir im täglichen Lob antworten. Und in dieser festen Beziehung tragen wir Lasten, die uns Gott auferlegt. Das geht nur, weil wir wissen, dass Gott uns auch hilft, so wie er es uns zugesagt hat. Das ist eine funktionierende Beziehung, und so wird aus unserer Beziehung zu Gott eine unumstößliche Einheit mit ihm.

Dieses Geheimnis dürfen wir immer wieder neu erleben und erfahren. Und im Gebet aufgreifen und bedenken. Und ihn dafür loben.

„Gelobt sei der Herr täglich. Gott legt uns eine Last auf, aber er hilft uns auch.“ *Psalm 68,20*

Die Universalität Gottes

Habakuk 2,6-20 **Montag, 14.**

Wir gehören zu Gott, wir sind sein Volk. Wir dürfen zu ihm beten, ihm unser Leid klagen. Er wird uns helfen, manchmal sofort, manchmal auch später. Das hat Habakuk erfahren und sehen dürfen. Für diese Hilfe gebraucht Gott auch Menschen und Völker, die auf den ersten Blick gar nichts mit ihm zu tun haben. Aber die, die dann im Auftrag Gottes handeln, dürfen nicht machen, was sie wollen. Es gibt Grenzen, die Gott allein setzt.

Fünfmal Wehe, heißt es hier, wenn es gegen den Willen Gottes läuft. Keine Ungerechtigkeiten, keine Überheblichkeiten, erst recht nicht Gott gegenüber, bleiben unbemerkt. Gott ist auch der Gott derer, die meinen, nichts mit ihm zu tun zu haben. Er ist der Schöpfer auch derer, die meinen, die toten Götzen könnten ihnen helfen. Obwohl sie selbst sie gemacht haben. Gott ist Gott aller Welt.

„Aber der HERR ist in seinem heiligen Tempel. Es sei stille vor ihm alle Welt!" *Habakuk 2,20*

Gebet als Antwort

Habakuk 3,1-19 **Dienstag, 15.**

Wie gehen wir mit dem um, was wir in der Welt erleben, den vielen Dingen und Situationen, denen wir begegnen? Wie gehen wir mit Gottes Wort um, wenn wir es hören und begreifen? Wie reagieren wir auf Gottes Handeln in der Welt, welches wir immer wieder erleben dürfen?

Bei Habakuk gibt es darauf nur eine Antwort. Er betet. Er bittet um Erfüllung dessen, was er in einer Vision schon gesehen hat. Und er bittet um Gottes Barmherzigkeit in dieser nicht einfachen Zeit. Denn nur Gott schenkt die Kraft, die wir zum Leben brauchen. Und diese Kraft ist unendlich groß. Das war sie schon in der Schöpfung, deren Bilder hier im Gebet aufgegriffen werden. Und diese Kraft hat bis heute nicht nachgelassen. Gott selbst ist unsere Kraft und er ist unser Heil.

Darauf dürfen wir vertrauen. Und wir dürfen Gott dafür loben.

„Seid allezeit fröhlich, betet ohne Unterlass, seid dankbar in allen Dingen." *1. Thessalonicher 5,16-18*

Der Prediger Salomo

Die „Weisheitsliteratur" (Hiob, Sprüche u. a.) im Alten Testament sucht nach Gesetzmäßigkeiten, die Gott in die Schöpfung gelegt hat. Sie will zeigen, wie das Leben nach Gottes Ordnung im Idealfall verläuft – und was passiert, wenn man diese Ordnung missachtet. Taten haben Konsequenzen, in die eine wie in die

andere Richtung. Dieses Buch zeigt die Grenzen eines solchen Denkens auf. Der Autor beobachtet das Leben und stellt fest, dass es Gerechte gibt, denen es geht, als wären sie gottlos – und umgekehrt. Dass dieses Buch in die Bibel aufgenommen ist, bedeutet, dass kritisches Fragen in der Bibel Raum hat.
Luther übersetzt das hebr. Kohelet mit Prediger, besser wäre Versammlungsleiter oder Weisheitslehrer (so 12,9). Salomo gilt als der Vater der Weisheit, die „Weisheitsliteratur" selbst ist aber später entstanden.
Der „Prediger" hat alles erforscht, hat sich um Weisheit bemüht, es mit Genuss versucht; alles war nach einiger Zeit unbefriedigend. Er folgert: „Es ist alles nichtig" wie ein Hauch, der vergeht. Alles ist relativ, dem Vergehen unterworfen. Keiner kann über sein Leben verfügen. Der Prediger zerstört mit seiner Radikalität unsere Illusionen, als hätten wir die Welt im Griff und wüssten, wie Leben „geht". Kluge mögen behaupten: „Ich weiß es" (8,17). Aber das ist Anmaßung, Grenzüberschreitung. Unser Wissen bleibt Stückwerk. Viele werden deshalb zu Skeptikern – der Prediger nicht. Denn er weiß: Alles Geschaffene ist bei Gott gut aufgehoben. Der Schöpfer ist ein gebender, schenkender Gott. Deshalb ruft er auf zur Freude an den alltäglichen Dingen, die Gott uns gibt: essen, lieben, die Zeit (3,12f; 5,19; 9,7ff). Und er ruft auf zu einer Gottesfurcht (12,13), die Gott als Schöpfer ernst nimmt.

Wider den Pessimismus

Prediger 1,1-18 — **Mittwoch, 16.**

Dieser Text spiegelt wenig Hoffnung und Zuversicht wider. „Es ist alles ganz eitel, sprach der Prediger, es ist alles ganz eitel." (V. 2). In seiner älteren Bedeutung meint eitel in diesem Kontext nichtig, sinnlos, ohne Aussicht auf Erfolg. Wir können tun, was wir wollen, wir werden die Welt nicht verändern. Es gibt keinen wirklichen Fortschritt, und selbst Weisheit bringt uns nicht weiter. Andererseits ist es auch fast ein wenig tröstlich, dass das Unvermögen der Menschheit, die Welt nachhaltig zum Besseren zu verändern, kein rein gegenwärtiges Problem zu sein scheint: „Es geschieht nichts

Neues unter der Sonne." (V. 9). Trotz allem, was uns desillusionieren mag, nimmt dies auch etwas den Druck. Und ermöglicht uns, im Kleinen doch kleine Schritte zum Besseren zu gehen – jede/r von uns, jeden Tag.

„So lasst euer Licht leuchten vor den Leuten, damit sie eure guten Werke sehen und euren Vater im Himmel preisen." Matthäus 5,16

Das Geheimnis des Glücks

Prediger 2,1-11.24-26 **Donnerstag, 17.**

Was macht uns glücklich und erfüllt? Lachen und Freude, Genuss, Weisheit, Arbeit, Erfolg und Reichtum? Auch diese Dinge sind nur „(...) Haschen nach Wind und kein Gewinn unter der Sonne." (V. 11) Zumindest, wenn all dies rein aus und für uns selbst geschieht. Ein hedonistisches, auf das eigene Wohl ausgerichtetes Leben ist mehr Schein als Sein. Man dreht sich um sich selbst, und es bleibt in der Substanz leer. Alles oben Genannte kann die Grundlage für ein erfüllendes Leben sein – wenn es mit einer Perspektive geschieht, die über uns hinausweist und anerkennt, dass Glück weder bei/mit uns beginnt noch endet. Für uns ist diese Perspektive Gott: Er gibt uns die Fähigkeit und Basis für ein glückliches Leben. Dieses Geschenk ist jedoch gleichzeitig Verpflichtung – es mit anderen zu teilen.

„Halte zu ihm, wenn's ihm schlecht geht, damit du auch sein Glück mit ihm teilen kannst." Jesus Sirach 22,23

Fröhlichkeit in schweren Zeiten

Prediger 3,1-15 **Freitag, 18.**

Auch das Böse und Schlechte in der Welt ist Teil von Gottes Plan. Anders als wir hat Gott die Perspektive Ewigkeit. Alles hat seine Zeit. Allzu oft bleibt uns jedoch das Gute verborgen, und wir verharren beim Bösen. Diese Erfahrungen können unerträglich sein, uns an unsere Grenzen bringen: Unverständnis, Wut, Bedrängnis, Hoffnungslosigkeit. V. 12 erscheint daher auf den ersten Blick naiv, realitätsfern, beschönigend. Aber: sich gerade in Situationen der Bedrängnis ein gewisses Maß an Fröhlichkeit zu bewahren – nicht deswegen, sondern trotzdem! –, kann ungeahnte Kräfte freisetzen und große Wirkung erzielen. Der Film „La Vita E Bella“ zeigt dies auf ebenso beeindruckende wie berührende Weise. All dies ist nicht einfach, im Gegenteil: Es braucht großen Mut und Zuversicht (V. 13).

„Ich freue mich und bin fröhlich über deine Güte, dass du mein Elend ansiehst und kennst die Not meiner Seele.“ *Psalm 31,8*

Demut als Stärke

Prediger 3,16-22 **Samstag, 19.**

Die vorigen Texte lehren Demut. Demut angesichts unseres Unvermögens, Glück zu erlangen, angesichts des durch uns nur wenig beeinflussbaren, schicksalhaften Weltgeschehens, angesichts des für uns nur bruchstückhaft verständlichen Plans Gottes. Wir fühlen uns klein und unbedeutend. Die Verse 19-21 treiben es auf die Spitze: die sogenannte „Krone der Schöpfung“ auf einer Stufe mit dem Vieh. Wir alle sind vergänglich und teilen letztlich das gleiche Schicksal – aus Staub zu Staub. Wir sind klein und unbedeutend, und doch kann aus Kleinem Großes entstehen. In Demut, wider Überheblichkeit und Anmaßung. Das ist bedenkenswert auch und gerade in unserer heutigen Zeit.

„Es ist wie mit einem Senfkorn: Wenn das gesät wird aufs Land, so ist's das kleinste unter allen Samenkörnern auf Erden; und wenn es gesät ist, so geht es auf und wird größer als alle Kräuter und treibt große Zweige.“ *Markus 4,31-32*

Wochenspruch

„Christus Jesus hat dem Tode die Macht genommen und das Leben und ein unvergängliches Wesen ans Licht gebracht durch das Evangelium.“ *2. Timotheus 1,10b*

#Gott ist Sieger

Psalm 68,25-36 **Sonntag, 20.**

Wenn ich morgens die Nachrichten im Radio einschalte, höre ich sofort von Krisen, Kriegen und Unglücken, schlechte Nachrichten eben. Der Beter kennt Krisen und Kriege, aber er schreibt bewusst von einer guten Nachricht: Gott siegt! Am Ende siegt Gott über die Feinde Israels, und diesen Sieg stellt David uns vor Augen: Da wird es einen Festzug der Israeliten geben (V. 25-28) und alle fremden Völker werden sich zu Gott wenden und sollen Gott loben (V. 29-36). „Gelobt sei Gott!“ (V. 36) ist Davids Motto. Er lobt Gott, auch wo er in seinem Leben den Sieg Gottes noch nicht sieht. Dass Gott letztlich den Sieg über alle Völker haben wird, das ist seine Überzeugung. Daran hält er fest und deshalb lobt er Gott jetzt schon. In dieser Perspektive kann auch ich schlechte Nachrichten gelassener aufnehmen.

„Gott aber sei Dank, der uns den Sieg gibt durch unsern Herrn Jesus Christus!“ *1. Korinther 15,57*

Zusammen ist man weniger allein

Prediger 4,1-12 **Montag, 21.**

Die Verse 1-8 beschreiben eine Welt, in der es sich scheinbar nicht zu leben lohnt: Ungerechtigkeit, Hoffnungslosigkeit, Neid, Einsamkeit. Besser gar nicht geboren werden als in einem solch dystopischen Umfeld zu leben! Das Böse scheint alles zu überschatten. Ab V. 9 wird jedoch ein Ausweg aufgezeigt: weg von Einzelkämpfermentalität und Egozentrik hin zu Gemeinschaftssinn, weg von Eigennutz hin zu Hilfsbereitschaft und Teilen. In Gemeinschaft (unter)stützt man sich, spendet Trost, hilft einander und ist damit letztlich auch widerstandsfähiger gegenüber Anfechtungen und Bedrohungen. All das gilt auch und besonders in der Glaubensgemeinschaft; in ihr liegt eine große verbindende Kraft, nach innen wie nach außen – nutzen wir sie!

„Wahrlich, ich sage euch auch: Wenn zwei unter euch einig werden auf Erden, worum sie bitten wollen, so soll es ihnen widerfahren von meinem Vater im Himmel." *Matthäus 18,19*

Käufliches Glück?

Prediger 5,9-19 **Dienstag, 22.**

Die wichtigen Dinge im Leben kann man nicht kaufen. Doch Untersuchungen zeigen, dass es einen Zusammenhang von Geld und Lebensglück gibt: Gesundheit, Sicherheit und die Möglichkeit zur Teilhabe und Selbstentfaltung gehen oft einher mit unserem sozioökonomischen Status. Aber das Streben nach Reichtum birgt Risiken und Nebenwirkungen in Form von Unersättlichkeit, rastlosem Optimierungsstreben und Verlustängsten. „Geld ist ein guter Diener, aber ein schlechter Herr", beschreibt dies der Philosoph Francis Bacon. Zufriedenheit und Freiheit finden wir im dankbaren Annehmen und Genießen der Gaben Gottes für unser Leben.

„Den Reichen in dieser Welt gebiete, dass sie nicht stolz seien, auch nicht hoffen auf den unsicheren Reichtum, sondern auf Gott, der uns alles reichlich darbietet, es zu genießen; dass sie Gutes tun, reich werden an guten Werken, gerne geben, zum Teilen bereit sind."

1. Timotheus 6,17f

Werden, was wir sind

Prediger 6,1-12 **Mittwoch, 23.**

Die Negativbeispiele zeigen: Es ist Teil unserer menschlichen Natur, dass wir nach Besitz und Reichtum, Ansehen und Einfluss streben. Doch die tiefe Sehnsucht unserer Seele können sie im Grunde nicht befriedigen. Ebenso beantworten Konsum, Familie und Gesundheit den kontinuierlichen Schrei unserer innersten Bedürfnisse nicht. Ständig bleibt das Haschen nach mehr, das rastlose Verlangen des Menschen nach Leben. Ruhe erfahren wir in der Ausrichtung auf Gott, im Vertrauen auf seinen guten Weg.

Dann finden wir uns eingeordnet in seinen Schöpfer- und Erhaltungswillen. Er hat jedem seine DNA und sein Lebensumfeld gegeben in aller Unvollkommenheit, mit allen Begrenzungen, aber auch mit allen Potenzialen, die er in jedes einzelne Leben legt. Diese gilt es, zu nutzen und zu entfalten.

„Doch soll jeder so leben, wie der Herr es ihm zugemessen, wie Gott einen jeden berufen hat.“ *1. Korinther 7,17*

Was ist besser?

Prediger 7,1-14 **Donnerstag, 24.**

Wer kann sagen, was dem Menschen wirklich nützt? Das ist die Ausgangsfrage aus Kap. 6,12. Der Prediger setzt sich darum mit den Weisheitslehren der damaligen Zeit auseinander. „Denke vom Ende her“, besagt ein Ratschlag, „dort begegnet dir die ganze Wahrheit. Diese ist hart, aber klüger als Verdrängung. Statt leichtsinnig dahinzuleben, bekommst du einen Maßstab zur Gewichtung!“ Die so gewonnene Tiefe mag zwar besser sein, als in der Oberflächlichkeit zu verharren, ist aber in ihrer Einseitigkeit auch lebensverneinend und verzerrt. Das Predigerbuch sieht: Menschliche Weisheit hat ihre Grenzen. Es gibt Dinge, die wir nie verstehen werden, Dinge, die wir nicht ändern können. An gelingenden und an schweren Tagen gilt es, an Gott festzuhalten.

„Verlass dich auf den HERRN von ganzem Herzen, und verlass dich nicht auf deinen Verstand, sondern gedenke an ihn in allen deinen Wegen, so wird er dich recht führen.“ *Sprüche 3,5f*

Carpe diem!

Prediger 11,1-10 **Freitag, 25.**

„Nutze den Tag! Freue dich an deinen Möglichkeiten und nutze sie!“, ruft uns der Prediger zu. Das beinhaltet lustvolles Genießen – aber in Verantwortung. Dazu gehört auch lebenslange Arbeit und Anstrengung, denn unser menschliches Dasein gibt es nicht ohne Mühen. Unser Leben ist ein Geschenk, aber es kommt nicht mit Garantieansprüchen. Leiden, Scheitern und Mangelerfahrungen gehören genauso unberechenbar dazu wie die vielen Erfolge und sonnigen Glücksmomente. Trotz aller Vorsorge, trotz Risikostreuung haben wir unsere Zukunft nicht im Griff. Aber das ist keine Katastrophe. Der Prediger ermutigt uns: „Lass dich durch deine Bedenken oder das Warten auf die optimalen Bedingungen nicht blockieren, sondern bleibe freudig und säe auf Hoffnung – zeit deines Lebens im Vertrauen auf Gott."

„Du tust mir kund den Weg zum Leben: Vor dir ist Freude die Fülle und Wonne zu deiner Rechten ewiglich." *Psalm 16,11*

Von Immobilität und Immobilien

Prediger 12,1-14 **Samstag, 26.**

Das dreimalige „ehe" fordert auf: Stelle die Weichen für dein Leben, wähle den richtigen Weg, solange du noch mobil bist. Denn das Alter wird kommen. Dein Lebenshaus wird brüchig werden, Körper und Geist verlieren an Kraft. Türen gehen zu, Möglichkeiten reduzieren sich. Die Herausforderungen werden immer schwieriger und die Wege beschwerlicher. Der Vergänglichkeit unterstellt, geht der Mensch unweigerlich „dahin, wo er ewig bleibt" (V. 5). Die Nachworte fassen deshalb nochmals eindringlich das Anliegen des Buches in alttestamentlicher Weise zusammen: Fürchte Gott und meide das Böse, denn Gott wird richten. Vom NT her blicken wir darüber hinaus auf Jesus, der in jeder Altersphase in unserem Lebenshaus wohnen möchte bis in Ewigkeit.

„Denn wir wissen: Wenn unser irdisches Haus, diese Hütte, abgebrochen wird, so haben wir einen Bau, von Gott erbaut, ein Haus, nicht mit Händen gemacht, das ewig ist im Himmel." *2. Korinther 5,1*

Wochenspruch
Unser Glaube ist der Sieg, der die Welt überwunden hat.
1. Johannes 5,4c

Kraftvolle Hoffnung

Psalm 138 **Sonntag, 27.**

Es ist ein innerer Weg, den Psalm 138 beschreibt. David blickt dankbar zurück, wie Gott in schwierigen Zeiten geholfen hat. Die Verse 4 bis 6 beschreiben Gottes weltumspannende Macht, die selbst die mächtigsten Herrscher dankbar werden lässt. Am Ende des Psalms wird deutlich: David kennt weiterhin Situationen, die ihm Angst machen. Aber gerade dann will er darauf vertrauen, dass Gott handelt. Aus dem dankbaren Blick zurück wächst die kraftvolle Hoffnung, dass Gott uns in keinem Moment allein lässt. Wo haben wir Gottes Hilfe in unserem Leben schon erlebt? Wofür möchten wir ihm danken? Dieser dankbare Blick zurück kann uns Hoffnung schenken. Auch im Blick auf das, was uns Angst macht. Denn, was uns in den schwierigen Momenten des Lebens trägt, ist nicht unsere Kraft, sondern seine (V. 3).

„Ich bin bei euch alle Tage bis an der Welt Ende.“ *Matthäus 28,20*

Der Brief des Paulus an die Galater

Der Apostel Paulus hat die Gemeinden in der römischen Provinz Galatien (der Gegend um die heutige türkische Hauptstadt Ankara) gegründet (1,8ff; 3,2) und später nochmals besucht (4,13). Bald danach sind in diese heidenchristlichen Gemeinden Irrlehrer („Judaisten“) eingedrungen. Sie haben sowohl die Autorität des Paulus als eines von Christus selbst berufenen Apostels als auch seine Verkündigung eines „gesetzesfreien“ Evangeliums in Misskredit gebracht (siehe Hintergrund „Gesetz und Evangelium im Galaterbrief“, S. 198).

Wann der Brief geschrieben wurde, hängt davon ab, ob Paulus ihn an Gemeinden im Norden oder Süden der Provinz Galatien geschrieben hat. Sind es Adressaten im Süden, könnte man den Brief kurz vor dem Apostelkonzil in Jerusalem in die Wirksamkeit des Paulus einordnen. Paulus erwähnt im Galaterbrief die Ergebnisse des Konzils nicht, obwohl sie ihm in seiner Argumentation geholfen hätten. Der Brief wäre dann kurz vorher im selben Jahr, 48 n. Chr., geschrieben worden.
In Kap. 1–2 versucht er zunächst, das angeschlagene Vertrauen in die Echtheit und Vollmacht seines Apostelamtes wiederherzustellen.
In Kap. 3–4 zeigt er auf, dass wir nur durch Christus und das Geschenk des Glaubens das Heil empfangen. Wer zusätzlich das Befolgen des Gesetzes als Weg zum Heil ansieht, verliert Christus (5,2). Es gibt nur ein „Entweder-oder“, kein „Sowohl-als-auch“.
In Kap. 5–6 wehrt er den Vorwurf ab, die Freiheit vom Gesetz könne zu Zügellosigkeit und Beliebigkeit führen, indem er aufzeigt, dass wahre „Freiheit in Christus“ in der „Freiheit zur Liebe“ konkret wird (5,6). Diese Liebe erweist ihre Glaubwürdigkeit im Umgang mit schuldig gewordenen Mitchristen, denn wie Christus für Sünder eingetreten ist, so ist auch sein Geist eine aufhelfende, tragende und vergebende Kraft (6,1-5).

Gottes Gnade eint uns

Galater 1,1-5 Montag, **28.**

Die Gemeinden in Galatien wurden von Paulus gegründet. Nun werden sie von Irrlehren bedroht. Als Apostel kann Paulus nicht schweigend zusehen. Aber wer ist er, dass er die Galater ermahnen darf? Sein römischer Name „Paulus“ bedeutet zwar „der Kleine“, dennoch ist er von Jesus Christus berufen und von Gott zu seinem Apostelamt bevollmächtigt worden (V. 1).
Der Brief beginnt nicht mit dem, was trennt, sondern mit dem, was Paulus und seine Adressaten eint. In dem Gruß „Gnade sei mit euch und Friede von Gott, unserem Vater“ in V. 3 kommen das

alttestamentliche „Schalom“ (umfassender Friede) und die neutestamentliche Gnade, die durch Jesus Christus geschenkt wird, zusammen. Gnade und Friede bleiben bei allem Trennenden das, was uns miteinander eint. Wie ist das bei mir: Sehe ich eher auf das, was trennt, oder auf das, was mich mit anderen eint?

„Lehrt und ermahnt einander in aller Weisheit.“ *Kolosser 3,16*

Kein anderes Evangelium!

Galater 1,6-9 **Dienstag, 29.**

Der Apostel kommt ohne Umschweife zum Punkt. In einer Ich-Botschaft drückt er seine Verwunderung darüber aus, dass sich die Gemeinde so schnell von der Gnade Christi abwenden lässt. Die froh machende Botschaft („Evangelium“) soll durch eine Irrlehre ersetzt werden. Diese andere Lehre führt von Jesus weg. Drastisch formuliert Paulus, dass das Evangelium einzigartig und alternativlos ist und durch keine andere Lehre verwässert werden darf. Er verflucht diejenigen, die andere Glaubensinhalte verkündigen, selbst wenn es die Apostel, Engel oder er selbst wären (V. 8f).
Wie gehe ich mit Lehraussagen um? Wer legt fest, welche biblische Lehre heute noch gilt und welche nicht? Kann ich mich auch dann unterordnen, wenn mir die Regel nicht gefällt?

„Und in keinem andern ist das Heil, auch ist kein andrer Name unter dem Himmel den Menschen gegeben, durch den wir sollen selig werden.“ *Apostelgeschichte 4,12*

Hintergrund: Gesetz und Evangelium im Galaterbrief

Paulus hat im Galaterbrief mit starken Gegnern zu tun: Einflussreichen Judenchristen, oder „Judaisten“, die die Beschneidung, das Einhalten des Sabbats und anderer Bestimmungen des jüdi-

schen Gesetzes für heilsnotwendig halten. Deshalb kämpft Paulus mit schneidender Schärfe bis hin zu Verfluchung gegen dieses „andere Evangelium" (1,9).
Er hatte den Galatern das Evangelium der freien Gnade verkündet: Man ist gerettet, wenn man an Christus, den Gekreuzigten glaubt. Seine judenchristlichen Gegner forderten die Galater aber auf, zuerst einmal ordentliche Juden zu werden – der Gesetzesgehorsam trat zum Glauben als Bedingung des Heils hinzu. Für Paulus war das ein „anderes Evangelium", das alles zunichtemachte. Wer das Gesetz halten will, muss es ganz halten. Das aber vermag niemand. Grund des Heils ist aber Christus. Allein Christus. Wer aus „Christus" ein „Christus+..." macht, der verliert Christus dabei. Wir dürfen, wenn es um unser Heil geht, nicht unser Tun (Werke des Gesetzes) neben den Glauben an Jesus Christus stellen. Paulus meint damit keinen „Libertinismus", also keine Haltung, für die gar keine Maßstäbe mehr gelten und wo jeder tun kann, was er will. Wir sollen „nicht dem Fleisch Raum geben", aber es geht darum, dass wir keine guten Taten tun sollen, um gerettet zu werden, sondern wir tun sie, weil wir gerettet sind. Christus hat alles für unsere Seligkeit getan, und darum dürfen wir anderen Gutes tun.
Nicht umsonst war der Galaterbrief Martin Luthers Lieblingsbrief, den er sogar seine „Käthe von Bora" nennen konnte. Sein Großer Galaterkommentar von 1535 gilt als Kompendium der Theologie des reifen Luther. Immer wieder kommt er hier auf die Rechtfertigung allein aus Gnaden zu sprechen. „Gesetz und Evangelium" sind für Luther nicht Altes und Neues Testament, sondern die Unterscheidung von zwei Arten Gottes, mit Menschen zu reden: Gott fordert von uns im Gesetz die Erfüllung seiner Maßstäbe, etwa der Zehn Gebote. Wir schaffen es nie vollkommen. Das treibt uns zu Christus, den wir im Glauben ergreifen. Im Evangelium von Christus, dem Gekreuzigten, schenkt Gott selbst, was er fordert. Christus wirkt in uns auch Veränderung, aber darauf brauchen wir nicht zu schauen. In den Himmel bringt uns allein der Glaube an Jesus. Geschenkte Gerechtigkeit. Allein aus Glauben. Allein aus Gnaden. (JK)

Es geht um alles oder nichts

Galater 1,10-21 Mittwoch, **30.**

Paulus verwahrt sich gegen Vorwürfe der Irrlehrer: Darf er sich „Apostel“ nennen, was nur Augen- und Ohrenzeugen des irdischen Jesus tun durften? Im Grunde traf das nicht auf Paulus zu. Der zweite Vorwurf der Irrlehrer fragt danach, wer festlegt, was der Inhalt der frohen Botschaft ist. Paulus wehrt sich nicht, weil er sich in seiner Ehre gekränkt fühlt, sondern weil die Glaubwürdigkeit der frohen Botschaft auf dem Spiel steht. Eindrücklich bezeugt er, dass er die Botschaft des Evangeliums nicht von Menschen empfangen noch die Lehre, etwa als fertiges Konzept, von ihnen gelernt hat. Jesus selbst hat sich ihm offenbart und ihn zur Verkündigung des Evangeliums berufen. (V. 11f). Somit darf er sich nicht nur aufgrund menschlicher Autorität „Apostel“ nennen, sondern sein Amt gründet in der Beauftragung durch Jesus selbst.

„Himmel und Erde werden vergehen; aber meine Worte werden nicht vergehen.“ *Lukas 21,33*

Monatsspruch Oktober

Zur Freiheit hat uns
Christus befreit!
So steht nun fest und
lasst euch nicht wieder
das Joch der
Knechtschaft auflegen!

Galater 5,1

Unterdrückung oder Freiheit?

Galater 2,1-10 **Donnerstag, 1.**

Der eigentliche Streitpunkt liegt in der „Freiheit in Christus" (V. 4); sie ist die „Wahrheit des Evangeliums" (V. 5). Die Forderungen des Gesetzes führen dagegen in eine neue Knechtschaft. Wer durch das Gesetz vor Gott gerecht werden will, muss dessen Forderungen vollkommen erfüllen. Diese Selbsterlösung widerspricht der Freiheit, die wir durch den Glauben an Jesus Christus haben. Paulus kann sich auf die führenden Apostel in Jerusalem berufen. Diese forderten von seinem Begleiter Titus nicht die Beschneidung, obwohl er ein Grieche war (V. 3). Vielmehr wurde Paulus per Handschlag von Johannes, Jakobus und Petrus mit der Verkündigung des Evangeliums unter den Völkern beauftragt – und damit legitimiert.

Wo stehe ich in der Gefahr, Gesetz und Evangelium zu vermischen, indem ich der Gnade durch gute Werke und eigene Leistung ein wenig nachhelfen möchte?

„Zur Freiheit hat uns Christus befreit!" *Galater 5,1*

Das Evangelium ist unantastbar

Galater 2,11-21 **Freitag, 2.**

Durch seine öffentliche Kritik an Petrus macht Paulus deutlich, dass biblische Richtlinien für alle verbindlich und unantastbar sind. Weil Petrus sich uneindeutig verhalten hat, nutzt Paulus die Gelegenheit, um unmissverständlich klarzumachen, dass der Mensch nicht durch das Befolgen gesetzlicher Verordnungen gerettet wird, sondern allein durch den Glauben an Jesus Christus (V. 16). Unsere Rettung ist allein göttliche Gnade und keine menschliche Leistung. Paulus spitzt weiter zu: Weil wir mit Christus gekreuzigt sind, sind wir frei vom Gesetz und dessen Forderungen (V. 19). Wie kann das sein? Weil Jesus Christus uns liebt, sich selbst für uns dahingegeben hat und nun in uns lebt, können wir vor Gott im Glauben an ihn gerecht sein. Die Gerechtigkeit durch Jesus ist unvereinbar mit den Forderungen des Gesetzes (V. 21). Was wähle ich?

„Wer des HERRN Namen anrufen wird, der soll errettet werden."
Joel 3,5

Aus Fluch wird Segen

Galater 3,1-14 **Samstag, 3.**

Paulus ist aufgebracht. Die christliche Gemeinde steht in Gefahr, den Kern des Glaubens aufzugeben: dass Gott uns allein durch den Kreuzestod Jesu rettet. Ein Gekreuzigter galt in der jüdischen Welt als von Gott verflucht. Paulus dreht dieses Argument um und sagt: Ja, Jesus wurde verflucht. Aber er hat an unserer Stelle den Fluch des Gesetzes auf sich genommen. Dies bedeutet: Jesus hat die Konsequenzen getragen, die eigentlich alle Menschen tragen müssten, weil sie an Gottes Gesetz scheitern. Er steht ein für uns mit seinem Leben, und wir sind frei. Darum können wir zu uns und unserem unperfekten Leben stehen und müssen nichts beschönigen. Eigentlich funktioniert unsere Welt anders: Man redet sich heraus, trickst, verschweigt. Aber welch eine Freiheit zieht in ein Leben ein, wenn wir darauf vertrauen, dass Jesus für uns einsteht.

„Siehe, das ist Gottes Lamm, das der Welt Sünde trägt!"
Johannes 1,29

Wochenspruch
Aller Augen warten auf dich, und du gibst ihnen ihre Speise zur rechten Zeit. *Psalm 145,15*

Ein besonderes Jahr

Psalm 65 **Erntedankfest 4.**

Gibt es auf Ihrem Lebensweg Jahre mit besonderer Bedeutung? Vielleicht ein Jahr mit einem besonderen Ereignis? Psalm 65 ist ein Loblied auf Gott und beschreibt, was jedes unserer Jahre besonders macht. Dieser Psalm staunt darüber, wie Gott in der Natur handelt und dadurch zeigt, dass er es gut mit uns meint. Der Kreislauf der Natur ist ein Hinweis auf den guten Gott. Dieses Staunen mündet in eine berührende Aussage in Vers 12: Was ein Jahr besonders macht und ihm wie einem König eine Krone verleiht, ist Gottes Güte. Jedes Jahr und jeder Tag sind besonders, weil sie ein liebevolles Geschenk von Gott an uns sind. Wo erkennen wir in unserem Leben die Fußspuren seines Segens? Vielleicht sind es besondere Momente, in denen wir erlebt haben: Gott ist nahe bei uns. Oder wir sind dankbar für etwas, das sich zum Guten gewendet hat.

„Danket dem HERRN; denn er ist freundlich, und seine Güte währt ewiglich." *Psalm 106,1*

Versprochen ist versprochen

Galater 3,15-18 **Montag, 5.**

Paulus legt wie ein jüdischer Schriftgelehrter verschiedene Bibelstellen aus. Er will beweisen: Gott hat Abraham ein Versprechen gegeben, das in Jesus Christus erfüllt ist: Alle, die ihr Leben Gott anvertrauen, sind gerecht vor ihm. Paulus wendet sich damit gegen eine theologische Richtung, die sagt: Glaube allein genügt nicht. Sondern es kommt darauf an, mit einem perfekten Leben zu beweisen, wie ernst es uns mit dem Glauben ist. So geht es überall auf der Welt zu: Du bist das, was du aus dir machst. Du musst beweisen, dass du es wert bist. Paulus sagt: Bei Gott zählt etwas anderes. Unser Leben wird niemals zu ihm, dem heiligen Gott, passen. Egal wie sehr wir uns anstrengen. Und darum hat Gott durch den Tod Jesu alles getan, damit wir zu ihm gehören. Es kommt nun darauf an, ihm zu vertrauen und unser unperfektes Leben in seine Hände zu legen.

„Wer glaubt, der hat das ewige Leben." *Johannes 6,47*

Es kommt alles auf Jesus an

Galater 3,19-29 **Dienstag, 6.**

Paulus beschreibt die Stationen auf Gottes Rettungsweg für uns Menschen: Am Anfang steht Gottes Versprechen an Abraham, dass der Glaube rettet. Das mosaische Gesetz zeigt, dass wir uns nicht selbst aus unserer Verlorenheit retten können, und damit weist es auf Jesus hin. In Jesus kommt Gott selbst und gibt sein Leben für uns. Paulus verwendet verschiedene Bilder dafür, dass Gott uns rettet: Wir werden durch den Glauben an Jesus Gottes Kinder. Es ist, als ob wir Jesus in unserer Taufe wie ein Kleidungsstück anziehen und für immer mit ihm verbunden sind. Und durch Jesus werden alle trennenden Gräben zwischen Menschen aus der Welt geschafft. In all dem wird deutlich: Es kommt alles auf Jesus an. Wo brauchen wir seine verändernde Kraft in unserem Leben oder in unserem Miteinander? Wollen wir ihm vertrauen, dass er auch heute noch retten kann?

„Wohin sollen wir gehen? Du hast Worte des ewigen Lebens.“

Johannes 6,68

Gotteskind!

Galater 4,1-7 **Mittwoch, 7.**

Wenn etwas Großartiges geschieht, sagen wir manchmal: Das ist ja wie Weihnachten und Ostern auf einen Tag. Das kann man auch in abgewandelter Form für unseren heutigen Bibeltext sagen: Paulus beschreibt hier in einem Atemzug das Größte für uns, also Weihnachten („seinen Sohn, geboren von einer Frau“), Karfreitag („dass er die, die unter dem Gesetz waren, loskaufte“) und Pfingsten („hat Gott den Geist seines Sohnes gesandt in unsre Herzen“) zusammen, und das alles für mich. Gottes Kommen in diese Welt zielt auf mein Herz. Erst dort kommt Gott zum Ziel, wenn sein Geist mein Herz erfüllt und ich in die vertrauensvolle Gottesbeziehung eintrete und Gott liebevoll als „Abba“ (so wie unser „Papa“), als lieber Vater anspreche. Und genau das dürfen wir im Glauben. Etwas Größeres kann ich nicht werden als ein Kind und Erbe Gottes.

„Der Geist selbst gibt Zeugnis unserm Geist, dass wir Gottes Kinder sind." *Römer 8,16*

Niemanden aufgeben

Galater 4,8-20 **Donnerstag, 8.**

Paulus kriegt, umgangssprachlich gesagt, die Krise. Die Galater wollen sich beschneiden lassen (5,2f.) und wenden sich damit vom Evangelium der Gnade in Jesus Christus ab (1,6f.). Es geht also hier nicht einfach um eine mögliche Meinungsverschiedenheit in Glaubensfragen, sondern Paulus sieht das Fundament des Glaubens bei den Galatern bedroht (V. 11). Aber er gibt die Galater nicht auf. Er argumentiert theologisch und versucht, sie zu überzeugen (1,10–4,7): Warum wollen sie sich denn beschneiden lassen, wenn sie doch schon Gottes Kinder durch den Heiligen Geist sind? Und nun wirft er sich noch einmal als ganze Person in die Waagschale, erinnert sie an die einst gute Beziehung. Aber nicht, damit sie seine Anhänger werden, sondern damit Christus in ihnen Gestalt gewinne (V. 19).

„Lasst uns festhalten an dem Bekenntnis der Hoffnung und nicht wanken; denn er ist treu, der sie verheißen hat." *Hebräer 10,23*

„Unter" dem Gesetz sein?

Galater 4,21-31 **Freitag, 9.**

Paulus argumentiert nun weiter mit einer bildlichen, komplexen Auslegung der Geschichte von Sara und Hagar. Es geht ihm darum, zu zeigen, dass nicht jeder, der von Abraham „nach dem Fleisch" abstammt, auch gleichzeitig ein Kind der Verheißung ist. Die Auslegung ist von einer klaren Alternative durchzogen: „Nach dem Fleisch geboren" bedeutet Knechtschaft, „nach dem Geist geboren" bedeutet Verheißung, Freiheit. Doch auf welche Seite gehört das Gesetz? Hier differenziert Paulus. Die Galater sollen das Gesetz hören als Zeuge der Verheißung (vgl. Röm 3,21). Aber sie sollen nicht „unter" dem Gesetz sein, denn „unter", das bedeutet Knechtschaft (vgl. 3,23.25; 4,4f; 5,18) und den Versuch, „nach dem Fleisch“, d.h. aus eigenen menschlichen Kräften, die zum Heil notwendige Gerechtigkeit zu schaffen (vgl. 3,10; 5,2-4).

„Der Herr ist der Geist; wo aber der Geist des Herrn ist, da ist Freiheit.“
2. Korinther 3,17

In Freiheit leben

Galater 5,1-15 **Samstag, 10.**

Freiheit durch Jesus Christus ist das größte Geschenk für unser Leben. Freiheit vom stressigen Leistungsdruck: Wir müssen uns nicht mit gesetzlicher Frömmigkeit vor Gott beweisen. Jüdische Rituale, wie z.B. das Bundeszeichen der Beschneidung eines Jungen, sind jetzt nicht mehr die Mitte unserer Gottesbeziehung. Ganz allein die Versöhnungstat Jesu am Kreuz öffnet uns den Himmel. Jesus allein hat uns befreit von der Knechtschaft des Gesetzes und von der Sklaverei der Sünde. Wer dies im Glauben annimmt, bekommt echten Frieden und ewiges Leben. Paulus fordert uns auch heute auf, sich nicht wieder von moralischen Sektierern irremachen zu lassen und dadurch aus der Gnade herauszufallen. Jesus schenkt uns Gnade – umsonst. Durch den Glauben nehmen wir sie an. Seine Liebe befähigt uns, echte Liebe weiterzugeben, nach der sich viele Menschen in unserer harten Welt so sehr sehnen.

„Die Wahrheit wird euch frei machen.“ *Johannes 8,32*

Wochenspruch

Heile du mich, Herr, so werde ich heil; hilf du mir, so ist mir geholfen. *Jeremia 17,14*

Freude der Vergebung

Psalm 32 **Sonntag, 11.**

Hinter diesem Psalm stecken starke Lebenserfahrungen. Wer sich immer mehr in Sünde verstrickt, verliert jegliche Lebensfreude und Lebenskraft. Der große König David hat dies erlebt: Sünde macht die Seele krank. David fiel in eine tiefe Depression und verlor jeden Mut. In diesem Psalm erzählt er dann von seiner Umkehr. Er bekannte vor Gott ehrlich seine Sünde und erlebte tiefe Vergebung. Dadurch kam ein faszinierender Glanz der Güte Gottes in seinen Alltag. Dafür rühmt er allein das Erbarmen Gottes. Verdient hatte er das nicht. Vergebung gibt einen neuen Lebensblick. Die Lasten einer unbewältigten Vergangenheit sind weg. Mutig können wir in die Zukunft gehen, weil Gott uns auf dem Weg begleitet. Er leitet uns mit seinem Vaterblick. Wer Vergebung erlebt, kann voller Freude jubeln: Du, Herr, bist mein Erretter!

„Und vergib uns unsre Schuld, wie auch wir vergeben unsern Schuldigern." *Matthäus 6,12*

Gottes Geist soll uns bestimmen

Galater 5,16-26 **Montag, 12.**

Paulus spricht jetzt Klartext. Es geht um unsere Lebenspraxis. Er lädt uns Christen ein, den Geist Gottes unseren Lebensstil bestimmen zu lassen. Wenn Gottes Geist unser Leben mit allem Denken und Handeln ausfüllt, dann wird dies im Alltag sichtbar. Wer sich nur von menschlichen Leidenschaften treiben lässt und nur von egozentrischen Träumen und Wünschen bestimmen lässt, wird viel Zerstörung anrichten und Konflikte erleben. Paulus zeigt dies hier ganz realistisch und lädt zur Umkehr ein. Wenn wir ganz eng mit Jesus verbunden sind, wird er unser Leben mit seiner Kraft und mit seinem Segen füllen. Nicht die überhebliche Selbstsucht und der zerstörerische Neid sollen unsere Beziehungen bestimmen. Lasst uns heute um die Fülle des Heiligen Geistes bitten und in unserem Alltag glaubhaft Jesus Christus nachfolgen.

„Wisst ihr nicht, dass ihr Gottes Tempel seid und der Geist Gottes in euch wohnt?“ *1. Korinther 3,16*

Aufeinander achten – einander helfen

Galater 6,1-9 **Dienstag, 13.**

Mit Paulus sehen wir hinter die Kulissen der Gemeinde. Wie viele Spannungen gibt es in den frömmsten Kreisen. Missgunst, Neid, bewusste Sünde und Lieblosigkeit bestimmen oft das Miteinander. Neid hat eine zerstörerische Kraft, auch auf der Leitungsebene. Ich könnte aus meinem Leben davon manches erzählen. Deshalb ermahnt Paulus, dass wir einander zurechthelfen, wenn Menschen sich verrannt haben oder in konkrete Nöte gestürzt sind. Zurechthelfen, nicht mit erhobenem Zeigefinger, sondern mit einem sanftmütigen Geist. So wie Gott sich uns voll Erbarmen zugewandt hat, so sollen wir in unserem Alltag heute anderen Menschen unter die Arme greifen, wenn sie am Boden liegen. Wer nicht müde wird, in seinem Umfeld Gutes zu tun, der wird die Wirkung des Heiligen Geistes auch in seinem Leben erfahren und ewig gesegnet sein.

„Du sollst deinen Nächsten lieben wie dich selbst.“ *Matthäus 22,39*

Leidenschaftlicher Schlussakkord

Galater 6,10-18 **Mittwoch, 14.**

Was ist wichtig für unser christliches Leben in einer modernen Welt? Paulus sagt: Verpflichtet euch, Gutes zu tun in der Gesellschaft, besonders aber an euren Mitchristen. So sind wir Salz und Licht in dieser Welt. Baut nicht auf die alttestamentliche Gesetzesfrömmigkeit, z. B. auf das Bundeszeichen der Beschneidung. In Christus sind wir frei vom Fluch des Gesetzes und der Sünde. Jesus hat für uns am Kreuz von Golgatha teuer bezahlt. Sein Kreuz ist die neue Schöpfung, sodass Friede und Barmherzigkeit unser Verhalten bestimmen können. Die Gnade, die Jesus uns erworben hat, ist bei uns sichtbar, wenn wir auf ihn hören und Gottes Geist unser Denken und Handeln prägt. Zum Schluss des Briefes schreibt Paulus persönlich mit eigener Handschrift: Amen. Dieser Schlusspunkt bedeutet: „Es gilt in Zeit und Ewigkeit." Daran wollen wir uns festhalten.

„Seid barmherzig, wie auch euer Vater barmherzig ist." *Lukas 6,36*

Die Offenbarung des Johannes

Der römische Kaiser Domitian (81–96 n. Chr.) machte aus der göttlichen Verehrung des Kaisers einen Loyalitätstest („Ich, Domitian, HERR und GOTT"). In Kleinasien (türkische Westküste) wurde der Kaiserkult am härtesten durchgesetzt, und genau hier liegen die sieben Gemeinden, an die die Offenbarung gerichtet ist (Kap. 2–3). Ob unter Domitian oder unter einem anderen Kaiser: Die Christen bekennen Jesus als HERRN und GOTT, und niemand anderen. Diskriminierung und Verfolgung sind die Folge (6,9-11).
Der Seher Johannes ist auf die Gefangeneninsel Patmos verbannt (1,9). Er erhält in einer Vision vom erhöhten Christus den Auftrag (1,17-19), die bedrängten Christen zu ermutigen und ihnen zu zeigen, wie Gott in all diesem Chaos am Werk ist – bis hin zu einem „neuen Himmel und einer neuen Erde" (21,1-5). Johannes sieht Vergangenheit, Gegenwart und Zukunft: „Schreibe, was du gesehen hast" (1,19 betrifft Kap. 1), „was ist" (bezieht sich auf Kap. 2–3) „und was geschehen soll danach" (Kap. 4–22).
In der Offenbarung wechselt häufig der Blickwinkel. Im Bild gesprochen: Die Filmkamera schwenkt dauernd zwischen dem himmlischen Gottesdienst und den Geschehnissen auf der Erde hin und her. Der Ausgangspunkt für alles Geschehen ist aber der, der auf dem Thron sitzt (4,2; 5,1.7 u. ö.). Von hier aus wird regiert. Die Offenbarung ist also vom himmlischen Gottesdienst (Kap. 4+5; 16,5+7; Kap. 21+22), vom jetzt schon gefeierten Sieg Jesu her zu lesen. (Nirgends sonst im NT finden sich so viele Lobgesänge wie hier!) Sie ist ein Trostbuch für die verfolgte Gemeinde.

Die gottfeindlichen Mächte können seit Ostern nicht mehr gewinnen, aber sie können noch zum Götzendienst, zum Kaiserkult verführen. Deshalb hilft die Offenbarung, die gottfeindlichen Mächte in ihrer äußeren Show, in ihrem leeren Machtgetöse zu durchschauen. Es sind Scheinmächte, ihr Machtgehabe ist reiner Bluff. Deshalb sind die Negativmächte oft so schemen- und schattenhaft dargestellt. Die oft grauenvollen Taten der Menschen werden von Gott zugelassen, aber zugleich befristet (Sieben ist die Zahl der Fülle; die zeitliche Begrenzung ist 3½ Jahre = 42 Monate = 1260 Tage). Die Leidenszeiten dauern nicht ewig. Oft scheint es, dass Gott und sein Volk endgültig von der Weltbühne abzutreten hätten, aber Gottes scheinbare Niederlagen sind oft seine Siege. So nämlich sollen auch die Nichtglaubenden die Größe und Herrlichkeit Gottes erkennen. Er hält ewig seine Gemeinde und die Welt in seinen guten Händen: „Hier ist Geduld und Glaube der Heiligen“ (13,10).

Vom Anfang bis zum Ende

Offenbarung 1,1-8 **Donnerstag, 15.**

Jesus ist das A und das O – Anfang und Ende. Alles beginnt mit ihm, alles findet in ihm sein Ziel. Das gilt für die Geschichte der Welt genauso wie für mein eigenes Leben. Jesus kommt wieder. Das Unvollendete wird vollendet und alles, was noch nicht gut ist, findet zu einem guten Ende. Das ist keine Illusion, sondern eine feste Zusage Gottes, auf die ich vertrauen kann. Er ist der Herr über die Zeit – der da ist, der da war und der da kommt.

In einer Welt, die sich schnell verändert, ist es beruhigend zu wissen, dass Anfang und Ende in Gottes Hand liegen. Seine Gegenwart heute und seine Wiederkunft in der Zukunft sind ein Fundament, auf dem ich stehen kann.

Impuls: Wo hat es mir geholfen, darauf zu vertrauen, dass Gott alles unter Kontrolle hat? Was mag ich ihm heute hinlegen, damit er es zum Ziel bringt?

„Ich bin das A und das O, spricht Gott der Herr, der da ist und der da war und der da kommt, der Allmächtige.“ *Offenbarung 1,8*

Mutausbruch

Offenbarung 1,9-20 **Freitag, 16.**

Johannes erlebt Jesus in einer gewaltigen Vision: Seine Stimme wie tosendes Wasser, sein Anblick strahlend wie die Sonne. Diese Begegnung ist so überwältigend, dass Johannes wie tot zu Boden fällt. Dann kommt der Zuspruch: „Fürchte dich nicht!“ Jesus, der Lebendige, hat den Tod besiegt. Er ist der Erste und der Letzte, Herr über alles, was war und sein wird. Mit diesen Worten schenkt Jesus einen neuen Blickwinkel und Mut, auch wenn alles zu groß, zu schwer erscheint. Er zeigt: Egal, wie mächtig die Angst wirkt – Jesus ist größer.

Impuls: Wo wünsche ich mir einen Mutausbruch? Traue ich Jesus zu, dass er mir mit seinem „Fürchte dich nicht!“ neuen Mut schenkt?

„Und er legte seine rechte Hand auf mich und sprach: Fürchte dich nicht! Ich bin der Erste und der Letzte und der Lebendige. Ich war tot, und siehe, ich bin lebendig von Ewigkeit zu Ewigkeit und habe die Schlüssel des Todes und der Hölle.“ *Offenbarung 1,17f*

Zurück zur ersten Liebe

Offenbarung 2,1-7 **Samstag, 17.**

Die Gemeinde in Ephesus glänzt durch Einsatz und Treue: Sie kämpft gegen falsche Lehren, hält durch und steht stabil. Und doch kritisiert Jesus einen entscheidenden Punkt: Sie hat ihre erste Liebe verlassen. Nicht der Aktionismus zählt, nicht der Erfolg um jeden Preis. Leidenschaft und Liebe für Gott und seine Menschen sind der wahre Maßstab.

Jesus geht es um die Haltung, nicht um Leistung. Unsere Arbeit und unser Einsatz verlieren ihren Wert, wenn die Liebe zu ihm verblasst. Er ruft uns zur Umkehr: zurück zu einer Haltung, in der

wir ihn mit Freude und Hingabe an die erste Stelle setzen – als Gemeinschaft und als Einzelne.
Impuls: Was tue ich aus Liebe und Begeisterung und was nur aus Pflichtgefühl oder weil es sonst niemand macht? Welche Aufgaben darf ich beenden, und in welche darf ich mich neu verlieben?

„Aber ich habe gegen dich, dass du deine erste Liebe verlassen hast."
Offenbarung 2,4

Wochenspruch
Es ist dir gesagt, Mensch, was gut ist und was der HERR von dir fordert: nichts als Gottes Wort halten und Liebe üben und demütig sein vor deinem Gott. *Micha 6,8*

Ist der Ehrliche der Dumme?

Psalm 52 **Sonntag, 18.**

Fake News haben eine zerstörerische Wirkung. Viele Menschen reden lieber „Falsches als Rechtes" und richten mit ihrer Zunge großen Schaden an. Sie haben das Gefühl, dass sie mit ihrem Tun durchkommen und sich mit ihren Zielen auch noch durchsetzen. „Großer Reichtum" kann dazu verleiten, oder die Erfahrung, dass man mit boshaften Taten so viel Angst sät, dass die Mitmenschen schon Platz machen. Das bestimmt die großen und die kleinen Tyrannen dieser Welt. Ein solches Verhalten hat in der Gemeinde Gottes keinen Platz. Diese Mittel werden durch keinen Zweck geheiligt. Gott steht ihnen entgegen. Die zerstörerische Wirkung wird letztendlich die erfassen, von denen sie ausgegangen ist. Wir im „Hause Gottes" sollen uns dagegen am Guten orientieren und uns allein auf Gottes Güte verlassen.

„Irret euch nicht! Gott lässt sich nicht spotten. Denn was der Mensch sät, das wird er ernten." *Galater 6,7*

Treue, die trägt

Offenbarung 2,8-11 **Montag, 19.**

Die Gemeinde in Smyrna hat es nicht leicht. Jesus spricht von kommenden Prüfungen, Armut und Verfolgung. Doch er fordert sie nicht auf, die Situation zu verändern, sondern treu zu bleiben – auch wenn es sie alles kostet. Warum? Weil er selbst der Erste und der Letzte ist, der, der den Tod überwunden hat und ihnen die Krone des Lebens schenkt.

Diese Zusage gilt auch uns. Unsere Treue zu Jesus ist kein blinder Gehorsam, sondern ein Ausdruck des Vertrauens, dass er stärker ist als jedes Leid und jede Angst. Seine Verheißung des Lebens in Ewigkeit gibt Kraft, auch in schweren Zeiten standzuhalten.

Impuls: Wo in meinem Leben fordert mich Jesus heraus, treu zu bleiben? Welche Verheißung kann mir heute Hoffnung und Stärke geben?

„Dies habe ich mit euch geredet, damit ihr in mir Frieden habt. In der Welt habt ihr Angst; aber seid getrost, ich habe die Welt überwunden."

Johannes 16,33

Faule Kompromisse

Offenbarung 2,12-17 **Dienstag, 20.**

Die Gemeinde in Pergamon lebt mitten in schwierigen Verhältnissen – dort, „wo der Thron des Satans ist". Trotz dieser Herausforderungen hält sie an ihrem Glauben fest. Doch Johannes spricht auch die Kompromisse an, die hier eingegangen werden: Sie toleriert Lehren, die Gottes Maßstäben widersprechen. Treue zu Jesus bedeutet, auch in der Spannung zwischen Anpassung und Abgrenzung klare Entscheidungen zu treffen. Die Überwinder empfangen das verborgene Manna – ein Symbol für Jesu Versorgung – und den weißen Stein mit einem neuen Namen. Der Stein steht für eine persönliche Verbindung zu Jesus, die uns niemand nehmen kann.

Impuls: Wo in meinem Leben stehe ich in der Gefahr, faule Kompromisse zu machen?

„Niemand kann zwei Herren dienen: Entweder er wird den einen hassen und den andern lieben, oder er wird an dem einen hängen und den andern verachten. Ihr könnt nicht Gott dienen und dem Mammon." *Matthäus 6,24*

Ein Licht, das bleibt

Offenbarung 2,18-29 **Mittwoch, 21.**

Die Gemeinde in Thyatira wird für ihre Liebe, ihren Glauben und ihre Treue gelobt. Doch Jesus spricht durch den Propheten Johannes auch klar an, wo die Christen dort scheitern: Sie dulden „Isebel", die sich als Prophetin ausgibt und die mit ihren Lehren zur Teilnahme an heidnischen Riten und Festessen zu Ehren fremder Götter verführt. Diese falschen Einflüsse verwischen die klare Linie zwischen der Treue zu Jesus und der Anpassung an ihre heidnische Umgebung. Die Botschaft ist unmissverständlich: Treue zu Jesus bedeutet, falsche Einflüsse zu erkennen, sie zu benennen und sich bewusst davon abzugrenzen – selbst, wenn es unbequem ist.
Impuls: Wo in meinem Leben dulde ich Verhaltensweisen, die mich von Jesus wegziehen?

„Ich, Jesus, habe meinen Engel gesandt, euch dies zu bezeugen für die Gemeinden. Ich bin die Wurzel und das Geschlecht Davids, der helle Morgenstern." *Offenbarung 22,16*

Unter falscher Flagge unterwegs

Offenbarung 3,1-6 **Donnerstag, 22.**

Der sprichwörtlich reiche Krösus und das Gold von Sardes – was für Namen, was für ein Wohlstand, was für eine Geschichte! Vielleicht bildete man sich noch etwas darauf ein in dem Ort, der die Prägung der ersten Geldmünzen in der Menschheitsgeschichte gesehen hatte. Aber es war lange her. „Du hast den Namen, dass du lebst" – doch es ist vielleicht nur noch die stolze Geschichte, nur noch Fassade. Aber ich mache doch so viel, ich bin da, wenn ich gebraucht werde, ich investiere viel, auf mich kann man zählen. Das Urteil ist hart: Du bist tot. Unter falschem Namen unterwegs ... Manche Schiffe fahren unter falscher Flagge, damit nicht ans Licht kommt, was sie in sich tragen. Werde wach! Das ist hier ganz klar mit der Umkehr verbunden, Umkehr in die Arme des lebendigen Christus, in dessen Hand alles ist.

„Schaffe in mir, Gott, ein reines Herz und gib mir einen neuen, beständigen Geist." *Psalm 51,12*

Offene Tür

Offenbarung 3,7-13 Freitag, **23.**

Philadelphia – von einem alten Liederbuch bis zu großen Städten in der „Neuen Welt" (ja, auch ein Frischkäse), es ist ein beliebter Name. Kein Wunder: Er bedeutet „Bruderliebe", Geschwisterliebe können wir auch sagen, und das Urteil über die Gemeinde ist hier wie bei keiner anderen uneingeschränkt positiv. Was für ein Segen, dass es so eine Gemeinde gibt! Obwohl sie mit „kleiner Kraft" (V. 8) unterwegs ist. Was ist ihr Geheimnis? Dass der „Schlüssel" (V. 7) ganz in der Hand des kommenden Herrn ist, der „im Regiment" sitzt wie damals David. Nicht in unserer Hand. Wir sollen auf ihn schauen, auf ihn hören, sein Wort bewahren (das Wort kommt mehrmals vor). Wobei das gerade nicht heißt, nur zu schauen, dass alles beim Alten bleibt. Die offene Tür heißt doch auch: Schau, was „draußen" ist, über den Tellerrand, da sind viele, bleib nicht hocken.

„Du stellst meine Füße auf weiten Raum." *Psalm 31,9*

Sattheit

Offenbarung 3,14-22 Samstag, **24.**

Als ob es über die Zustände in manchen Kirchen und Gemeinden geschrieben wäre! Zeigen wir nicht zu rasch auf andere. Wir gehören zu den Reichen, Laodizea war eine durch Wollindustrie und Heilwesen wohlhabende Stadt. Mit Reichtum kann viel Gutes bewirkt werden. Aber dann ist vieles so bequem, so selbstverständlich – und so verschieben sich die Prioritäten. Die Sattheit macht uns trotz Reichtum und vielen Aktivitäten arm. „Ich brauche nichts" ist das Alarmzeichen! Wir machen dann auf „wohltemperierte" Christlichkeit, wir sprechen von Rücksicht auf diese oder jene, wir wollen doch nicht extrem sein. Es fehlt das „Amen" des Christus (V. 14) – „so soll es sein", Ja ist Ja und Nein ist Nein. Das größte Wunder ist wohl, dass Jesus nicht „den Staub von seinen Füßen schüttelt" und weggeht, sondern steht und anklopft. Er ist da. An der Tür, die nur von innen aufgeht.

„Rufe mich an, so will ich dir antworten." *Jeremia 33,3*

Wochenspruch
Lass dich nicht vom Bösen überwinden, sondern überwinde das Böse mit Gutem. *Römer 12,21*

Hilfeschrei um Recht und Gerechtigkeit

Psalm 58 **Sonntag. 25.**

Rasende Wut, Hass, Rachegedanken, oder ist es vor allem – Angst? Die Fluchpsalmen 58, 83 und 109 und viele Gewaltverse werden meist einfach übersprungen. Wir können, wir dürfen so nicht beten (manche tun's mit gewundenen Erklärungen doch). Entscheidend ist aber, dass der Beter seine Not nicht in sich hineinfrisst, sondern ihr Luft macht, das tiefe Verlangen nach Gerechtigkeit und den abgrundtiefen Schmerz hinausschreit. Uns hat es – möge es so sein – noch nie so getroffen. Die abgründige Emotion stellt sich ja sozusagen automatisch ein. Vor Gott darf alles kommen! Wohin denn sonst? Für ihn geht es aber nun nicht um das Ausholen zum Gegenschlag, gerade nicht um Vergeltung. Gott hat keinen Gefallen am Tod der Gottlosen. In Jesus gibt es Vergebung, Gott sei Dank! So kann ich es als ein in fürchterliche Bilder gefasstes Stoßgebet verstehen.

„Gott aber sei Dank, der uns den Sieg gibt durch unsern Herrn Jesus Christus!“ *1. Korinther 15,57*

Thron und Trost

Offenbarung 4,1-11 **Montag, 26.**

Das äußerlich Sichtbare ist nur ein kleiner Teil dessen, was wirklich ist. Viel mehr durchdringt und trägt diese Welt, ist gegenwärtig, der „Himmel“ ist nicht irgendwo weit weg, sondern die Wirklichkeit Gottes in und hinter allem, die Mitte und die Kraft alles Lebendigen, das Zentrum der Aufmerksamkeit auch für das Schwache und Unscheinbare, der Trost für das Unbegreifliche. Mit dem Blick in den himmlischen Thronsaal, der dem Seher gewährt wird (Kap. 5 gehört dazu!), wird das Entscheidende an den Anfang gestellt: All das, was dann an schrecklichen Dingen kommen muss, hat sein Maß und seine Schranken von diesem Thron her! Von hier ist die Richtung gegeben, die jedes Schicksal nehmen muss. Alles ist vor diesem Thron sichtbar, nichts unbemerkt oder verborgen (Fackeln, gläsern, Augen ...). „Du bist würdig“: Wo das alles andere zum Schweigen bringt, kommt der Himmel jetzt schon zur Welt.

„Lobet Gott in seinem Heiligtum.“ *Psalm 150,1*

Das Regiebuch

Offenbarung 5,1-5 **Dienstag, 27.**

Johannes sieht eine Buchrolle in der Hand Gottes. Das siebenfache Siegel weist auf das Gewicht der Schrift hin. Ein Siegel bringt der Notar an einem Vermächtnis an: Dieses gilt unbedingt! Wovon handelt das Gottesbuch? Der erste Vers von Kapitel 6 zeigt, dass es um den Fortgang der Geschichte geht. Öffnung eines Siegels bedeutet: Was Gott als nächsten Schritt geplant hat, verwirklicht sich jetzt. Johannes weint verzweifelt, weil er sich aus der gegenwärtigen Not nach der Regie Gottes sehnt, die durchs Leiden hindurchführt und alles zu einem guten Ende bringt. Die Lösung heißt Jesus. Schon die jüdischen Ausleger haben den Titel Löwe im Jakobssegen (1.Mo 49,9) und die Herkunft aus König Davids Familie (Jes 11,1) zusammengesehen. Der Löwe aus der Wurzel Davids: Dieser Regisseur sorgt für das großartige Happy End!

„(Sie) werden sehen den Menschensohn kommen auf den Wolken des Himmels mit großer Kraft und Herrlichkeit.“ *Matthäus 24,30*

Lob für das Lamm

Offenbarung 5,6-14 **Mittwoch, 28.**

Direkt im Thronbereich taucht die Gestalt eines Lammes auf. Es hat also vollkommen teil an der Hoheit und Herrschaft Gottes. Johannes der Täufer hat Jesus als Lamm bezeichnet, das die Sünde der Welt trägt. Die Erlösung der Menschheit durch Jesus wird ausdrücklich angesprochen (V. 9): „Du bist geschlachtet und hast mit deinem Blut Menschen für Gott erkauft aus allen Stämmen.“ Jesus tritt an die Stelle der Schlachtopfer im alten Gottesdienst. Seine Hingabe wirkt wie das Lösegeld, das wir leider von modernen Geiselnahmen kennen. Die Befreiung durch Jesus ist gewiss ein Loblied wert. Es unterstreicht, dass diese Wohltat Leuten aus allen Nationen zugutekommt. Die erlöste Gemeinde sieht sehr international aus. Stimmen wir ein, wenn nicht nur alle Himmelswesen, sondern auch alle Geschöpfe das Lamm Gottes lobpreisen?

„Alles, was Odem hat, lobe den HERRN! Halleluja!“ *Psalm 150,6*

Apokalyptische Reiter

Offenbarung 6,1-8 **Donnerstag, 29.**

Den Namen „Apokalyptische Reiter“ hat sich eine ostdeutsche Metal-Band gegeben. Ihre Liedtexte verherrlichen den Teufel als den Allmächtigen, der die Menschheit zu ihrem Ende bringt. Johannes aber sieht in der höchsten Machtposition das Lamm, das die Siegel von Gottes Geschichtsbuch öffnet. Was jetzt kommt, stammt aus der Hand des Erlösers. Doch weil sich die Welt seiner Liebe verweigert, schickt er Plagen, die die Welt erschüttern und zur Besinnung bringen sollen. Der Bogenschütze auf dem weißen Feldherren-Pferd steht für Krieg. Das rote Pferd erinnert an viel Blutvergießen und den geraubten Frieden. Der Reiter mit der Waage auf dem schwarzen Pferd weist auf extreme Inflation, Geldentwertung hin. Auf dem fahlen Pferd reitet der Tod daher. Gut, dass in Offb 19 der Reiter Jesus über alle böse Macht triumphiert!

„Es werden ihn sehen alle Augen und alle, die ihn durchbohrt haben."
Offenbarung 1,7

Abrissbirne in Aktion

Offenbarung 6,9-17 **Freitag, 30.**

Diese Schöpfung gleicht einem schönen Haus, das Gott für seine Geschöpfe gebaut hat. Doch weil die Menschheit es mit Unfrieden erfüllt hat, mit Götzendienst und Blutvergießen, geht der Baumeister daran, die schöne Wohnstatt wieder abzureißen. Die feste Ordnung des Fixsternhimmels gerät aus den Fugen. Die jahrtausendealten Gebirge und Inselwelten kegeln durcheinander. „Alles rennet, rettet, flüchtet" – warum? Weil die hohen Verantwortungsträger spüren, dass sie sich jetzt für ihre Untaten verantworten müssen. Genauso wie jeder kleine Angestellte. Erschreckend, dass Johannes den Zorn des Lammes kennenlernen muss! Doch wie berechtigt ist er! Nicht unter dem Zorn, sondern im Frieden mit Gott leben alle, die so mutig wie die bei Gott geborgenen Märtyrer das Zeugnis von Jesus festhalten.

„Wir warten aber auf einen neuen Himmel und eine neue Erde nach seiner Verheißung, in denen Gerechtigkeit wohnt." *2. Petrus 3,13*

Keiner geht verloren

Offenbarung 7,1-8 **Reformationstag. 31.**

In der Offenbarung geht es richtig zur Sache. Wir fragen uns vielleicht: Wann wird dies alles geschehen, und werde ich dann bestehen und Jesus treu bleiben? Klar ist: Das Szenario der Endzeit läuft bereits. Ein Zeichen dieser Zeit sind Christenverfolgungen in vielen Ländern der Erde. Dass es bei uns noch nicht so ist, muss nicht so bleiben. Unser Text ist eine Ermutigung. Die dramatischen Ereignisse werden durch eine Pause unterbrochen. Gott bestimmt den Lauf der Ereignisse. Die Gläubigen werden mit Gottes Namen gekennzeichnet (Offb 14,1). Er bringt seine Leute ans Ziel. Die Symbolzahl steht für alle von Gott geretteten Menschen. Sie wird erreicht, und niemand kann daran etwas ändern. Können wir das für uns glauben?

„Das ist aber der Wille dessen, der mich gesandt hat, dass ich nichts verliere von allem, was er mir gegeben hat, sondern dass ich's auferwecke am Jüngsten Tage." *Johannes 6,39*

Monatsspruch November

Der HERR wird Recht schaffen zwischen den Nationen und viele Völker zurechtweisen. Dann werden sie ihre Schwerter zu Pflugscharen umschmieden und ihre Lanzen zu Winzermessern. Sie erheben nicht das Schwert, Nation gegen Nation, und sie erlernen nicht mehr den Krieg.

Jesaja 2,4 (E)

Wochenspruch

Bei dir ist die Vergebung, dass man dich fürchte. *Psalm 130,4*

Wer ist gut?

Psalm 143,1-11 **Sonntag, 1.**

„Du bist gut! Fakt." So heißt es auf einem Flyer, der zu einer christlichen Jugendveranstaltung einlädt. Ist das die Botschaft der Bibel? „Gut ist nur der Eine", erklärt Jesus (Mt 19,17). David erkennt: „Vor dir ist kein Lebendiger gerecht." (V. 2) Wir halten uns alle für gute Christenmenschen. Doch seltsamerweise gibt es in jeder Gemeinde Misstöne und Streit. David sucht schon beim Morgengebet das Heilmittel: „Lass mich am Morgen hören deine Gnade." (V. 8) Gott hat uns gewollt und wunderbar gemacht (Ps 139,13f), aber nur seine Gnade lässt uns vor ihm bestehen. Der Künstler Michelangelo stieß durch eine vornehme Dame in Rom auf die Botschaft, dass nur der Opfertod Jesu erlöst. Er schrieb: „Mir kann nicht Stift noch Meißel Ruhe geben, nur Gottes Liebe noch, die mitleidsvoll am Kreuz die Arme nach uns ausbreitet."

„(...) auf dass er allein gerecht sei und gerecht mache den, der da ist aus dem Glauben an Jesus." *Römer 3,26*

Kraft und Zuversicht in Verfolgungen

Offenbarung 7,9-17 **Montag, 2.**

Haben wir schon einmal eine äußerst schwierige Lebensphase durchgehalten, weil wir die Perspektive einer sehr guten Zeit danach hatten? Die Menschen dieser internationalen Großversammlung im Himmel haben als Christen eine schlimme Verfolgungszeit auf Erden hinter sich. Mit solchen Bedrängnissen müssen Christen jederzeit rechnen. Jesus bewahrt seine Leute nicht vor aller Verfolgung, aber ganz gewiss in aller Verfolgung. Er trägt sie durch bis zu seinem Ziel. Verfolgungen und Nöte können den Glauben von Christen stärken. Ihre Beziehung zu Jesus kann dann fester werden. Die Zeit hitziger Verfolgungen wird einmal vorbei sein. Dann ist die himmlische Gemeinschaft perfekt und voll unbeschreiblicher Freude. Diese Perspektive macht Christen schon heute widerstandsfähig und mutig.

„Wir leiden Verfolgung, aber wir werden nicht verlassen. Wir werden unterdrückt, aber wir kommen nicht um." *2. Korinther 4,9*

Unsere Gebete kommen an

Offenbarung 8,1-5 **Dienstag, 3.**

Kennen wir beim Beten bisweilen das Gefühl, dass wir mit uns selbst sprechen und dass uns anscheinend niemand hört? Hilfreich ist, was in 1Petr 3,12a steht: „Denn die Augen des Herrn sehen auf die Gerechten, und seine Ohren hören auf ihr Gebet." Darauf können wir vertrauen. Dafür ist Stille nötig. 30 Minuten sind für mich eine gute Zeit. Wir beten dann meistens so, wie uns der Schnabel gewachsen ist. Dabei fragen wir leider oft nicht nach dem Willen Gottes. In unseren Gebeten findet sich viel Fragwürdiges und Eigensinniges. Sie benötigen die Reinigung und Weitergabe durch Gottesboten. Dadurch bekommen sie einen angenehmen Duft. So kommen sie bei Gott an und werden auf heilsame Weise erhört.

„Desgleichen hilft auch der Geist unserer Schwachheit auf. Denn wir wissen nicht, was wir beten sollen, wie sich's gebührt; sondern der Geist selbst tritt für uns ein mit unaussprechlichem Seufzen."

Römer 8,26

Vom Sinn göttlicher Gerichte

Offenbarung 8,6-13 **Mittwoch, 4.**

Die Gerichte über die Welt gehen vom Thron Gottes aus und werden von Engeln ausgeführt. Ein Inferno zieht über die Erde, Meere, Flüsse und die Natur hinweg. Aber die Chaosmächte werden begrenzt. Immer wird nur ein Drittel der Elemente getroffen. Obwohl die Ereignisse Auswirkungen auf die Menschen und ihre

Lebensräume haben, werden diese noch geschützt. Aus Liebe gibt Gott den Menschen, die nicht zum Kreis der Freunde Jesu gehören, eine Chance zur Umkehr. Die Erfahrung solcher dramatischen Ereignisse kann dazu führen, dass Menschen sich Gott zuwenden. Sie fragen nach Jesus und seiner Botschaft und bekommen wegweisende Antworten. Sie glauben an ihn und nennen sich fortan seine Nachfolger. Wie ist das bei uns?

„Meinst du, dass ich Gefallen habe am Tode des Gottlosen, spricht Gott der HERR, und nicht vielmehr daran, dass er sich bekehrt von seinen Wegen und am Leben bleibt?“ *Hesekiel 18,23*

Schlimmer geht immer I

Offenbarung 9,1-12 **Donnerstag, 5.**

Erleben wir in unserer Zeit, dass das Böse sich dermaßen über Menschen ergießt? Ein teuflisches Wesen erhält den Schlüssel zum Gefängnis der schauerlichen Mächte. Sie werden freigelassen und beginnen ihr unheimliches Spiel. Starker Rauch und plagende Heuschrecken sind Symbole für dämonische Mächte, die die Menschen total bestimmen. Es sind dieselben Menschen, die auf die Stimmen dieser Mächte hören, und dann von ihnen, den Heuschrecken, gequält werden. Menschen ohne den Geist Gottes sind diesen Einflüssen hilflos ausgeliefert. Sie haben Jesus abgelehnt und müssen nun mit den Folgen leben. Der große Fehler der Menschen ist, dass sie zu Jesus umkehren könnten, es aber nicht tun. Aber auch hier wird das Gericht Gottes begrenzt (V. 5). Noch ist eine Umkehr möglich!

„So bitten wir im Auftrag von Christus: ‚Bleibt nicht Gottes Feinde! Nehmt die Versöhnung an, die Gott euch anbietet!‘“
2. Korinther 5,20 (GNB)

Schlimmer geht immer II

Offenbarung 9,13-21 **Freitag, 6.**

Eine Stimme vom Altar Gottes gibt den Befehl, dass die Strafengel freigelassen werden und ihren tödlichen Auftrag ausführen können. Die genaue Zeit dafür wird von Gott festgesetzt. Er bestimmt den Ablauf der Gerichte. Nach heutigen Maßstäben werden knapp drei Milliarden Menschen getötet. Das ist unbegreiflich schlimm; noch erschreckender aber ist die Feststellung, dass sich die übrigen Menschen nicht von ihrer fehlgeleiteten Anbetung und ihrem bösen Tun trennen. Folglich beten sie nicht zu Jesus und praktizieren auch nicht die Werke seiner Liebe. Sie lassen sich nicht warnen, sondern bleiben stur bei ihrer gleichgültigen oder ablehnenden Haltung Jesus gegenüber. Das Blatt wenden würde ihre gewollte und tatsächliche Hinwendung zu Jesus. Ihre Umkehr. Wie ist unsere Reaktion?

„Wir haben euch aufgespielt und ihr habt nicht getanzt; wir haben Klagelieder gesungen und ihr habt nicht geweint.“ Matthäus 11,17

Die ganze Schöpfung ist Gottes

Offenbarung 10,1-11 **Samstag, 7.**

Zentrale Figur dieses Abschnitts ist der starke, mächtige Engel. Er positioniert sich so, dass er mit einem Fuß auf der Erde, mit einem im Meer steht. Damit umfasst er die ganze Schöpfung, die durch den Sündenfall in Mitleidenschaft gezogen wurde. Als Ganzes sehnt sie sich nach Erlösung und Erneuerung. Der Engel ist ein Bote für ihre Erlösung, deren Grundlage Jesus am Kreuz geschaffen hat.

Dass die ganze Schöpfung Gottes ist, ruft uns zu einem Leben der Ehrfurcht vor Gott und seiner Schöpfung. Es bedeutet, dankbar zu sein, Gott als Schöpfer zu ehren, die Welt umsichtig zu bewahren. Wir dürfen auf die endgültige Erlösung hoffen, wir sollen aber auch heute schon die gesamte Schöpfung als Schöpfung Gottes ansehen. Mit uns mittendrin und als Teil davon. Wo kann ich in meinem alltäglichen Leben dazu beitragen, sie zu bewahren?

„Denn wir wissen, dass die ganze Schöpfung bis zu diesem Augenblick seufzt und in Wehen liegt.“ *Römer 8,22*

Wochenspruch
Selig sind, die Frieden stiften; denn sie werden Gottes Kinder heißen. *Matthäus 5,9*

Erschütterter Glaube

Psalm 44 **Sonntag, 8.**

Das ist kein erbaulicher Psalm für den morgendlichen Kaffeetisch. Auch wenn er gut beginnt. Der Psalmist erzählt von den großen Taten Gottes und der Treue des Volkes. Davon können wir hoffentlich auch erzählen. Solche positiven Gotteserfahrungen stärken unser Vertrauen und unsere Zuversicht. Und wir rechnen fest mit einer Fortsetzung dieser Geschichte. Aber es gibt mit V. 10 einen dramatischen Wendepunkt in diesem Psalm: Die Stimmung verändert sich. Verzweiflung macht sich breit. Gott, so haben wir dich bisher nicht kennengelernt! Warum bist du nicht (mehr) da?! Menschen suchen nach Gründen, um das Schwere zu verstehen, aber es fehlt eine Kategorie, um das Geschehen einzuordnen. Es gibt Dinge, die uns sprachlos zurücklassen, Fragen, die in unserem Leben nicht beantwortet werden. Der einzige Trost: Auch in größter Not dürfen wir uns an Gott wenden.

„Mein Gott, mein Gott, warum hast du mich verlassen?“
Matthäus 27,46

Gott ist und bleibt gegenwärtig

Offenbarung 11,1-2 **Montag, 9.**

Johannes hat die Aufgabe, den Tempel zu vermessen. Was man vermessen kann, ist nachweisbar, ist real. Er vermisst hier den Tempel, der nicht als das Gebäude in Jerusalem zu verstehen ist, sondern als die Gemeinschaft der Glaubenden. Zur Zeit der Niederschrift der Offenbarung war der Tempel in Jerusalem bereits zerstört. In diesem zu vermessenden Tempel gibt es zwei Bereiche: den Vorhof, der verwüstet wird, und das Heiligtum, in dem angebetet wird. Den Ort der Verwüstung muss er nicht beachten, sondern soll sich auf den Ort der Anbetung konzentrieren. Diesen Bereich will Gott schützen. Den Bereich, in dem er gegenwärtig ist und wo wir ihm begegnen können. Gott ist gegenwärtig, mitten in den Krisen der heutigen Zeit, und er wird gegenwärtig sein in der Endzeit. Mitten in der Verwüstung ist Raum zur Begegnung mit Gott.

„Denn wo zwei oder drei versammelt sind in meinem Namen, da bin ich mitten unter ihnen.“ *Matthäus 18,20*

Gottes Sehnsucht bis zuletzt

Offenbarung 11,3-14 **Dienstag, 10.**

Zwei Propheten treten in einer gottlosen Stadt als Zeugen des Evangeliums auf. Dreieinhalb Jahre wirken sie unter den Menschen und verkündigen. Aber ihre Botschaft wird nicht angenommen. Was zeigt uns das über Gott? Er sendet seine Zeugen an einen Ort, der sich von ihm abwendet. Bis ans Ende ist Gott getrieben von der Sehnsucht, Herzen zu bewegen. Menschen einzuladen zur Beziehung mit ihm. Gott ist treu und lässt nicht locker. Die beiden Zeugen werden mit Leuchtern und Ölbäumen verglichen, bringen Licht in eine Gemeinschaft, die sich von Gott abgewandt hat. Das Licht wird direkt aus dem Ölbaum gespeist.
Vielleicht gibt es Orte, an denen wir gefragt sind, Zeugnis abzulegen. Dann dürfen auch wir vertrauen, dass Gott uns zurüstet. Er bleibt uns treu und so können auch wir ihm treu bleiben. Und bis ins Letzte vertrauen, dass er wirkt.

„Himmel und Erde werden vergehen; aber meine Worte werden nicht vergehen.“ *Matthäus 24,35*

Hat das Ewigkeitswert?

Offenbarung 11,15-19 **Mittwoch, 11.**

„Hat das Ewigkeitswert?“ Wenn die Aufgabenliste explodiert, Konflikte mich belasten, Sorgen riesengroß werden, dann erdet mich diese Frage. Es bedeutet für mich nicht, die Hände in den Schoß zu legen und nur noch abzuwarten. Jeder Tag meines Lebens ist Geschenk und darf gestaltet werden. Wir dürfen daran mitwirken, dass Gottes Reich heute schon stückchenweise Realität wird.

Eines Tages wird Gottes Reich vollumfänglich Wirklichkeit. Neben meiner „Ewigkeitsfrage“ begleitet mich der Gedanke an die Ewigkeit nicht so stark. Der heutige Text rückt diese Perspektive heran und gibt Hoffnung. Hoffnung, dass Autokraten und Diktatoren nicht das letzte Wort haben. Hoffnung, dass eines Tages Menschen nicht mehr fliehen müssen. Hoffnung, dass Gerechtigkeit und Frieden ganz und gar real werden.

„Nun gehört die Herrschaft über die Welt unserm Herrn und seinem Christus, und er wird regieren von Ewigkeit zu Ewigkeit.“

Offenbarung 11,15

Der Teufel ist nicht für immer los

Offenbarung 20,1-6 **Donnerstag, 12.**

Wie von einer Filmkamera wird unser Blick durch den Seher Johannes in diesen abschließenden drei Kapiteln der Offenbarung auf das Ende der alten und den Beginn der neuen Welt Gottes gelenkt. Dabei bekommt er Sensationelles zu sehen: Der Teufel ist nicht mehr los, sondern wird unschädlich gemacht. Seine blutige Weltherrschaft mit Gewalt, Intrigen und Zerstörung wird ersetzt durch die Friedensherrschaft des Christus. Das ersehnte Paradies wird Wirklichkeit. Doch Jesus regiert nicht allein: Er beteiligt seine Nachfolger an dieser Aufgabe. Sie waren überzeugt: Das „Zeugnis für Jesus“ und das „Wort Gottes“ (V. 4) lohnen den Einsatz des gesamten Lebens – bis zum Tod. Daran hat sich bis heute nichts geändert. Und nun werden sie mit neuem, ewigem Leben beschenkt.

„Wer sein Leben erhalten will, der wird's verlieren; wer aber sein Leben verliert um meinetwillen, der wird's finden.“ *Matthäus 16,25*

Die Christus-Gemeinde ist nicht für immer unter Druck

Offenbarung 20,7-10 **Freitag, 13.**

Noch ein letztes Aufbäumen des Bösen. Zwar wird er nur für „eine kleine Zeit“ (V. 3) losgelassen; doch seine bewährte Strategie – „Verführen“ (V. 8.10) – zielt auf das endgültige Auslöschen der Christus-Gemeinde. Sie ist gegen das Übergewicht der vereinigten Weltmächte („wie Sand am Meer“) chancenlos. Doch auch dort, wo Christen mit ihrem Latein am Ende sind, fängt Gott erst an: Wie schon bei Elia (2Kön 1,10.12) macht vom Himmel fallendes Feuer aller Bedrohung ein vollständiges Ende. Der teuflische Anstifter wird bleibend ausgeschaltet (V. 10). Der Ausblick auf unseren Gott, der alles Weltgeschehen in seiner Hand behält und seine Gemeinde bis an sein Ziel bringt, hat Christen zu allen Zeiten Zuversicht gegeben, bis hinein in offenkundig hoffnungslose Situationen. Auf ihn ist Verlass – heute und morgen.

„Der Herr ist treu; der wird euch stärken und bewahren vor dem Bösen.“ *2. Thessalonicher 3,3*

Der Tod ist nicht für immer das Letzte

Offenbarung 20,11-15 **Samstag, 14.**

Unsere Lebensgeschichte und die Weltgeschichte enden nicht mit einem globalen „Schwamm drüber!“. Am Ende steht vielmehr der Thron, auf dem der gekreuzigte und auferstandene Weltherrscher Jesus Christus sitzt, der Retter und Richter. Wie auch immer Menschen in ihrem Leben zu Tode gekommen sind (z. B. durch das Meer: V. 13) – bei diesem Ereignis fehlt niemand („Groß und Klein“: V. 12). Aus den Büchern, den himmlischen Datenspeichern, kommen die Werke aller zum Vorschein; nach ihnen spricht der Richter Recht.

„Was sollen wir tun, dass wir Gottes Werke wirken?“, so wollten die Menschen von Jesus schon in Kapernaum wissen. Seine Antwort benennt die Norm: „Das ist Gottes Werk, dass ihr an den glaubt, den er gesandt hat.“ (Joh 6,28.29). Wer an Jesus glaubt, ist gerettet und steht im Buch des Lebens. Da hat sogar der Tod ausgespielt.

„Wer des Herrn Namen anrufen wird, der soll errettet werden.

Joel 3,5

Wochenspruch

Wir müssen alle offenbar werden vor dem Richterstuhl Christi.

2. Korinther 5,10a

Was bei Gott zählt

Psalm 50 **Sonntag, 15.**

Ein Verkäufer stand an der Tür und pries der Dame seine Ware an. Seine Werberede verstärkte der Schwabe mehrmals durch den Ausruf „Ach Gottle!“ Nach einer Weile fragte die aufrechte Christin: „Warum machen Sie denn Gott so klein?“
Der Gott, mit dem es Israel zu tun hat, ist kein kleiner Gott. Er ist der lebendige Gott. Mit diesem Gott haben auch wir zu tun. Er ist kein Trostpflästerchen, das auf unsere Wehwehchen geklebt wird. Er ist nicht der Notnagel, wenn wir nicht mehr weiterwissen. Er ist nicht der kleine Gott, den wir im Alltag zur Seite packen, um ihn an Festtagen hervorzuholen – wie eine Krippenfigur an Weihnachten.
Israel hatte gemeint: Gott lässt sich mit unseren Tempelgottesdiensten abspeisen; seine Gebote aber können wir vernachlässigen. Ein fataler Irrtum! Denn: Unser Herz soll Gott gehören – und ihn daher ehren mit Dank und Gehorsam.

„Dient dem Herrn von ganzem Herzen.“ *1. Samuel 12,20*

Gott macht alles neu.

Offenbarung 21,1-8 **Montag, 16.**

Wenn Träume platzen ... Manchmal kommt es im Leben anders, als wir uns das wünschen. Wer kennt das nicht? Diese Erfahrung machen wohl alle. Wir sind demnach nicht allein mit unseren Herausforderungen. Wie können wir dennoch zuversichtlich in die Zukunft blicken? Der heutige Bibeltext macht deutlich, dass die Zukunft gesichert ist. Allumfassend. Ganz und gar. In den Zukunftsplänen unseres Herrn haben wir unseren festen Platz. Gott macht alles neu – so die Jahreslosung 2026 aus unserem Text. Das betrifft insbesondere die ausweglosen und festgefahrenen Situationen in unserem Leben, die uns gefangen nehmen und den Lebensmut rauben. An den Stellen, an denen wir die Hoffnung verloren haben, fängt er noch einmal neu mit uns an. Daran erinnert die Offenbarung und dafür stehen Kreuz und Auferstehung. Mit ihm können wir heute neue Schritte ins Leben wagen.

„Denn siehe, ich will ein Neues schaffen, jetzt wächst es auf, erkennt ihr's denn nicht?" Jesaja 43,19

Jahreslosung 2026

„Gott spricht: Siehe, ich mache alles neu (Offenbarung 21,5)

Der stumme Matthias

Wow! Was für ein gewaltiges Wort: „Gott spricht: Siehe, ich mache alles neu!" – „und ich sah einen neuen Himmel und eine neue Erde", heißt es kurz vorher, und dann wird beschrieben, wie alles sein wird: „Gott wird abwischen alle ihre Tränen" (V 4). Aber das scheint ja alles so weit weg! Diese neue Welt Gottes, wann wird sie denn kommen, wenn überhaupt? Von vielen verspottet als billige „Jenseitsvertröstung". Wer weiß denn schon, ob Gott wirklich alles neu macht? Ich schau noch mal genauer hin und stelle fest: In V. 4 geht es tatsächlich um die Zukunft, die Verben sind in der Futur-Zeitform. Erst in Zukunft wird das Weinen aufhören und der Tod nicht mehr sein. Doch dann wechselt die Zeitform überraschend. Da steht das Präsens: „Siehe, ich mache alles neu" – nicht erst in ferner Zukunft, irgendwann, sondern schon jetzt. Gottes Neumachen hat also schon begonnen. Er ist schon hier und jetzt am Wirken. Kann ich es entdecken?

Ich denke da an Matthias. Ein junger Mann mit großen psychischen Problemen. Ich selbst war Teenager, als ich ihn damals in meinem Wohnort Krelingen kennenlernte. Dort gibt es ein großes christliches Werk, zu dem auch eine psychische Rehabilitationseinrichtung gehört, wo Matthias Hilfe suchte. Auf meinem Schulweg begegnete ich ihm öfter. Für mich war es der „stumme Matthias", denn er sprach wochenlang kein einziges Wort. Er lief so gebückt, dass sein Oberkörper fast im rechten Winkel zu seinen Beinen stand. Ausdruckslos und düster starrte er zu Boden. Immer wenn ich ihn grüßte, blieb er stumm. Später erfuhr ich, dass er im Leben viel Schweres erlebt hat. Er vereinsamte mehr und mehr. Die Einsamkeit brachte ihn zum Schweigen. Und das Schweigen machte ihn immer einsamer. Fast drei Jahre lang war er nun schon so stumm. Konnte es für ihn überhaupt noch Hoffnung geben? Konnte Gott sein Leben neu machen?

Wie groß war dann die Überraschung, als er eines Sonntags im Gottesdienst vorne am Lesepult stand! Aufrecht. Mit einem strahlenden Lächeln im Gesicht. Und dann begann er zu sprechen. Er las das Evangelium. Lebendig, engagiert, voll Freude. Der stumme Matthias wurde zur Stimme Gottes! Ich traute meinen Augen und Ohren nicht. Da stand ja ein neuer Mensch!

Mit der Zeit entdeckte er immer neue Möglichkeiten, seine Stimme zum Lob Gottes und zum Weitergeben des Evangeliums zu nutzen: Der bislang stumme Matthias sang auf einmal im Chor mit. Gott hatte ihn wirklich neu gemacht. Auch wenn Gott dafür sicher Menschen und gute Therapie als Werkzeuge mitbenutzt hat, so war und ist es doch für mich ein eindrückliches Beispiel, wie Gott tatsächlich schon hier und jetzt in ein Leben eingreift, es verwandelt, einen Menschen neu macht. Heute sagt er: „Der Herr Jesus hat mein Leben geführt und führt mich auch heute." Das Wort Gottes ist dabei für ihn die tägliche Kraftquelle, die ihn trotz seiner Fehler und Schwächen immer wieder neu macht. (Gero Cochlovius)

Aus: Christoph Morgner, Steffen Kern (Hrsg); Siehe ich mache alles neu. Das Lesebuch zur Jahreslosung 2026 (Brunnen, 2025)

Neue Perspektiven

Offenbarung 21,9-14 **Dienstag, 17.**

Wie sieht die Zukunft aus und wie wird es darin für uns sein? Hier versucht uns die Offenbarung einen Einblick zu gewähren. Die Bilder sind wunderschön und atemberaubend. Israels Stämme, die Apostel: Alles ist ans Ziel gekommen. Das gilt auch für uns. Wir werden Gott nahe sein. In Gottes Gegenwart werden wir mit einer neuen Sicht auf die Dinge und unser Leben beschenkt. Das Gute ist, dass wir nicht mit diesen Einsichten warten müssen, bis wir am Ende der Tage bei ihm sein werden. Denn er hat uns seinen Geist versprochen, der heute in uns wirkt. Deshalb lade ich uns ein, auch heute mit neuen Einsichten zu rechnen und neue Perspektiven auf Situationen und Menschen zuzulassen. Welche Begegnung oder welche anstehende Situation möchtest du heute bewusst mit aus diesem Blickwinkel wahrnehmen?

„Einen andern Grund kann niemand legen außer dem, der gelegt ist, welcher ist Jesus Christus." *1. Korinther 3,11*

Schön und gut

Offenbarung 21,15-27 **Buß- und Bettag, 18.**

Herzlichen Glückwunsch! Unsere Namen sind im Buch des Lebens eingetragen. Das ist ein großer Grund zur Freude und darf uns schon jetzt beflügeln. Damit erhalten wir Orientierung für unser Leben. Wer sich daran erinnern lässt, lebt gelassener und fröhlicher. Wenn uns der Alltag ganz besonders herausfordert, darf uns die himmlische Zertifizierung trösten und zugleich ermutigen, nicht alles beim Alten zu belassen. Denn bei Gott ist es schön und gut. Wirklich. Nicht ironisch. Bei Dingen, die in unserem Alltag nicht schön und gut sind, lohnt es sich, genauer hinzuschauen. Vielleicht gibt es einen Schritt, den wir gehen können, um eine positive Veränderung herbeizuführen. Zum Glück können wir uns als christliche Gemeinschaft gegenseitig unterstützen, damit wir mutige Schritte wagen.

„Und ob ich schon wanderte im finstern Tal, fürchte ich kein Unglück; denn du bist bei mir, dein Stecken und Stab trösten mich."

Psalm 23,4

Mehr als genug

Offenbarung 22,1-5 **Donnerstag, 19.**

Wir sind versorgt und haben mehr, als wir brauchen. Für viele in unserem Land gilt das schon ganz wörtlich. Dennoch kennen wir alle zumindest Gefühle des Mangels und die Sorge, zu kurz zu kommen. Der Vergleich mit anderen spielt dabei eine große Rolle. Meistens wissen wir, wie unzufrieden uns das macht. Aber wir kennen es nicht anders. Darauf wurden wir von Kindesbeinen an trainiert – ob in der Schule, in der Ausbildung oder am Arbeitsplatz. Der heutige Bibeltext möchte uns eine neue Realität aufzeigen und uns Gottes Wahrheit über unser Leben zusprechen. Diese lautet: Du und ich – wir genügen! Wir sind sehr gut gelungen und Gott trägt dafür Sorge, dass unsere Bedürfnisse gestillt werden. Die inneren Sehnsüchte nach Versorgung, Annahme und Heilung werden nicht bewertet, sondern vom Herrn, der Himmel und Erde gemacht hat, persönlich aufgenommen.

„Alle eure Sorge werft auf ihn; denn er sorgt für euch." *1. Petrus 5,7*

Alles wird besser

Offenbarung 22,6-15 **Freitag, 20.**

Wie wohl die Zukunft aussieht? Darüber können wir Annahmen treffen und Vermutungen äußern. Wahrscheinlich wird sie anders, als wir uns das vorstellen können. Unser christlicher Glaube erinnert uns bei aller Unverfügbarkeit der Zukunft daran, dass unser Herr Jesus wiederkommt und an unserer Seite sein wird. Dieser Ausblick möchte uns aus unserem Alltagstrott herauslocken und uns so einen neuen Blick auf die Realität schenken. Diese neue Sichtweise rechnet damit, dass sich etwas zum Positiven verändern kann. Nicht wenige bemerken diese innere Zuversicht bei den Christinnen und Christen und sprechen diese aus einer neuen Sehnsucht heraus an. Damit fallen wir auf und machen schon jetzt für viele einen sichtbaren und anziehenden Unterschied. Lasst uns dieses innere Potenzial gerne pflegen.

„So lasst euer Licht leuchten vor den Leuten, damit sie eure guten Werke sehen und euren Vater im Himmel preisen.“ *Matthäus 5,16*

Verantwortung?!

Offenbarung 22,16-21 **Samstag, 21.**

Wenn wir unseren Glauben ernst nehmen, lassen wir uns für uns und für andere in die Verantwortung rufen. Was das heißt? Wir erwarten von Gott alles, was wir zum Leben benötigen, und vertrauen darauf, dass es uns auch geschenkt wird. Leider stimmt das nicht immer mit unserem Erleben überein und es besteht die Gefahr, dass wir unsere Bedürfnisse anderweitig stillen wollen – manchmal sogar zulasten anderer. Wo sich solch ein Verhalten eingeschlichen hat, wird uns zugetraut, dass wir uns wieder neu ausrichten. Bei der bewussten Änderung unserer Blickrichtung auf Jesus dürfen wir erleben, wie uns andere Menschen wichtiger werden und wir neue Prioritäten geschenkt bekommen. Dieser neue Fokus beginnt oft mit einem Gebet, in dem wir Jesus bitten, den ersten Platz in unserem Leben einzunehmen.

„Die Zeit ist erfüllt, und das Reich Gottes ist nahe herbeigekommen. Tut Buße und glaubt an das Evangelium!“ *Markus 1,15*

Wochenspruch

Lasst eure Lenden umgürtet sein und eure Lichter brennen.
Lukas 12,35

Worauf du dich verlassen kannst

Psalm 90 **Ewigkeitssonntag, 22.**

„Mein Leben ist vorübergezischt“: So fasste ein Bekannter seine vergangenen 50 Jahre knapp zusammen. Sein Eindruck täuscht nicht, und der Psalmbeter erläutert den Grund. Im Licht Gottes werden wir von seiner Wahrheit durchleuchtet. Dabei zeigt sich: Wir können vor dem heiligen Gott nicht bestehen; denn wir suchen nicht seinen, sondern unseren eigenen Willen. Wir sind Sünder; daher zerrinnt uns unser Leben wie Sand zwischen den Fingern.

Wäre das bereits das letzte Wort der Bibel, dann gäbe es nichts zu lachen. Doch zum Glück: Dem ist nicht so! Denn Gott ist der Ewige und Zuverlässige. Durch Jesus erfahren wir hautnah: Er beschenkt uns mit seiner Gnade. Wir haben allen Grund, fröhlich zu sein (V. 14) und zu bitten: „Bleib du uns gnädig zugewandt und führe uns an deiner Hand, damit wir sicher schreiten!“

„Die Gnade aber des Herrn währt von Ewigkeit zu Ewigkeit über denen, die ihn fürchten.“ *Psalm 103,17*

Der Prophet Jesaja (Kap. 1–39)

Jesaja (ca. 740–701 v. Chr.) ist wohl der bedeutendste alttestamentliche Prophet. Er erlebt hautnah die Eroberungspolitik Assyriens mit. 722 fällt ihr das Nordreich zum Opfer, ab 705 ist das

Südreich gefährdet. Die Regierenden suchen ihr Glück in politischen Bündnissen, vor allem mit Ägypten.
Jesaja lebt in Jerusalem, ist geprägt von priesterlicher Tradition um den Zion, gehört zur Oberschicht und ist hochgebildet. Ca. 740 erfährt er im Tempel in einer Vision Gottes Heiligkeit, erschrickt über seine Unreinheit und die seines Volkes, wird gereinigt und zu seinem halsstarrigen Volk gesandt (6,1-10).
Seine Worte kommen bei den Menschen nicht an, sie sind verstockt. Nur im Freundeskreis findet er Gehör (8,16f; 30,9ff). Sein Name bedeutet: „Jahwe hat gerettet". Den beiden Söhnen muss er Namen geben, die zur Botschaft werden: „Ein Rest kehrt um" (7,3) und „Raubebald-Eilebeute" (8,1.4), ein Hinweis auf nutzlose militärische Bündnisse, die ein rascher Raub Assyriens sind.
Seine Botschaft konzentriert sich auf vier große Themen:
1. Er klagt soziale Ungerechtigkeit und Ausbeutung im Volk an, z. B. in Kap. 2–3+5.
2. Er warnt vor Bündnissen; andere Staaten können nicht helfen: „Ägypten ist Mensch und nicht Gott" (31,3). Er kämpft gegen das tiefe Misstrauen, Gott könne und wolle nicht wie früher für sein Volk streiten (7,1-9; 30,7-17; 31,1-3). Er mahnt: „In Umkehr und Ruhe liegt eure Rettung, durch Stillesein und Hoffen (Vertrauen) würdet ihr stark sein" (30,15).
3. Bei aller Gerichtsankündigung sieht er einen heiligen Rest überleben; aus ihm wird Gott wieder ein Ganzes machen (1,9; 10,20-22).
4. Er kündigt einen gerechten Herrscher (Messias) an, der Frieden schafft (Kap. 9+11).

Alles steht auf dem Spiel

Jesaja 1,1-9 **Montag, 23.**

Jesaja lebte im 8. Jahrhundert v. Chr. in Jerusalem. Als Prophet Gottes sprach er in einer Zeit, in der das Südreich Juda politisch unter Druck stand und sich innerlich von Gott entfernte. Seine harten Worte sind eine Reaktion auf die Abkehr vieler Israeliten von Gottes Wegen: Ungerechtigkeit und moralischer Verfall breiteten sich aus. Jesaja zeichnet ein erschütterndes Bild eines Landes, das wie ein vom Feuer verwüsteter Weinberg dasteht. Der Abfall des Volkes von Gott hat schlimme Folgen gehabt: Sein Land ist zum Kriegsgebiet geworden, und die Zerstörungen bestimmen das Bild. Doch mitten im Gericht schimmert Hoffnung: Gott lässt einen „Rest" übrig, um neu zu beginnen. Auch heute dürfen wir darauf vertrauen, dass Gott nicht loslässt, auch wenn alles zerbrochen scheint.

„Hätte uns der HERR Zebaoth nicht einen geringen Rest übrig gelassen, so wären wir wie Sodom und gleich wie Gomorra." *Jesaja 1,9*

Ein Herz, das sich bewegt

Jesaja 1,10-20 **Dienstag, 24.**

Gott wünscht sich keine leeren Rituale. Auch nicht, wenn er selbst sie zuvor eingesetzt hatte. Opfer und Gebete werden bedeutungslos, wenn sie nicht mit gerechtem Handeln verbunden sind. Jesaja verwendet kraftvolle Bilder: Blut an den Händen, das gereinigt werden muss, und Kleidung, die gereinigt wird. Besonders eindrücklich ist das Bild des Scharlachroten, das in Schneeweiß verwandelt wird – eine Verheißung der Vergebung, die Gott schenkt, wenn wir ihm unser Versagen bringen. Unserer Schuld steht Gottes Vergebung gegenüber. Dafür kam Jesus in die Welt und dafür ging er ans Kreuz. Die Arme des Gekreuzigten sind offen für uns. Gerade im Übergang zur Adventszeit lädt uns Jesajas Bild ein: Wie können wir uns von Gott „reinigen" lassen, um neu anzufangen?

„So kommt denn und lasst uns miteinander rechten, spricht der HERR. Wenn eure Sünde auch blutrot ist, soll sie doch schneeweiß werden." *Jesaja 1,18*

Das Gericht, das reinigt

Jesaja 1,21-31 Mittwoch, **25.**

Jerusalem, einst eine Stadt der Gerechtigkeit, ist verkommen – wie Wein, der mit Wasser verdünnt wurde, oder Silber, das seinen Glanz verloren hat. Die Bestandsaufnahme klingt ernüchternd, ja vernichtend. Die Leute von Juda haben Gott aus den Augen verloren, haben ihre Herzen an Dinge gehängt, die nicht tragen. Jesaja kündigt Läuterung an, ein Feuer, das Schlacken entfernt und die Stadt wieder zu einem Ort der Gerechtigkeit macht. Dieses Bild der Reinigung ist schmerzhaft, aber zugleich voller Hoffnung. Gottes Ziel ist nicht die Zerstörung, sondern die Wiederherstellung. Gott wünscht sich die Umkehr der Menschen nach und in Jerusalem (V. 27). Das, nicht ihr Tod, ist es, woran er Freude hat (Hes 18,23). Wo in unserem Leben müssen „Schlacken" entfernt werden, damit Gerechtigkeit und Reinheit Raum gewinnen?

„Zion wird durch Recht erlöst werden, und wer dorthin umkehrt, durch Gerechtigkeit." *Jesaja 1,27*

Schwerter und Pflugscharen

Jesaja 2,1-5 Donnerstag, **26.**

Jesajas Vision zeigt die Völker, die zum Berg des HERRN strömen, um seine Weisung zu empfangen. Es ist ein Bild des Friedens: Schwerter werden zu Pflugscharen umgeschmiedet und Speere zu Winzermessern. Geflügelte Worte. Werkzeuge, die einst für Krieg und Zerstörung genutzt wurden, bringen nun Frucht und Wachstum hervor. Diese Verwandlung zeigt, was geschieht, wenn Menschen sich Gottes Wegen öffnen. Im Großen wie im Kleinen. In unserem persönlichen Leben wie, eines Tages, in der Welt: In der „letzten Zeit" (V. 2) werden nicht Chaos, Verzweiflung und Zerstörung das letzte Wort behalten, sondern Gott mit seinem Frieden, selbst zwischen den Völkern. Gerade im Advent, wenn die Dunkelheit zunimmt, wird uns dieses Bild zur Einladung: Lasst uns Hoffnung und Frieden sichtbar machen, selbst dort, wo es unmöglich scheint.

„Kommt nun, ihr vom Hause Jakob, lasst uns wandeln im Licht des HERRN!" *Jesaja 2,5*

Wenn alles ins Wanken gerät

Jesaja 2,6-22 Freitag, **27.**

Die Bilder in Jesajas Buch sind drastisch: Stolze Zedern stürzen um, gewaltige Berge werden gebeugt, und Menschen suchen verzweifelt Zuflucht in Höhlen und Felsspalten. Gottes Gericht bringt alles ins Wanken, was Menschen als sicher empfanden. Doch das Ziel ist nicht die Zerstörung, sondern die Offenbarung, dass nur Gott Bestand hat. Der allmächtige Gott, der Schöpfer des Himmels und der Erde, und nicht die „silbernen und goldenen Götzen" (V. 20), die doch nur das Werk von Menschenhänden sind. Die selbst gemachten Götter halten nicht stand vor der Majestät des wirklichen Gottes. Dieses Bild fordert uns heraus, ehrlich zu hinterfragen: Worauf bauen wir? Sind es trügerische Sicherheiten, oder vertrauen wir auf den, der ewig ist?

„(...), dass sich beugen muss alle Hoffart der Menschen und sich demütigen müssen, die stolze Männer sind, und der HERR allein hoch sei an jenem Tage." *Jesaja 2,17*

Gesichter sprechen Bände

Jesaja 3,1-15 Samstag, **28.**

Wenn jemand streitet, möchten wir diesen Streit am liebsten unterbinden. Jetzt streitet aber Gott, mit den Völkern und mit seinem eigenen Volk. Zuallererst ist es Gott wichtig, an seinem eigenen Volk Israel zu handeln. Wir erleben einen leidenschaftlichen Gott. Veränderung liegt in der Luft. Sie ist schmerzhaft, wenn sie über ein Eingeständnis der eigenen Fehler führt. Die Mächtigen und Starken im Volk werden von diesen Fehlern nicht ausgenommen. „Ihr Gesichtsausdruck zeugt gegen sie" (Jes 3,9). Gute Vorbilder haben kein Pokerface. Sind sie schuldig geworden, erkennen sie das an sich selbst. Doch die Leute hier sind auch noch stolz darauf. Es fehlt an der Umkehr. Lassen wir also Gott dafür in unserem Leben streiten, dass aus Ungerechtigkeit Gerechtigkeit werden kann. An unser allen Gesichtern wird man es erkennen.

„Der HERR steht da, den Rechtsstreit zu führen, und ist aufgetreten, die Völker zu richten." *Jesaja 3,13*

Wochenspruch
Siehe, dein König kommt zu dir, ein Gerechter und ein Helfer.
Sacharja 9,9a

Eine relevante Selbstvergewisserung

Psalm 24 **1. Adventssonntag, 29.**

„Fragt heute überhaupt noch irgendjemand nach Gott?" Hand aufs Herz: Selbst in Gesprächen nach dem sonntäglichen Gottesdient fragen sich Christen oft selbst nicht mehr gegenseitig nach Gott. Es fehlt häufig eine relevante Selbstvergewisserung des Glaubens. Wie machen es die Sänger des Psalms? Diejenigen, die in Psalm 24 zum Zion, zur Stätte des Herrn, hinaufziehen, müssten zu der Erkenntnis kommen: Eigentlich dürften wir gar nicht auf diesem Weg sein. Wir sind unwürdig. Denn die Liste der Anforderungen für diejenigen, die diesen Weg gehen dürfen, ist lang. Sie kann eigentlich nicht erfüllt werden. Deswegen vergewissern sie sich im Wechselgesang gegenseitig ihres Gegenübers. „Wer ist der König der Ehre? Es ist der HERR Zebaoth" (Ps 24,10). Menschen fragen nach Gott, wenn von Gott gesprochen wird. Wo werde ich das heute tun?

„Machet die Tore weit und die Türen in der Welt hoch, dass der König der Ehre einziehe!" *Psalm 24,7*

Unter Gottes Schutz

Jesaja 4,2-6 Montag, **30.**

„Ist das herrlich!" Wenn wir diesen Ausspruch hören, erscheinen Bilder vor unserem inneren Auge. Freudenmomente und Momente des Genusses. Wie schnell sind allerdings die guten Bilder und Erinnerungen verschwunden. Es passiert immer wieder: Das Herrliche verliert den Glanz. Es wird verdeckt durch alles, was nicht herrlich ist. Nicht herrlich ist bei Jesaja die Schuld des Volkes Gott gegenüber. Schuld verdeckt den Glanz eines Lebens, wie Gott es sich eigentlich gedacht hat. Gott möchte uns ein Leben in Fülle schenken (vgl. Joh 10,10). Das ist herrlich, und was herrlich ist, steht unter dem Schutz Gottes. Indem er von Schuld reinigt und befreit, wird der Glanz seiner Herrlichkeit sichtbar. Was für unsere Augen unsichtbar war, wird wieder sichtbar. Wo erkenne ich heute Gottes Herrlichkeit in diesem Leben?

„Ja, es wird ein Schutz sein über allem, was herrlich ist." *Jesaja 4,5*

Monatsspruch Dezember

Kuh und Bärin werden zusammen weiden, ihre Jungen beieinanderliegen, und der Löwe wird Stroh fressen wie das Rind.

Jesaja 11,7

Gott wartet

Jesaja 5,1-7 **Dienstag, 1.**

Menschen sind es gewohnt, auf Gott zu warten. Zumeist geht das aber mit Ungeduld einher, gerade dann, wenn es um wichtige Entscheidungen geht. Wir beten und warten auf eine Antwort. Wir warten auf Gebetserhörungen. Wir warten auf die große Inspiration, die er uns schenken soll. Heute sind wir herausgefordert, anders zu denken. Gott wartet auch auf uns. Manchmal erscheint Gott in Bezug auf die Menschen rat- und machtlos. Seine Menschen, um die er sich gekümmert hat, handeln oft völlig gegen seinen Willen. Er hat investiert und geschuftet. Sie danken es ihm nicht. Im Gegenteil. Dankbarkeit lässt sich nicht erzwingen. Was, wenn Gott auf unsere Dankbarkeit wartet? Dankbarkeit in Wort und Tat. Sie kommt dem zugute, der sein Herz an etwas hängt. Gott hängt sein Herz an uns. Er wartet.

„Lobe den HERRN, meine Seele, und vergiss nicht, was er dir Gutes getan hat.“ *Psalm 103,2*

Ein bisschen Demut tut gut

Jesaja 5,8-24 **Mittwoch, 2.**

Auf eine Bedrohung hin reagieren wir häufig mit Rückzug. Die Weherufe aus unserem heutigen Text klingen wenig attraktiv. Sie scheinen uns fern und fremd. Im Buch des Propheten Jesaja spielen sie als Warnungen aus Gottes Mund allerdings eine wichtige Rolle. Sie sind Teil des prophetischen Repertoires. Der Weheruf macht deutlich: Was du tust und wie du dich selbst siehst, hat eine Konsequenz. Jesus Christus rät uns: „Euer Herz erschrecke nicht! Glaubt an Gott und glaubt an mich!“ (Joh 14,1). Wir sind aufgefordert, zu erkennen: Gott ist der Schöpfer, wir sind seine Geschöpfe. Gott rückt ins rechte Licht, was aus dem Blick geraten ist. Wo der Mensch sich selbst erhebt, gerät Gott aus dem Blick. Der Mensch wird aufgefordert, Gott zu erheben. Diese Demut hilft, auf ihn zu schauen und seinen guten Plan zu erkennen.

„Weh denen, die weise sind in ihren eigenen Augen und halten sich selbst für klug!" *Jesaja 5,21*

Gott ruft trotz meiner Schwäche

Jesaja 6,1-13 **Donnerstag, 3.**

Im Jahr 740 v. Chr., als König Usija stirbt, herrscht Unsicherheit in Juda. Assyrien wird immer mächtiger und zur Bedrohung. In dieser Situation erlebt Jesaja eine Vision von Gottes Heiligkeit: Seraphim rufen „Heilig, heilig, heilig!" – ein Bild für Gottes Reinheit und Erhabenheit. Vor Gott erkennt Jesaja seine eigene Unreinheit und die seines Volkes. Doch Gott reinigt ihn mit glühender Kohle und beruft ihn, eine schwere Botschaft zu verkünden. Wie Jesaja fühlen wir uns oft ungenügend. Unsere Schwächen und Ängste scheinen uns zu begrenzen. Doch Gott sieht nicht, was uns fehlt, sondern was er in uns bewirken kann. Er ruft uns nicht als perfekte Menschen, sondern befähigt uns, seine Pläne umzusetzen. Welche Aufgabe erscheint mir gerade zu groß? Ich darf Gott meine Ängste anvertrauen und darauf vertrauen, dass er mich gebrauchen kann – nicht trotz, sondern mit meinen Schwächen.

„Hier bin ich, sende mich!" *Jesaja 6,8*

Vertrauen statt Angst

Jesaja 7,1-9 **Freitag, 4.**

Um 734 v. Chr. befindet sich Juda in einer politischen Krise. Das Nordreich Israel und Aram, das heutige Syrien, bedrohen Jerusalem, um König Ahas zu einem Bündnis gegen Assyrien zu zwingen. Ahas erwägt, Assyrien um Hilfe zu bitten, anstatt auf Gott zu vertrauen. Jesaja fordert ihn auf, sich nicht zu fürchten und auf Gottes Schutz zu bauen: „Glaubt ihr nicht, so bleibt ihr nicht." Auch wir stehen vor Entscheidungen, die von Angst geprägt sind. Oft setzen wir auf vermeintliche Sicherheiten, anstatt danach Ausschau zu halten, worauf es wirklich ankommt und was Gott in uns anregen möchte.

Welche Herausforderung macht mir Sorgen? Heute will ich bewusst vermeintliche Sicherheiten hinterfragen. Vielleicht entsteht Raum für neue Gedanken, die Gott einpflanzen möchte. Ein kurzes Gebet kann mir helfen, mich von Ängsten zu lösen und auf Gottes Führung zu bauen.

„Glaubt ihr nicht, so bleibt ihr nicht." *Jesaja 7,9*

Immanuel – Gott ist mit uns

Jesaja 7,10-17 **Samstag, 5.**

Gott gibt ein Zeichen: Ein Kind namens Immanuel („Gott mit uns!") wird geboren. Es steht für Gottes treue Gegenwart, auch wenn Menschen ihm nicht vertrauen. Diese Verheißung zeigt: Gott bleibt bei seinen Menschen, auch in schwierigen Zeiten. Im Neuen Testament greift die Weihnachtsgeschichte darauf zurück: In Jesus Christus erfüllt sich dieses Zeichen endgültig, denn durch ihn ist Gott für immer bei uns. Manchmal übersehen wir Gottes Nähe, besonders in herausfordernden Momenten. Doch er ist da. Er geht mit uns durch Höhen und Tiefen und bleibt bei uns, ob unser Glaube fest erscheint oder wir Gott aus den Augen zu verlieren drohen.

Wo brauche ich heute Gottes Nähe? Ich will mir bewusst machen, dass er mit mir ist. Ein Gebet oder ein Moment der Stille kann mir helfen, ihn in meinen Alltag einzuladen.

„Siehe, eine Jungfrau ist schwanger und wird einen Sohn gebären, den wird sie nennen Immanuel." *Jesaja 7,14*

Wochenspruch

Seht auf und erhebt eure Häupter, weil sich eure Erlösung naht.
Lukas 21,28b

Neu aufatmen

Psalm 130 **2. Adventssonntag. 6.**

Ganz unten angekommen. Der geistliche Nullpunkt ist erreicht. Ein Berg von Schuld wurde im Leben angehäuft. In dieser Situation entschließt der Beter sich, Gott anzurufen und ihn um seinen Beistand zu bitten (V. 1.3). Hier fühle ich mich selbst ertappt und angesprochen: Ich flehe Gott ebenso an, wenn es brenzlig wird, aber sonst herrscht eher Stillschweigen zwischen uns. Dabei ist er ständig in meinem Leben präsent! Ein steter Begleiter, aber einer, den ich leicht übersehen kann. Doch der Psalm bleibt nicht beim „Anrufen Gottes" stehen. Er spricht Gott, dem Herrn, sein Vertrauen aus (V. 7). Er vertraut darauf, dass sich das Warten auf seine Antwort lohnt (V. 5). Nehmen wir uns immer wieder Zeit, Vertrauen zu wagen, Gott anzurufen und darauf zu warten, dass er antwortet und uns neu aufatmen lässt. Er tut es, er hat es uns zugesagt!

„Meine Seele wartet auf den Herrn mehr als die Wächter auf den Morgen." *Psalm 130,6*

Gott gibt Halt

Jesaja 8,1-15 **Montag. 7.**

Jesaja zeigt mit Bildern wie dem überflutenden Strom, dass menschliche Bündnisse und Sicherheiten keine letztliche Stabilität bieten. Während das Volk Angst vor seinen Feinden hat, fordert Jesaja dazu auf, auf Gott zu vertrauen. Nur er kann für die Menschen jetzt noch ein Anker inmitten von Chaos und Unsicherheit sein. Auch heute leben wir in einer Welt voller Unsicherheiten. Politische Krisen, wirtschaftliche Herausforderungen und persönliche Belastungen können uns Angst machen. In all dem lädt uns Gott ein, ihn nicht aus den Augen zu verlieren. Gerade in schwierigen Zeiten kann Gott für uns ein Halt sein, der uns in allen Stürmen Kraft gibt.

Was macht mir gerade Angst? Heute will ich mich bewusst einen Schritt in Gottes Gegenwart wagen. Ein Gebet oder ein Moment der Stille kann mir helfen, meine Sorgen loszulassen.

„Vor dem, was sie fürchten, fürchtet euch nicht und lasst euch nicht grauen.“ *Jesaja 8,12*

Warten als aktiver Glaube

Jesaja 8,16-23 **Dienstag, 8.**

Jesaja betont die Bedeutung des Wartens: Es geht nicht um blindes Abwarten, sondern ein aktives Vertrauen auf Gott. In einer Zeit voller Dunkelheit und falscher Wege ruft Jesaja dazu auf, Gottes Weisung zu bewahren und darauf zu hoffen, dass er eingreift. Dieses Warten wird zur Herausforderung des Glaubens – nicht als Passivität, sondern als Zeichen des Vertrauens im Blick auf Gott. Warten fällt uns schwer. Wir wollen oftmals schnelle Lösungen und sofortige Ergebnisse. Doch Warten gibt uns die Möglichkeit, uns selbst viel bewusster wahrzunehmen. In welcher Haltung gehe ich die Herausforderung an?

Ich will Wartezeiten bewusst gestalten und Gott zu mir sprechen lassen. Vielleicht nehme ich mir heute ein paar Minuten, um in einem Gebet meine Ungeduld loszulassen und ihm neu zu vertrauen.

„Und ich will hoffen auf den HERRN, der sein Antlitz verborgen hat vor dem Hause Jakob, und will auf ihn harren.“ *Jesaja 8,17*

Da ist ein Licht – auch wenn wir es noch nicht sehen

Jesaja 9,1-6 **Mittwoch, 9.**

Endlich kann Jesaja Hoffnung verkünden. Und für uns ist die Zuordnung klar: Gottes Antwort auf die Finsternis der Welt ist das Kommen Jesu als Kind. Wenn wir Jesajas Vorausschau heute hören, schauen wir dabei zurück auf Jesu Geburt. Vielleicht geht damit unser Blick nur in die falsche Richtung. Wie hätte wohl Jesaja über unsere Sicht auf die Erfüllung seiner Prophezeiung gedacht? Wäre er enttäuscht? Denn wo bleiben der mit dem Kind angekündigte dauerhafte Friede und die Gerechtigkeit? Jesajas Botschaft der Hoffnung weist auf ein kommendes Licht – auf das wir heute wieder warten. Jesu erstes Kommen ist ein Schritt auf diesem Weg. Wir sollen weiter nach vorne blicken: Hoffnung setzen in die Zukunft, die Jesaja uns über heute hinaus voraussagt. Jesus, der Friedefürst, kommt.

„Es ist aber der Glaube eine feste Zuversicht dessen, was man hofft, und ein Nichtzweifeln an dem, was man nicht sieht.“ *Hebräer 11,1*

Sackgasse

Jesaja 9,7–10,4 **Donnerstag, 10.**

Ein strafender Gott, der sogar die Feinde bestärkt – mir bereiten diese Stellen Schwierigkeiten. Aber in diesem Ausschnitt greift Jesaja eine sich durch die Bibel ziehende Linie auf: die Entfernung des Menschen von Gott. Und selbst dort, wo man scheitert, wird einfach selbstbewusst weitergemacht: Wenn die Ziegelsteine zerschlagen werden, wird mit Quadern neu gebaut und statt Maulbeerbäumen werden Zedern gepflanzt. Das eigene Schicksal wird so selbst in die Hand genommen. Und auf diese Gefahr weist Jesaja auch uns heute hin: Wenn wir uns rein auf uns selbst verlassen, verlieren wir Gott aus dem Blick. Für ihn bleibt kein Platz in unseren Herzen und Plänen. Auch wenn die Warnung davor, sich von Gott zu entfernen, und dessen Konsequenzen für mich sehr alttestamentlich klingen, so nah ist dann aber doch auch damals schon das rettende Wort gewesen:

„Das Volk, das im Finstern wandelt, sieht ein großes Licht.“ Jesaja 9,1

Hoffnung säen

Jesaja 11,1-10 **Freitag, 11.**

Mitten in die Gerichtsankündigungen hinein erscheint hier ein Blick auf den Retter: ausgestattet mit Gottes Geist und Weisheit. Dazu aber auch voll Stärke, aber diese setzt er ein für die, die am Rande stehen. Bosheit und Schaden werden keinen Platz mehr haben – aber sie werden erst zurückgedrängt werden müssen. Jesajas Blick geht zu Jesus als dem Christus. Aber dessen erstes Kommen hat die Welt noch nicht sichtbar mit sich selbst versöhnt. Gerechtigkeit muss weiter erstritten werden. Doch er hat den Weg gewiesen. Jesajas Worte sind so nicht nur ein Hoffnungszeichen, dass alles gut wird. Sondern ein Auftrag – und zu diesem fügt Jesus später seine Worte hinzu: die Aufforderung, mitzugestalten und schon jetzt in dieser Welt an dieser Hoffnung mitzubauen. Bewusst entwirft Jesaja nicht ein Bild einer hinter uns gelassenen Welt, sondern das einer versöhnten Welt.

„Denn sehet, das Reich Gottes ist mitten unter euch." *Lukas 17,21*

Gott ist nah

Jesaja 12,1-6 **Samstag, 12.**

Jesajas abschließender Lobpreis blickt nach vorne: Es wird für Israel Grund zum Loben geben. Zentral bei diesem Blick in die Zukunft ist dabei nicht, dass es irgendwann besser oder gut wird, und dass das Volk dies dann rückblickend bekennen wird. Sondern es ist schon jetzt Grund zu vertrauen da. Für mich sticht so der Abschluss heraus, der Hinweis: Gott ist nah. Bei allem, was sie erleben mussten – wie andere Völker mächtig wurden, andere Götter sich ihnen in den Vordergrund schoben, sie sich Zorn ausgesetzt fühlten, über all dem steht dies: Gott ist nah – und ist es immer gewesen. Er wohnt unter ihnen. Und dann spannt Jesaja den Bogen überraschend weiter: Dies ist nicht nur eine Hoffnungsbotschaft für Israel, sondern sie soll allen Völkern weitergesagt werden. Und dies dürfen auch wir uns damit zusprechen lassen:

„Und siehe, ich bin bei euch alle Tage bis an der Welt Ende."
Matthäus 28,20

Wochenspruch
Bereitet dem HERRN den Weg; denn siehe, der HERR kommt gewaltig. *Jesaja 40,3.10*

„Singet ihm ein neues Lied“

Psalm 33 **3. Adventssonntag, 13.**

„Neues geistliches Lied“, Taizé, Liedermacherszene, Lobpreis und Worship ... bei dem „neuen Lied“, das wir Christen singen, geht es aber um viel mehr: Das „alte Lied“ war das Lied der Religionen: dass man Opfer bringen muss – oder dieses und jenes tun oder lassen –, um sich bei Gott Bonuspunkte zu erwerben. Das „neue Lied“ ist das Lied der Erlösten (Offb 15,1-4), das Lied von dem Gott, der durch seinen Tod am Kreuz selbst der Retter der Welt wurde. Zu meinem Retter! Das Lied von dem Gott, der diese Welt erschaffen hat und der sie zu seinem guten Ziel führt. Das Lied, das einmal alle Erlösten singen werden. Am „gläsernen Meer“. Am Tor zur Ewigkeit. Dieses Lied will ich heute schon anstimmen: Mit Paul-Gerhardt-Liedern. Mit dem neuesten Worship-Song. Mit meinem ganzen Leben.

„Die standen an dem gläsernen Meer und hatten Gottes Harfen und sangen das Lied des Mose, des Knechtes Gottes, und das Lied des Lammes.“ *Offenbarung 15,2-3*

Mit Gott durch die Zeit

Jesaja 19,16-25 **Montag, 14.**

24. Februar 2022. „Zeitenwende“. Mitten in einer dunklen Zeit ganz ähnlicher weltpolitischer Umwälzungen, die in der Zerstörung des Nordreichs Israel enden sollten, schaut Jesaja in die Zukunft. In Städten in Ägypten wird die Sprache Israels gesprochen. Jahwe wird in Ägypten und Assyrien angebetet. Eine Zeit des Friedens zwischen den ehemals verfeindeten Völkern beginnt. Heute wird der Gott der Bibel tatsächlich auf der ganzen Welt angebetet – für Jesaja noch unvorstellbar. Und mir erscheint heute eine Zeit

des Friedens zwischen den Völkern unvorstellbar. Ich weiß genauso wenig wie Jesaja, wann und wie Gott seine Verheißungen verwirklicht. Aber ich will vertrauen: Gott wird auch diesen Teil seiner Verheißung noch wahr machen. Und er geht mit mir durch meine Zeit – genauso, wie er mit Jesaja und den Propheten durch ihre Zeit gegangen ist.

„Denn Gott ist König über die ganze Erde.“ *Psalm 47,8*

Panoramablick

Jesaja 25,1-12 **Dienstag, 15.**

In seiner Prophetie sieht Jesaja das ganz große Panorama: Mächtige Paläste der Ausbeutung sind nur noch Steinhaufen, „Lost Places“. Und die Unrechtssysteme werden nie wieder aufgebaut werden. Stattdessen wird Gottes heiliger Berg für alle zugänglich sein und die Völker der Welt sind zu einem gigantischen Fest eingeladen. Jesaja blickt bis zum Ende der Zeiten: Der Tod wird vernichtet werden, alle Tränen werden abgewischt (vgl. Offb 21,4). Im Alltag lebte auch Jesaja im Tal zwischen den Bergspitzen von Gottes Heilsgeschichte. Wir sind heute einige Berge weiter. Das Panorama, das Jesaja sieht, und das Bild, das Johannes am Ende seiner Offenbarung zeichnet – ich will sie mir vor meinem geistigen Auge aufhängen. Damit ich sie nicht vergesse – im Tal dazwischen, wenn ich nur den nächsten Berg von unten sehe.

„Der Tod ist verschlungen in den Sieg. Tod, wo ist dein Sieg? Tod, wo ist dein Stachel?“ *1. Korinther 15,54f*

Ein feste Burg

Jesaja 26,1-6 **Mittwoch, 16.**

Wer in der Antike oder im Mittelalter auf Reisen war, lebte immer gefährlich und musste schauen, wo er über Nacht blieb. Eine Herberge bot dann schon ein bisschen Schutz und Komfort. Richtig froh war man, wenn man vor Sonnenuntergang das Stadttor erreichte. Und dann abends, am Ende einer Reise, sicher war innerhalb der befestigten Stadt. Singen, feiern – oder ausruhen. Das neue Lied (vgl. Ps 33, 13. Dez.) – Jesaja hat es gesungen. Johannes sieht in seiner Offenbarung, wie es im Himmel gesungen wird. Luther hat es gesungen: „Ein feste Burg ist unser Gott (...)“. Das Vertrauen darauf, dass Jesus am Kreuz wirklich alles getan hat, damit ich mal in diese Stadt einziehen kann, es kann jetzt schon wie so eine sichere Stadtmauer sein. Egal, was draußen in meinem Leben so los ist – in meinem Herzen ist Frieden (V. 4), wenn es diesen Schutz hat.

„Wir haben eine feste Stadt, zum Schutze schafft er Mauern und Wehr.“
Jesaja 26,1

Darf Gott richten?

Jesaja 26,7-21 **Donnerstag, 17.**

Keine Frage: Die Vorstellung vom strengen Gott, der durch (Lebens-)Schläge erzieht, hat bei vielen Menschen großen Schaden angerichtet. Aber was wäre das für ein Gott, der die Neros, Hitlers, Putins dieser Welt, die Missbrauchstäter und die (auch modernen) Sklavenhalter dieser Welt einfach so durchkommen ließe? Sicher kein Gott der Liebe. Jesaja stellt zwei Einstellungen des Herzens einander gegenüber: die eine, die auf Gott wartet. Die sich nach Gerechtigkeit sehnt (auch, wenn man sich dabei selbst dem Urteil Gottes stellen muss). Und die, die erst im Gericht lernen muss, was Gerechtigkeit heißt – weil sie alle Gnade zur billigen Gnade machen würde. Ohne Umkehr bedeutet Gerechtigkeit Gericht. Und schon hier bei Jesaja wird klar: In diesem Leben wird es für viele keine Gerechtigkeit geben – aber Gottes Tote werden leben!

„Denn wahrhaftig und gerecht sind seine Gerichte.“
Offenbarung 19,2

Basis des Lebens

Jesaja 28,14-22 **Freitag, 18.**

Unsere Welt scheint aus den Fugen zu geraten. Wohin man schaut – es türmen sich Probleme auf. Und Lösungen scheinen nicht in Sicht: Im Kleinen wie im Großen wird gestritten. Während alles den Bach 'runter geht – Jesaja schreibt von der brausenden Flut –, gibt es immer noch die Spezialisten: „Uns wird es nicht treffen." Warum? „Wir haben Lüge zu unserer Zuflucht und Trug zu unserem Schutz gemacht", zitiert sie Jesaja. Da leben welche bewusst auf Kosten anderer. Wer jetzt an dieser Welt verzweifelt und an Gottes Handeln zweifelt, dem spendet Jesaja Trost: Gott legt eine neue Basis, ein neues Fundament (damals war das der „Eckstein"). Zu Jesajas Zeiten mussten die Menschen darauf hoffen. Seit Jesu Geburt können wir es nun sehen und persönlich erfahren, was der Psalmbeter uns zuspricht:

„Denn er hat für dich seine Engel entsandt und ihnen befohlen, dich zu behüten auf all deinen Wegen." *Psalm 91,11 NGÜ*

(Noch unerfüllte) Zukunftsverheißung

Jesaja 29,17-24 **Samstag, 19.**

Mit „Alles wird gut" verabschiedete sich Fernsehmoderatorin Nina Ruge zehn Jahre lang von den Zuschauern ihres ZDF-Magazins „Leute heute". Und wer ihre Nachrichten und Informationen aus aller Welt gehört hatte, wusste: Da spricht mehr die Hoffnung als der Fakt. Ist Jesaja auch so ein Motivationssprüchemacher? Werden die Menschen wirklich einmal „Verstand annehmen"? Werden die heute belächelten Gläubigen eines Tages nicht mehr die vermeintlich Dummen sein? Jesaja verspricht es. Und ruft uns zwischen den Zeilen dazu auf, unsere Entscheidung zu treffen: Glaube ich das, was Jesaja mir im Namen Gottes sagt? – Manchmal werde ich nur sagen können, was jener Vater Jesus in ähnlicher Situation gesagt hat: „Ich glaube. Herr, hilf meinem Unglauben!"

„Es ist aber der Glaube eine feste Zuversicht dessen, was man hofft, und ein Nichtzweifeln an dem, was man nicht sieht.“ *Hebräer 11,1*

Wochenspruch
Freuet euch in dem Herrn allewege, und abermals sage ich: Freuet euch! Der Herr ist nahe! *Philipper 4,4.5b*

Das letzte Hemd ...

Psalm 49 **4. Adventssonntag, 20.**

Das reichste Prozent der Menschheit verfügt schätzungsweise über 40–50 Prozent des weltweiten Vermögens. Da kann man angesichts des Gebarens mancher schon mal resignieren: Nur, weil sie Geld und Macht und politischen Einfluss haben, können sie das Recht beugen und machen, was sie wollen. Man kann wahlweise mit Resignation oder mit Neid reagieren – oder mit der Weisheit dieses Psalms. Das letzte Hemd hat keine Taschen. Das Leben kann man nicht kaufen. Die Ewigkeit noch viel weniger. Und selbst der reichste Milliardär hat nicht genug Finanzmittel, um sich vor Gott von seiner Schuld loszukaufen. Und irgendwann wird der Moment kommen, an dem nicht mehr seine Jahresbilanzen zählen, sondern seine Lebensbilanz. Der Beter hingegen weiß: Gott wird ihn aus der Gewalt der Todes erlösen. Nicht Resignation, nicht Neid – vielleicht sogar eher Mitleid mit dem Reichen wäre das angemessene Gefühl. Und festes Vertrauen auf Gottes Gerechtigkeit!

„Fürchte dich nicht, wenn einer reich wird (...) er wird nichts bei seinem Sterben mitnehmen.“ *Psalm 49,17-18*

Hoffnung auf eine bessere Welt

Jesaja 32,1-8 **Montag, 21.**

So wünscht man sich die Regierenden. Dabei ist das Bild, das uns Jesaja vor Augen malt, schon ein Wunschtraum. Selbst demokratisch gewählte Regierungen kommen an die von Jesaja aufgezählten Guttaten nicht annähernd heran. Doch halt! In Vers sechs lesen wir auf einmal, dass der Regierungschef „der HERR" ist. Von Gott wird also geredet, nicht (nur) von einer besseren Regierung. Jesaja kündigt eine Zeit an, in der Lug und Trug und üble Nachrede nicht mehr zum Alltag gehören. – Eine Vertröstung auf eine ferne Zukunft? Wir wissen es nicht. Aber wir können aus den Worten Jesajas herauslesen: Gott weiß sehr genau, was gut wäre. In unserer Alltagssituation. Und er will sich kümmern. Das ist eine Zusage, mit der man leben kann. Eine Zusage, die Kraft gibt an schweren Tagen und in komplizierten Situationen.

„Wir warten aber auf einen neuen Himmel und eine neue Erde nach seiner Verheißung, in denen Gerechtigkeit wohnt." *2. Petrus 3,13*

Erfahrene Vergebung macht stark

Jesaja 33,17-24 **Dienstag, 22.**

Es ist ein echter Teufelskreis. Fehler und schuldhaftes Versagen rauben uns Kraft. Eine Sünde zieht schnell die nächste nach sich. Und sind wir noch so gut im Verstecken: Es bleibt die Sorge und die Angst, dass jemand, und sei es Gott, alles offenlegt. Das blockiert mich, das lähmt. – So sieht das Leben oft aus. Jesaja beschreibt die Alternative. „Kein Bewohner wird sagen: ‚Ich bin schwach'." (V. 24) Ist das weltfremd? Ja. Weil das nicht in unserer Welt funktioniert, sondern in Gottes Welt. Dort, wo das Volk wohnt, das Vergebung der Sünden hat, wie es im selben Vers heißt. Wer weiß, dass ihm seine Schuld vergeben ist, Fehler nicht angerechnet, sondern ausgebügelt werden, kann mit erhobenem Kopf durch den Tag gehen. „Der HERR ist unser König; der hilft uns!" (V. 22).

„Da sagte Jesus: ‚Ich verurteile dich auch nicht; du darfst gehen. Sündige von jetzt an nicht mehr!'" *Johannes 8,11 (NGÜ)*

Das Leiden (an unserer Welt) wird ein Ende haben

Jesaja 35,1-10 **Mittwoch, 23.**

Ist unsere Welt noch zu retten? Da hat so mancher mit guten Argumenten seine Zweifel. Jesaja jedoch entzweifelt die Gottesfürchtigen oder die Christen oder wie er selbst sie bezeichnet: „die Erlösten des HERRN“ (V. 10). Und er spricht ihnen Mut zu: Habt keine Angst. Fürchtet euch nicht. Guckt genau hin und „Seht, da ist euer Gott!“ (V. 4). Um dann zu sagen „Gott ... kommt und wird euch helfen.“ Das ist die Botschaft von Weihnachten. Mit diesem Wissen dürfen wir heute die letzten Vorbereitungen treffen, morgen Heiligabend feiern. Dabei wird Gott uns nur in großer Not beim Tannenbaumschmücken unter die Arme greifen. Aber er will unser Leben gelingen lassen. Weihnachten heißt: Es sind auch gerade die ganz großen Dinge, um die sich Gott jetzt kümmert. Davon ist Jesaja überzeugt. Und seit zweitausend Jahren müssen wir nur genau hinsehen, um Gottes Wirken zu erkennen. Schauen wir auf diesen Jesus.

„Seht, da ist euer Gott!“ *Jesaja 35,4*

Alles ist Geschichte

Matthäus 1,1-17 **Heiligabend, 24.**

Eine Verwandte ruft bei meiner Schwiegermutter an. Sie ist gerade dabei, einen Familienstammbaum zu erstellen und müsste noch meinen Geburtsort eintragen. Ich kenne zwar meinen Geburtsort, allerdings kann ich nur zwei Generationen vor mir mit Namen nennen. Heute lesen wir die Abstammung Jesu – nicht zwei Generationen, sondern von Abraham an, also quasi seit Beginn der Aufzeichnung. Wofür ist ein Stammbaum gut? Er zeigt uns, wo wir herkommen – wer wir sind. Ich denke, genau das ist im Text das Anliegen: zu zeigen, dass Jesus „nicht einfach vom Himmel fällt“, sondern dass er Teil einer langen Geschichte Gottes mit uns Menschen ist. Diese Geschichte geht weiter bis heute und auch wir sind ein Teil davon. An Weihnachten geht es nicht nur um ein Ereignis vor langer Zeit, sondern es ist ein Teil von Gottes Geschichte mit mir.

„(...) denn euch ist heute der Heiland geboren, welcher ist Christus, der Herr, in der Stadt Davids.“ *Lukas 2,11*

Immanu-El = „mit uns-Gott“

Matthäus 1,18-25 **1. Weihnachtstag. 25.**

Gott will mit uns sein, will bei uns sein. In der ganzen jüdischen Geschichte seit der Schöpfung bis zur Geburt Jesu unternimmt Gott verschiedene „Anläufe“, um die Menschen an einen Punkt zu bringen, wo sie in Gemeinschaft mit ihm leben können. Im Garten Eden sind Gott und Menschen beieinander. Bis zum Sündenfall. Durch die Sintflut löscht Gott aus, was die Menschen in der Welt von ihm trennt. Durch verschiedene Ereignisse und Kriege zwingt Gott sein Volk zur Umkehr. Im Namen Immanuel kristallisiert sich Gottes ganzer Wille und sein Wunsch für uns Menschen: Gott mit uns! Was vorher nicht funktionierte, wird in Jesus Wirklichkeit: Gott kommt uns Menschen nahe. Er, Gott, kommt uns durch Jesus nah. Gott ist jetzt mit uns!

„Und in keinem andern ist das Heil, auch ist kein andrer Name unter dem Himmel den Menschen gegeben, durch den wir sollen selig werden.“ *Apostelgeschichte 4,12*

Anbetung

Matthäus 2,1-12 **2. Weihnachtstag. 26.**

Mich berührt, wenn im Gottesdienst Lobpreislieder gesungen werden und ich „in die Anbetung eintauchen“ kann. Heutzutage werden ganze Hallen und Kongresszentren mit Lobpreiskonzerten gefüllt. Von den allerersten Anbetern des kleinen Jesuskindes erzählt unser Text, denn „huldigen“ in V. 11 meint nichts anderes als Anbetung. Diese Anbetung hat es in sich: Die Männer sind sehr engagiert. Sie sind Ausländer und haben einen langen Weg hinter sich; sie bringen sehr wertvolle Geschenke mit. Sie beten ein Kleinkind an und sind dabei hocherfreut – hier geht es nicht um das Erfüllen einer Pflicht oder einer lästigen Notwendigkeit, sondern um echte Freude. Vom Geist der drei Weisen an Weihnachten können auch wir heute erfasst werden: Lasst uns vor Jesus treten und ihn anbeten.

„Die aber im Boot waren, fielen vor ihm nieder und sprachen: Du bist wahrhaftig Gottes Sohn!“ *Matthäus 14,33*

Wochenspruch

Wir sahen seine Herrlichkeit, eine Herrlichkeit als des eingeborenen Sohnes vom Vater, voller Gnade und Wahrheit.

Johannes 1,14b

Flucht und Vertreibung

Matthäus 2,13-23 **Sonntag, 27.**

Gestern haben wir von den Weisen aus dem Osten gelesen, die Jesus freudig anbeten. Heute müssen wir uns mit dem Gegenspieler auseinandersetzen: König Herodes. Von ihm werden von Anfang an Intrigen und Heimlichtuerei berichtet. Im Kampf um die eigene Macht schreckt er nicht davor zurück, selbst kleine Kinder zu ermorden. Im Leben Jesu gibt es von Anfang an beides: Hingabe und Anbetung auf der einen Seite – Vertreibung und Ablehnung auf der anderen. Das kleine Kind, wehrlos und bedroht – der große, mächtige Gott. Er lässt sich ganz und gar auf die Menschen ein. Nicht nur an Weihnachten, im Stall, in der Krippe – auch danach noch, bis heute. Jesus setzt sich den Menschen aus. Er nimmt Vertreibung und Ablehnung in Kauf, um Menschen zu gewinnen, die ihn anbeten.

„Aber es kommt die Stunde und ist schon jetzt, dass die wahren Anbeter den Vater anbeten werden im Geist und in der Wahrheit; denn auch der Vater will solche Anbeter haben.“ *Johannes 4,23*

Zeitenwende

Matthäus 3,1-12 Montag, **28.**

Eine Zeitenwende steht an. Nichts weniger. Auch wenn die Botschaft aus einem muffigen Kamelhaarmantel und mit Heuschreckenresten zwischen den Zähnen verkündet wird, steht fest: Das, was kommt, oder vielmehr der, der kommt, wird alles ändern.

Ein Jahreswechsel steht an. Vielleicht ist er mir gar nicht so wichtig. Und vielleicht habe ich keine Lust auf „gute Vorsätze". Aber es wäre eine gute Chance, in der kleinen Ruhezeit zwischen den Jahren mir diese Frage zu stellen: Was erwartet mich im nächsten Jahr Neues? Wovon sollte ich umkehren? Was sollte ich in meinem Leben ändern?

Solche Fragen kommen selten attraktiv daher. Eher nach Kamelhaaren und Heuschrecken müffelnd. Aber die Botschaft bleibt: Gott lädt mich ein, mich von den Umwegen dieses Jahres abzuwenden und mich zum neuen Jahr zu ihm umzukehren.

„Und der auf dem Thron saß, sprach: Siehe, ich mache alles neu!"
Offenbarung 21,5

Kraft des Himmels

Matthäus 3,13-17 Dienstag, **29.**

Als Jesus getauft wird, sehen alle, dass Gottes Geist in ihm wohnt. Bis dahin hatte der Sohn Gottes mehr oder weniger als normaler Mensch gelebt. Aber jetzt ändert sich alles. Mit Vollmacht und Kraft beginnt er sein Wirken und Reden. Dabei hat die Stimme doch nur das gesagt, was auch vorher schon klar war: Gott liebt Jesus und freut sich über ihn.

Wenn in drei Tagen das neue Jahr beginnt, verändert sich für mich vermutlich nicht sehr viel. Ein neues Datum, sonst bleibt es beim Altbekannten. Vielleicht bringt aber die Erinnerung an das Bekannte neue Kraft und Vollmacht für mein nächstes Jahr: Jesus ist Gottes einziggeborener Sohn, aber er ist auch unser Vater. Ich bin geliebtes Kind des höchsten Gottes und er freut sich über mich. Sein Geist wohnt ihn mir, und durch seine Kraft kann Neues in meinem Leben geschehen.

„Wer an mich glaubt, der wird die Werke auch tun, die ich tue, und wird größere als diese tun.“ *Johannes 14,12*

Verlockend

Matthäus 4,1-11 **Mittwoch, 30.**

Manche frommen Aussagen verbrämen nur die Versuchung, treffen nicht die Situation, in die sie gesprochen werden. Als der Teufel Jesus in der Wüste angreift, macht er ihm verlockende Angebote, die sogar mit Bibelzitaten verziert daherkommen. Die Versuchungen bestehen darin, dass Jesus sich seine Ernährung, Sicherheit und Macht selbst nehmen bzw. von seinem Vater einfordern soll, anstatt sich auf dessen Versorgung zu verlassen. Jesus stellt klar, dass der Mensch nur von Gott bekommt, was er wirklich zum Leben braucht. Und tatsächlich kommen darauf die Engel und versorgen ihn.

Von wem oder was erhoffe ich mir meine Erfüllung, Versorgung und Sicherheit? Welche Glaubenssätze meines Lebens führen mich von Gott weg, anstatt meine Beziehung zu ihm zu stärken? Welchen Lügen möchte ich im nächsten Jahr nicht mehr glauben?

„Trachtet zuerst nach dem Reich Gottes und nach seiner Gerechtigkeit, so wird euch das alles zufallen.“ *Matthäus 6,33*

Neustart

Matthäus 4,12-17 **Silvester, 31.**

Es geht los! Nach der Ankündigung durch Johannes den Täufer, nach Jesu Taufe und der Versuchung in der Wüste beginnt er damit, seinen Auftrag zu erfüllen.

Morgen beginnt ein neues Jahr. Eine Chance, neu durchzustarten. In den letzten Tagen haben wir gelesen, wie es gehen kann: Ich frage nach dem, was Gott in meinem Leben ankündigt und neu machen möchte. Ich begegne ihm ganz persönlich und lasse mich nicht von anderen Kräften davon abbringen, ihn anzubeten. Ich lasse seinen Heiligen Geist in mir wirken und konzentriere mich auf das, was er in mir und durch mich bewegen möchte. Nicht aus mir selbst heraus, sondern aus seiner Kraft. So wie Jesus: mit der Vollmacht und Kraft, die er durch den Heiligen Geist hat, startet er in einen neuen Lebensabschnitt. Ich auch?

„Das Volk, das im Finstern wandelt, sieht ein großes Licht, und über denen, die da wohnen im finstern Lande, scheint es hell.“ *Jesaja 9,1*

Gebete, Meditationstexte und Segenszusprüche

Luthers Morgensegen

Das walte Gott Vater, Sohn und Heiliger Geist! Amen
Ich danke dir, mein himmlischer Vater, durch Jesus Christus, deinen lieben Sohn, dass du mich diese Nacht vor allem Schaden und Gefahr behütet hast, und bitte dich, du wollest mich diesen Tag auch behüten vor Sünden und allem Übel, dass dir all mein Tun und Leben gefalle. Denn ich befehle mich, meinen Leib und Seele und alles in deine Hände. Dein heiliger Engel sei mit mir, dass der böse Feind keine Macht an mir finde. Amen.

Morgengebet (Dietrich Bonhoeffer)

Gott, zu dir rufe ich in der Frühe des Tages.
Hilf mir beten und meine Gedanken sammeln zu dir;
ich kann es nicht allein.
In mir ist es finster, aber bei dir ist das Licht; ich bin einsam,
aber du verlässt mich nicht;
ich bin kleinmütig, aber bei dir ist die Hilfe;
ich bin unruhig, aber bei dir ist der Friede;
in mir ist Bitterkeit, aber bei dir ist die Geduld;
ich verstehe deine Wege nicht, aber du weißt den Weg für mich.
Vater im Himmel, Lob und Dank sei dir für die Ruhe der Nacht,
Lob und Dank sei dir für den neuen Tag. Lob und Dank sei dir für alle deine Güte und Treue in meinem vergangenen Leben.
Du hast mir viel Gutes erwiesen, lass mich nun auch das Schwere aus deiner Hand hinnehmen.
Du wirst mir nicht mehr auflegen, als ich tragen kann.
Du lässt deinen Kindern alle Dinge zum Besten dienen.
Herr, was dieser Tag auch bringt, dein Name sei gelobt!
Amen

Reisesegen

Herr, segne uns auf unserer Fahrt und unserem Lebensweg.
Herr, begleite uns, wenn wir auf dem Weg sind!

Herr, erfülle du unsere Zeit, die wir auf der Reise sind.
Herr, bewahre uns, wenn wir in Gefahr geraten!
Herr, beschütze uns vor Unfall und schnellem Tod!
Herr, führe du uns zum Ziel.

Gebet für mich und andere nach Psalm 23
Du bist mein Hirte, Christus.
Lass es mir heute an nichts fehlen und lass mich großzügig sein.
Du weidest mich. Führe mich nach deinem Willen
und öffne meine Augen dafür, wo andere meine Hilfe brauchen.
Du erquickst mich. Lass mich aufatmen und anderen ein Segen werden.
Ich wandere durch dunkle Täler, aber du, Gott, bist bei mir.
Ich fürchte mich, aber du, Gott, vertreibst meine Schreckgespenster.
Ich bin traurig, aber du tröstest mich.
Du hast einen Tisch für mich gedeckt.
Du begegnest mir in Liebe.
Du beschenkst mich über alle Maßen.
Bei dir will ich bleiben. Amen.
(Ronald Rosenthal)

Segen zur Versöhnung
Mögen deine Arme nicht erlahmen, wenn du deine Hand zur Versöhnung ausstreckst.
Mögen dein Fuß nie müde werden, wenn du auf deinen Widersacher zugehst.
Mögen dir Flügel eines Engels wachsen, wenn du von diesem Gang zurückkehrst.
(aus Irland)

Bitte um Gottes Segen
Gottes Macht halte mich aufrecht,
Gottes Weisheit führe mich,
Gottes Auge schaue auf mich,
Gottes Ohr höre für mich,

Gottes Wort spreche für mich,
Gottes Hand schütze mich
Gottes Weg liege vor mir,
Gottes Schild schirme mich.

Fürbitte

Lieber Vater, schenke heute ______________ viele schöne Begegnungen.
Herr Jesus, bitte gib ____________ den Mut, heute unangenehme Sachen anzupacken.
Heiliger Geist, ich bitte dich, dass Du ____________ auf ihren Wegen beschützt.

Lieber Vater, schenke heute ______________ Kraft für seinen Arbeitstag.
Herr Jesus, bitte gib ____________ heute einen fröhlichen Tag.
Heiliger Geist, ich bitte dich, versorge ____________ mit viel Geduld für ihre Aufgaben.

Lieber Vater, mache mich aufmerksam für meinen Nächsten.
Herr Jesus, bitte schenke mir Liebe für meine Feinde.
Heiliger Geist, mache mich zum Werkzeug Deines Friedens. Amen.
(Ronald Rosenthal)

Gebet in großer Bedrängnis (Psalm 4)

Erhöre mich, wenn ich rufe, Gott meiner Gerechtigkeit, der du mich tröstest in Angst;
sei mir gnädig und erhöre mein Gebet!
Ihr Herren, wie lange soll meine Ehre geschändet werden?
Wie habt ihr das Eitle so lieb und die Lüge so gern!
Erkennt doch, dass der HERR seine Heiligen wunderbar führt;
der HERR hört, wenn ich ihn anrufe.
Zürnet ihr, so sündiget nicht;
redet in eurem Herzen auf eurem Lager und seid stille.
Opfert, was recht ist, und hoffet auf den HERRN.

Viele sagen: „Wer wird uns Gutes sehen lassen?"
HERR, lass leuchten über uns das Licht deines Antlitzes!
Du erfreust mein Herz mehr als zur Zeit, da es Korn und Wein gibt in Fülle.
Ich liege und schlafe ganz mit Frieden; denn allein du,
HERR, hilfst mir, dass ich sicher wohne.

Abendgebet (Dietrich Bonhoeffer)

Herr, mein Gott,
ich danke dir, dass du diesen Tag zu Ende gebracht hast.
ich danke dir, dass du Leib und Seele zur Ruhe kommen lässt.
Deine Hand war über mir und hat mich behütet und bewahrt.
Vergib allen Kleinglauben und alles Unrecht dieses Tages
und hilf, dass ich gern denen vergebe,
die mir Unrecht getan haben.
Lass mich in Frieden unter deinem Schutze schlafen
und bewahre mich vor den Anfechtungen der Finsternis.
Ich befehle dir die Meinen,
ich befehle dir dieses Haus,
ich befehle dir meinen Leib und meine Seele
Gott, dein heiliger Name sei gelobt.
Amen.

Luthers Abendsegen

Das walte Gott Vater, Sohn und Heiliger Geist! Amen.
Ich danke dir, mein himmlischer Vater, durch Jesus Christus, deinen lieben Sohn, dass du mich diesen Tag gnädiglich behütet hast, und bitte dich, du wollest mir vergeben alle meine Sünde, wo ich Unrecht getan habe, und mich diese Nacht auch gnädiglich behüten. Denn ich befehle mich, meinen Leib und Seele und alles in deine Hände. Dein heiliger Engel sei mit mir, dass der böse Feind keine Macht an mir finde. Amen.

Mitarbeiter „Termine mit Gott 2026"

Alle Autorinnen und Autoren, deren Namen mit einem * versehen ist, sind unter **terminemitgott@brunnen-verlag.de** erreichbar

Sebastian Rink, mail@sebastianrink.de	1.-5 Januar
Carola Zucht, carola@familie-zucht.de	6.-10. Januar
Tudor Turcu, tudor.turcu@schoeffer.org	11.-15. Januar
Hartmut Völkner, voelkner.h@t-online.de	16.-19. Januar
Stefan Loss*	20.-24. Januar
Sandra Herrendörfer-Pick, S.Herrendoerfer@gmx.de	25.-28. Januar
Sabine Schmalzhaf-Sievers, sabineschmalzhaf@gmx.de	29. Januar – 3. Februar
Veit-Sebastian Dietrich, vs.dietrich@googlemail.com	4.-8. Februar
Markus Nietzke, markus.nietzke@web.de	9.-14. Februar
Dr. Jörg Kailus, nj.kailus@web.de	15.-18. Februar
Valentin Späth, spaeth.valentin@gmail.com	19.-23.Februar
Annemieke Binggeli, annemieke@stayonfire.de	24.-28. Februar
Andreas Benda*	1.-5. März
Dr. Ingeborg Schüler, ingeborgschueler@arcor.de	6. –10. März
Bernd Kisse, BKisse@freenet.de	11.-15. März
Manfred Heinzelmann, manfred-bernd.heinzelmann@t-online.de	16. -20. März
Dr. Uwe Bertelmann*	21.-24. März
Ronald Rosenthal, ronald.rosenthal@gmx.de	25.-29. März
Christoph Morgner, christoph.morgner@gmx.de	30. März – 3. April
Jörg Kailus, nj.kailus@web.de	4.-7. April
Matthias Hennemann, hennemann@egfd.de	8.-12. April
Cornelia Haferkamp*	13.-17. April
Rita Grundmüller, rita.grundmueller@arcor.de	18.-22. April
Wolfgang Kraska, wolfgang.kraska@feg.de	23. -27. April
Dr. Jörg Kailus, nj.kailus@web.de	28. April – 2. Mai
Jens Märker, jens.maerker@evlks.de	3.-7. Mai
Andreas Schmierer, andreas.schmierer@t-online.de	8.-11. Mai
Tilo Benner, tilo.benner@gmx.de	12.-13. Mai
Paul Ulrich Lenz, paul.ulrich.lenz@googlemail.com	14. Mai
Tilo Benner, tilo.benner@gmx.de	15.-16. Mai
Paul Ulrich Lenz, paul.ulrich.lenz@googlemail.com	17. Mai
Mareike Kießling, kiessling.mareike@outlook.de	18.-21. Mai
Markus Nietzke, markus.nietzke@web.de	22.-23. Mai

Paul Ulrich Lenz, paul.ulrich.lenz@googlemail.com	24.-25. Mai
Markus Nietzke, markus.nietzke@web.de	26.-27. Mai
Harald Orth, harald.orth@feg-wiesbaden.de	28.-31. Mai
Alfred Preuß, alfred.preuss@heilsarmee.de	1.-4. Juni
Daniel Trick, daniel_trick@web.de	5.-6. Juni
Paul Ulrich Lenz, paul.ulrich.lenz@googlemail.com	7. Juni
Daniel Trick, daniel_trick@web.de	8.-10. Juni
Christof Nickel, christof.nickel@feg.de	11.-15. Juni
Carola Kieker, carola.kieker@t-online.de	16.-19. Juni
Dr. Jörg Kailus, nj.kailus@web.de	20.-24. Juni
Marion Kuhn, marion-kuhn@gmx.de	25.-28. Juni
Dr. Uwe Bertelmann*	29. Juni – 2. Juli
Cornelia Fastner-Boss, conny.fastner-boss@cvjm-lippe.de	3.-7 Juli
Norbert Held, norbert.held@web.de	8.-12. Juli
Ralf Albrecht, albrecht@evang-kirche-nagold.de	13.-16. Juli
Hartmut Bärend, hfb74@aol.com	17.-18. Juli
Burkhard Hesse, burkhard.hesse@ewe.net	19. Juli
Hartmut Bärend, hfb74@aol.com	20.-22. Juli
Burkhard Hesse, burkhard.hesse@ewe.net	23.-26. Juli
Oliver Battram*	27.-29. Juli
Andreas Lötzer, andi.loetzer@kabelmail.de	30. Juli – 1. August
Christine Adolphs, christine.adolphs@freenet.de	2. August
Andreas Lötzer, andi.loetzer@kabelmail.de	3.-4. August
Dr. Roland Werner, rw@rolandwerner.de	5.-8. August
Dr. Ingeborg Schüler, ingeborgschueler@arcor.de	9. August
Dr. Roland Werner, rw@rolandwerner.de	10. August
Dr. Ingeborg Schüler, ingeborgschueler@arcor.de	11.-14. August
Matthias Rapsch, matthias.rapsch@promission-deutschland.de	15.-19. August
Albrecht Kaul, albe.kaul@web.de	20.-24. August
Hansjörg Kopp, kopp@cvjm.de	25.-29. August
Frank Weber, Frank.weber@ekkw.de	30. August
Dr. Klaus Schulz*	31. August – 4. September
Ursel Luh-Maier, luhmaier@aol.com	5.-7. September
Dr. Ulrike Treusch, treusch@fthgiessen.de	8.-10. September
Holger Blaskowski, mail@blaskowski.de	11.-15. September
Tobias Hoffmann, hoffmann.tobias@gmail.com	16.-19. September
Dr. Ulrike Treusch, treusch@fthgiessen.de	20. September
Tobias Hoffmann, hoffmann.tobias@gmail.com	21. September
Gaby Schrott, m.schrott@die-apis.de	22.-26. September

Cornelius Kuttler, cornelius.kuttler@ejwue.de	27. September
Martin Schrott, m.schrott@die-apis.de	28. September – 2. Oktober
Cornelius Kuttler, cornelius.kuttler@ejwue.de	3.-6. Oktober
Frank Weber, Frank.weber@ekkw.de	7.-9. Oktober
Hans Martin Stäbler*	10.-14. Oktober
Markus Laber*	15.-17. Oktober
Frank Weber, Frank.weber@ekkw.de	18. Oktober
Markus Laber*	19.-21. Oktober
Dr. Friedmann Eißler, Friedmann.Eissler@elkw.de	22.-26. Oktober
Dr. Tobias Eißler, Tobias.Eissler@elkw.de	27.-30. Oktober
Friedemann Kretzer, friedemann.kretzer@web.de	31. Oktober
Dr. Tobias Eißler, Tobias.Eissler@elkw.de	1. November
Friedemann Kretzer, friedemann.kretzer@web.de	2.-6. November
Claudia Kuhn, Kuhn@cvjm.de	7. November
Ursel Luh-Maier, luhmaier@aol.com	8. November
Claudia Kuhn, Kuhn@cvjm.de	9.-11. November
Dr. Eberhard Hahn, e.fritz.hahn@gmail.com	12.-15. November
Matthias Kerschbaum, friedemann.kretzer@web.de	16.-21. November
Dr. Eberhard Hahn, e.fritz.hahn@gmail.com	22. November
Michael Götz*	23.-27. November
Fabian Herwig, Herwig@cvjm.de	28. November – 2. Dezember
Gerhard Wiebe, Wiebe@cvjm.de	3.-5. Dezember
Andreas Benda*	6. Dezember
Gerhard Wiebe, Wiebe@cvjm.de	7.-8. Dezember
Dr. Malte Schilling, malteschilling@gmail.com	9.-12. Dezember
Dr. Uwe Bertelmann*	13-17. Dezember
Ralf Tibusek*	18.-19. Dezember
Andreas Benda*	20. Dezember
Ralf Tibusek*	21.-23. Dezember
Georg Klein*	24.-27. Dezember
Tobias Liebmann, t.liebmann@cvjm-westbund.de	28.-31. Dezember

Redaktionelle Texte

JK	Dr. Jörg Kailus
UB	Dr. Uwe Bertelmann

Bibelstellenregister

Abkürzungen

BB	BasisBibel. Das Neue Testament und die Psalmen, © 2012 Deutsche Bibelgesellschaft, Stuttgart.
DB	NT-das buch, übers. v. Roland Werner, © 2010 SCM Verlag, Witten.
E	Einheitsübersetzung der Heiligen Schrift, © 2016 Katholische Bibelanstalt, Stuttgart
GNB	Gute Nachricht Bibel, durchgesehene Neuausgabe, © 2018 Deutsche Bibelgesellschaft, Stuttgart.
HfA	Hoffnung für alle®, © 1983, 1996, 2002 by Biblica Inc.™. Alle weiteren Rechte weltweit vorbehalten. Verwendet mit freundlicher Genehmigung von 'fontis – Brunnen Verlag Basel.
Kap.	Kapitel
NGÜ	Neue Genfer Übersetzung – Neues Testament und Psalmen, © 2011 Genfer Bibelgesellschaft.
V.	Vers